LERMON

A HERO OF OUR TIME

М. Ю. ЛЕРМОНТОВ
ГЕРОЙ НАШЕГО ВРЕМЕНИ
M. YU. LERMONTOV
A HERO OF OUR TIME

EDITED BY D.J. RICHARDS

RUSSIAN STUDIES

PUBLISHED BY BRISTOL CLASSICAL PRESS
GENERAL EDITOR: JOHN H. BETTS
RUSSIAN TEXTS SERIES EDITOR:
NEIL CORNWELL

First published in 1965 by Bradda Books Ltd
Published in 1984 by Basil Blackwell Ltd
This edition published in 1992 by
Bristol Classical Press
an imprint of
Gerald Duckworth & Co. Ltd
The Old Piano Factory
48 Hoxton Square, London N1 6PB

Reprinted, with minor corrections, 1994

A catalogue record for this book is available
from the British Library

ISBN 1-85399-314-X

Available in USA and Canada from:
Focus Information Group
PO Box 369
Newburyport
MA 01950

Printed in Great Britain by
Booksprint, Bristol

СОДЕРЖАНИЕ

ГЕРОЙ НАШЕГО ВРЕМЕНИ

INTRODUCTION

I

Mikhail Yurevich Lermontov was born in Moscow in 1814, into a family which variously claimed descent from the Spanish dukes of Lerma and the Scottish lairds of Learmont.

A delicate child, Lermontov was several times taken for health cures to the Caucasus, where the mountain scenery and the wild tribesmen made an enormous impression on him — as they had on Pushkin and would later on Tolstoy. Subsequently Lermontov used the Caucasus as the setting for many of his works.

The boy's literary interests began early. He is said to have begun writing verse at the age of eight and by the time he was seventeen he had already produced 15 long poems, 3 dramas, a novelette and over 300 lyrics. Lermontov had been given a good education, which included the study of Greek and Latin, English, French and German, and he read voraciously in these literatures as well as in his native Russian.

The young Lermontov seems to have been essentially idealistic, sensitive and passionate, but extremely shy. Very early in life he became aware of a gulf between his own high ideals and reality and was never able to reconcile the two. Consequently an attitude of scepticism and cold cynicism existed in him alongside a lifelong search for answers to the great questions of human existence: Has life a purpose? Is man a free being or a puppet in the hands of fate? Is there any ultimate value, absolute truth or God?

In 1827 Lermontov entered a Moscow boarding school for the sons of the nobility and then, in 1832, the University. Towards the end of that year he enrolled in the Military Cadet School in St. Petersburg, from which he passed out in 1834.

In St. Petersburg he continued to write, but also plunged into social life. His misgivings exploded, however, in his *Smert' poeta*, written on the death of Pushkin in January 1837. As a result of this poem, in which he accused the court of complicity in Pushkin's murder Lermontov was arrested, reduced in rank and posted to the Caucasus, to join the Russian armies campaigning against the still unsubdued mountain tribesmen. His poem continued to circulate secretly, however, impressing both by its sentiments and its literary merit, and when he was allowed to return to the capital a few months later Lermontov was a figure of nationwide renown.

The death of Pushkin came at a time when Lermontov's outlook and style were undergoing a transformation. Towards the end of the thirties he turned from the largely personal themes which had formed the content of most of his early work to embrace also social and political questions. In his poetry, among the most striking examples of this new interest are *Borodino* (1837), *Smert' poeta* (1837) and *Duma* (1838), in all of which the poet's dissatisfaction with the contemporary state of affairs in his homeland finds sharp expression. In prose the change of subject matter from *Vadim* (1833) to *Knyaginya Ligovskaya* (1836) to *Geroi nashego vremeni* (1840) is equally striking. Parallel with the change in content Lermontov's style becomes more objective, more concise, surer and harder-hitting.

1840 saw the publication of both the first edition of *Geroi nashego vremeni* and the first collection of Lermontov's verse. In the same year, however, following a duel with the son of the French ambassador, he was again arrested and posted for the second time to the Caucasus. Late in 1840 the poet was recommended for a decoration for gallantry in battle, but the award was vetoed by Nicholas I.

A few months later, in July 1841, Lermontov was killed in Pyatigorsk, fighting a duel with his friend, Martynov. He was only 26.

II

If during the early years of the nineteenth century the supreme achievements of Russian literature had been in poetry, the thirties and early forties saw the establishment of prose as the chief vehicle of literary expression. Pushkin, for example, towards the end of his short life turned increasingly to prose, producing *Povesti Belkina* (1830), *Kapitanskaya dochka* (1834), *Pikovaya dama* (1834), *Puteshestvie v Arzrum* (1836), etc. Lermontov, like Pushkin, began his literary career as a poet, but from 1833 experimented with a series of prose works before publishing *Geroi nashego vremeni* in 1840. Gogol's best known prose tales and novels were also written at this time, while a host of minor writers followed a similar pattern.

Various prose genres were fashionable: historical novels, travelogues, romantic adventure stories, psychological tales and tales of the supernatural; the mood of these works hovered between romanticism and realism, with the latter gradually predominating.

The growth of realism was influenced largely by the interest taken by serious writers at this time in the topical question of Russia's historical destiny, both in home and foreign affairs, which had been brought into the foreground by the Napoleonic Wars, the Decembrist Revolt and its aftermath and, more recently, by Chaadaev's *Lettres Philosophiques*, the first of which appeared in 1836.

An interesting feature of *Geroi nashego vremeni* — and one which adds to the richness of the novel — is that it combines in one work almost all of these elements. Lermontov's novel contains travelogue material, romantically adventurous episodes, supernatural elements and psychological analysis. At the same time the work is set firmly against the historical background of the Caucasian campaigns of the early nineteenth century and through Pechorin Lermontov comments on contemporary Russian society.

From the standpoint of the history of the Russian novel the element of psychological analysis is the most significant. *Geroi nashego vremeni* is the first successful Russian psychological novel. The centre of interest is not the "external" biography of the hero, his life and adventures, but his personality, his attitude to life, his innermost ambitions, thoughts and fears. As the author explains in the foreword to Pechorin's diary, in words which are clearly directed against the fashionable historical romances of the day, modelled on the work of Sir Walter Scott: "The history of one human soul, even the shallowest soul, is almost more intriguing and more useful than the history of an entire nation, particularly when it results from the self-analysis of a mature mind and is written without any vain desire to evoke sympathy or wonder."

III

Geroi nashego vremeni was not Lermontov's first attempt at prose: in 1833 he had started a novel, *Vadim*, set against the background of the Pugachov rebellion, and three years later another novel, *Knyaginya Ligovskaya*, both of which remained unfinished. The latter work is particularly interesting as a forerunner of *Geroi nashego vremeni*. It marks a change in Lermontov's interests and style of writing: from the past he turns to the present and to the social *milieu* which he knew at first hand; parallel with this, hardly surprisingly, his manner becomes more realistic; and the hero of *Knyaginya Ligovskaya* is a young guards officer named Pechorin.

Three of the episodes in *Geroi nashego vremeni* were first published separately in the journal *Otechestvennye zapiski*: *Bela* (1839/3), *Fatalist* (1839/11) and *Taman'* (1840/2). For the first edition of the novel in 1840 Lermontov added *Maksim Maksimych*, *Knyazhna Meri* and the Foreword to Pechorin's diary. For the second edition of 1841 he wrote the Foreword to the whole novel. The episodic nature of *Geroi nashego vremeni*, dictated partly by the above circumstances and partly by the absence of developed techniques of novel construction at the time, allows Lermontov to introduce his hero gradually and to present him from different points of view. First Pechorin is the subject of a long reminiscence, related by the Caucasian veteran, Maksim Maksimych (*Bela*). Then he appears in person, but only very briefly (*Maksim Maksimych*). Finally three episodes from his own diary, given to the author by Maksim Maksimych, reveal Pechorin's own thoughts (*Taman'*, *Knyazhna Meri* and *Fatalist*).

This sequence, which has its own logical development, does not present Pechorin's adventures in chronological order. The chronological sequence of events is approximately the following: Pechorin, a young officer, is posted to the Caucasus because of some misdemeanour in St. Petersburg. On the way to join his new unit he is delayed in the Black Sea port of Taman', where his adventure with the smugglers occurs (*Taman'*). After campaigning against the mountain tribesmen (see Appendix) Pechorin spends a short leave in Pyatigorsk, where he meets Princess Mary and his old love, Vera, and fights the duel with Grushnitsky. Because of this duel he is posted to a fortress commanded by Maksim Maksimych; here his affair with Bela takes place (*Bela*). While serving in this fortress Pechorin spends a fortnight in a cossack village, on the flank, where the experiences recorded in *Fatalist* occur. Shortly after Bela's death Pechorin resigns his commission and resolves to travel. About five years later while on the way to Persia he meets the author and Maksim Maksimych in Vladikavkaz (*Maksim Maksimych*). Returning from Persia, Pechorin dies and the author feels free to publish *Geroi nashego vremeni* (the Foreword to Pechorin's diary).

IV

For a relatively short work *Geroi nashego vremeni* is extremely rich: it provides a whole gallery of vivid and finely drawn portraits of a wide range of men and women; there are magnificent descriptions of the Caucasian landscape and interesting sketches of the way of life of the native tribesmen; the work is variously philosophical, witty, moving, ironic, satirical and informative; the subject matter ranges from romantic adventures and hints on seduction to a commentary on Russian society and an analysis of human nature. All this, however, revolves around the novel's main centre of interest, Lermontov's hero, Grigorii Aleksandrovich Pechorin.

Pechorin sees himself — and there is clearly a large measure of truth in the assertion — as a frustrated idealist, disillusioned by a world which failed to live up to his expectations. He is too clearsighted to ignore reality and too proud to accept it. His disillusionment began, he claims, when he saw that men, who as a child he had imagined to be ruled by truth and love, were in reality deceitful and corrupt. For his own protection he was obliged to suppress his generous impulses and noble ambitions. However, as he explains to Princess Mary (a little dramatically): "I sensed good and evil very profoundly... I was ready to love the whole world, but nobody understood me and I learnt to hate. My pale youth was spent in a struggle with myself and society; fearing mockery, I buried my best feelings at the bottom of my heart: there they died..."

Having subjected his spontaneous emotions to the control of cool, rational analysis Pechorin lost his zest for life and became progressively estranged from the world. In a striking image he parallels his attitude to life with that of a man yawning at a ball, waiting only for his carriage to collect him and take him home.

Pechorin's dominant mood is boredom. When Maksim Maksimych, meeting him after a separation of five years, asks what he has been doing all that time, Pechorin answers with one word: "Скучал!" He can find no meaning in life and no worth-while ambition; all human activity seems purposeless and empty. Consequently he fills his life with artificial excitement — deliberately making enemies, courting danger, feigning love, etc.

Another factor which contributes to Pechorin's boredom is his unfortunate ability to predict the outcome of many relationships: he knows, for instance, how to manipulate Grushnitsky and he knows how Princess Mary will react to his advances. In his short life he has gathered so much experience that little comes as new and exciting to him: "My life is like a book I have read before."

Pechorin's conscious suppression of his emotions led also to a curious split in his personality. He tells Dr. Werner, as they ride to the duel with Grushnitsky: "For a long time I have been living not from the heart but from the head. I weigh up and analyse my own passions and actions with a thorough curiosity, but without involvement. In me there are two men: one lives in the full sense of the word, while the other reflects and passes judgment on him..."

This detachment is particularly striking in Pechorin's relation with other people. He can find little love or pity for Princess Mary, and he laughs cynically on Bela's death; he is cold towards both Maksim Maksimych and Werner when they long to embrace him. His only wholehearted surrender to emotion is when he realises that he has lost Vera for ever: he sobs like a child — and is glad that he can still weep — but when he regains control of himself he gives a physiological explanation for his breakdown.

Pechorin, dismissing the possibility of an equal friendship ("with two friends one is always the slave of the other") and refusing to renounce his freedom in marriage, finds real satisfaction — for some time at least — only in his ability to manipulate other people: "I look upon the sufferings of others only in relation to myself, as nourishment for my spiritual strength... my first pleasure consists in subjecting everything around me to my will; to evoke a feeling of love, loyalty or fear towards oneself — is that not the first sign and the greatest triumph of power? To be the cause of someone's sufferings and joys, without having the least right thereto, is that not the sweetest food for our pride? And what is happiness? Saturated pride..."

Profoundly dissatisfied with his life, Pechorin is driven at times to metaphysical or religious speculations — even though he realises their futility: "Who knows for certain if he is really convinced of something or not? How often we accept as a conviction a deception of the senses or a mistake of reason."

Aware of the evil within man and seeing that he himself brings only misfortune to others, Pechorin often considers the possibility of predestination and of man's being simply a puppet in the hands of a malevolent fate. On the other hand he cannot discount the existence of an ultimately good power behind earthly phenomena; indeed at times he feels that his unhappiness stems from having lost contact with this power which nourished his early idealism and gives meaning and purpose to life. Unable to sleep on the eve of his duel with Grushnitsky, Pechorin ponders this question: "In my memory I run over my whole past and involuntarily ask 'Why did I live? For what purpose was I born?' For certainly this purpose existed and I was certainly destined for great things, for I feel immense strength in my soul. But I did not discern that destiny;

I was led astray by the lure of empty, fruitless passions; from their furnace I emerged as firm and as cold as iron, but I had lost for ever the fire of noble aspirations — the finest flower of life." And the next morning he muses on the possibility of a part of himself living on, should he be killed. Continuing his conversation with Werner (quoted above), he says: "In me there are two men: one lives in the full sense of the word, while the other reflects and passes judgment on him; in an hour's time the first may well take his leave of you and the world for ever, but the other, the other?.."

Pechorin longs to recapture the innocence of his childhood and this longing fuses with a Rousseau-romanticist conception of a Golden Age, when man was supposedly childlike and uncorrupt, free from the disintegrating influence of reason and society, at one with himself, with nature and with God. Describing the Caucasian scenery, the author comments: "As we move away from the environment of society and closer to nature we involuntarily become children: everything acquired sloughs off the soul and it becomes again as it once was and as, certainly, one day it will be again."

Pechorin considers that he was nearer to the ideal world in childhood; he envies the smugglers and the mountain tribesmen, living closer to nature; and repeatedly he escapes into the countryside to find relief from his tortured speculations.

Like Faust, Pechorin tried to recapture his lost zest for life in various activities: in society entertainments, in love and in the pursuit of knowledge, but to no avail. He hoped that service in the Caucasus might enable him to overcome his alienation from the world and to discover some purpose in living. However, in spite of the danger of war and the proximity of nature, life remained grey and meaningless and he still oscillated between the extremes of boredom and senseless activity. During his affair with Bela he sees through his glorification of natural man; his scepticism predominates, his alienation from life increases and after her death he loses all hope: "Whether I am a fool or a villain I do not know; one thing is certain — that I am very deserving of pity, perhaps more than she; my soul has been corrupted by the world; my imagination is restless, my heart insatiable; everything seems trivial; I accept sorrow as easily as joy and with each day my life becomes emptier. There is only one thing left for me — travel."

xiv

But travel is no more than a final despairing bout of senseless activity and on the way back from his first journey, to Persia, Pechorin dies, still young, but completely disillusioned with a world which never measured up to his original ideals and high ambitions.

V

There is of course a great deal of Lermontov himself in his novel. It is known that many of the characters and incidents in *Geroi nashego vremeni* were originally inspired by the poet's own acquaintances and experiences, while in Pechorin he clearly continues that examination of his own soul which he had pursued in earlier works. Given these correspondences, it was an extraordinary decree of fate that in life Lermontov should fight a duel against an opponent strikingly similar to Grushnitsky in the very place where Pechorin was victorious — but be himself killed.

But Pechorin is more than a self-portrait. In the foreword which he added to the second edition of his novel in 1841 Lermontov, repudiating this assumption made by many critics, states: "A Hero of Our Time, gentlemen, is, precisely, a portrait, but not of a single man: it is a portrait compiled from the vices of our whole generation in their full evolution." Russian critics, from Belinsky onwards, lay particular emphasis on this social significance of Pechorin. To them he is a product of his environment, a man of great spiritual and moral strength, whose basically good impulses are stifled by the corrupt society and the oppressive atmosphere of Russia under Nicholas I. These critics see Pechorin as the third of the so-called "superfluous men" literary heroes in the long line founded by Griboedov's Chatsky and Pushkin's Evgenii Onegin.

There is evidence that it was indeed Lermontov's intention to continue in his novel the critical analysis of Russian society undertaken by Pushkin in *Evgenii Onegin*. In the first place there are several quotations from Pushkin (and from Griboedov) in *Geroi nashego vremeni*. Secondly, it is interesting to recall that in the manuscript of *Knyaginya Ligovskaya* (see above) Lermontov occasionally wrote "Evgenii" rather than "Grigorii" (Pechorin's first name). Thirdly, the names themselves, Onegin and Pechorin, derived as they are from two parallel flowing northern rivers, the Onega and the Pechora, suggest an affinity. More significant than these points, however, is of course Lermontov's attitude to his hero: his elevation of Pechorin, in the Foreword to the whole book, to a representative figure, embodying, as did Onegin, many of the typical features of his generation and class. As Pushkin did with his Evgenii, so too Lermontov attributes Pechorin's attitudes at least partly to his upbringing, to the society in which he was reared and had to spend his adult life.

In this connection it is worth observing that in his novel Lermontov occasionally seems to hint — under the censorship he could hardly do more — that Pechorin's frustration is partly political. This hinting appears chiefly in the form of oblique references to the Decembrist revolt of 1825. Perhaps the first of these can be found in the ironic title of the book — such is the form heroism assumes in the thirties (in contrast with the twenties). It is the thought expressed in the first line of *Duma*:

Печально я гляжу на наше поколенье!

and in the lines from *Borodino*:

— Да были люди в наше время,
Не то, что нынешнее племя:
Богатыри — не вы!

Pechorin has been exiled to the Caucasus on account of some история in the capital. (In Lermontov's day the word история was often used to refer to political scandals). In the introduction to Pechorin's diary Lermontov suggests that there is much more in Pechorin's life than can be related now: "I have included in this book only those things which refer to Pechorin's residence in the Caucasus. I still have another thick notebook in which he tells of his whole life. One day this too will appear before the judgment of society; but at present I dare not take that responsibility upon myself for many important reasons."

References are made in *Knyazhna Meri* to exiled Decembrist officers; General Ermolov, who was accused of complicity in the Decembrist plot, is extolled; just before his duel with Grushnitsky

Pechorin reads with great enthusiasm Sir Walter Scott's *Old Mortality* — a novel about a national uprising against a despotic authority; etc.

_____

Pechorin is not only a social phenomenon of his own time however. He is a universal figure. Firstly he may be seen as a representative of idealistic youth at that point in life where it sees that the world and human nature do not accord with its original, perhaps naive conceptions and when, if it is honest as well as reflective it has to reconsider its whole picture of reality. Secondly Pechorin can be taken as a representative of modern man, highly, perhaps unhealthily, self-conscious, keenly aware of the contradictions and the potential for good and evil within his own personality, harassed by metaphysical and moral doubts and periodically yearning to return to a supposedly purer, simpler and more natural way of life which, he imagines, existed in earlier times. Thirdly, Pechorin has perhaps found new significance recently in modern Western societies, where affluence appears to be creating for many people problems similar to those faced by the privileged Russian aristocracy in the nineteenth century.

VI

If the other characters in the novel are inevitably less central to the main themes than Pechorin, they are nevertheless far from shadowy figures. Each, from Maksim Maksimych to the society ladies in Pyatigorsk, from the Ukrainian smugglers to the Caucasian tribesmen, from Bela to Dr. Werner and the various Russian officers, is drawn surely and convincingly; each leaves a firm impression in the reader's mind. Apart from existing in their own right, most of them also serve to highlight facets of Pechorin's nature.
Here it is worth underlining an important aspect of Grushnitsky's role. Just as Tatyana had been struck by the thought that Onegin might be no more than a parody (Уж не пародия ли он?), so Lermontov probably feared that his hero might be taken as a mere poseur. In order to guard against this interpretation, he not only stresses Pechorin's sincerity but also contrasts him with a

clearly shallow, fashionable poseur in the person of Grushnitsky: "He is one of those people who have elaborate phrases prepared for every occasion in life, who are not touched by beauty and who wrap themselves pompously in unusual sentiments, elevated passions and exceptional sufferings. Their delight is to create a sensation; romantic provincial girls fall madly in love with them..."

Another character of whom special mention must be made is Maksim Maksimych. Lermontov gives him the last word in the novel and openly expresses his admiration for him, most directly in the words addressed to the reader at the end of *Bela*: "Nevertheless, you must admit that Maksim Maksimych is an admirable man ? If you will admit that, then I shall be fully rewarded for my perhaps over-long tale." In Maksim Maksimych Lermontov portrays a man who displays many of the best features of the Russian character as it appeared to the perhaps over-sophisticated intellectuals of the nineteenth century: he is modest, loyal and good-natured, honest, realistic and down-to-earth, but also sensitive, not highly educated or polished but rather shrewd, balanced and experienced, with yet a winning streak of naivety. It is a portrait in the footsteps of Pushkin's Captain Mironov and which in some repects anticipates Tolstoy's and Dostoevsky's later eulogies of the Russian national character as found among the simpler folk. It is hardly an exaggeration to see in Maksim Maksimych, who quietly gets on with his job while others play and intrigue, the real, not the ironic, hero of the times.

VII

Each of the episodes which make up *Geroi nashego vremeni* has its own setting, its own atmosphere, style and individual themes.

Bela, a romantic story of the love between a sophisticated Russian officer and a Circassian girl which ends in disillusion and death, is largely a reminiscence, related in instalments separated by descriptions of the scenery and peoples along the Georgian military highway. Maksim Maksimych's down-to-earth language both contrasts with the author's literary descriptions of the landscape and heightens the pathos of the story — as does his involvement in Pechorin's escapade and his affection for Bela.

Maksim Maksimych, set in Vladikavkaz, serves partly to introduce Pechorin personally, but also, as the title indicates, to expand the portrait of Maksim Maksimych. It too is a tale of disillusion, this time not in love, but in friendship. Here the atmosphere is not romantic but thoroughly realistic.

Taman' is a romantic adventure story, but this time Lermontov concentrates on building up an atmosphere of mystery and suspense which then resolves into a thoroughly prosaic situation. At the same time there are faint suggestions of parody.

Knyazhna Meri, by far the longest and most important of the episodes, is in the form of a confession, consisting entirely of dated extracts from Pechorin's diary. (Both *Taman'* and *Fatalist* are also said to be extracts from this diary, but they appear as finished short stories.) *Knyazhna Meri,* most of the action of which takes place in the sophisticated spa of Pyatigorsk, is primarily a psychological tale, an analysis of the inner workings of the mind and the heart, and an examination of the complex interplay of vanity, fear, love, hate, ambition, jealousy, folly, spite and many other motives in human relationships. Metaphysical and religious themes are occasionally touched on and then the episode expands to a commentary on the human condition. At the same time *Knyazhna Meri* contains satire, irony and wit, while the mood of the diarist ranges from triumph to despair.

Fatalist, set among a group of officers in a cossack village, is primarily a philosophical tale with a hint of the supernatural. Unlike the other episodes it ends optimistically in an affirmation of resolve and action.

This, very brief, outline of a few features of each episode, which inevitably gives no indication of their individual richness, may at least serve to underline the extraordinarily wide range of themes and moods which Lermontov packs into his novel and to increase admiration for the lightness and sureness of touch with which he treats this wealth of material.

VIII

Lermontov's mastery of language in *Geroi nashego vremeni* is beyond praise. His prose, as clear, balanced and precise as Push-

kin's, but lacking the latter's baldness, flows smoothly and sweetly
from the first word to the last. In 1846 Gogol' wrote: "No-one has
yet written such correct, beautiful and fragrant prose". Years later
Chekhov praised Lermontov's language and advised: "I would do
this, take his tale [Taman'] and analyse it as they do in school,
sentence by sentence, clause by clause. That's how I would teach
myself to write." Similar admiration has been expressed by count-
less Russian writers.

A representative facet of this mastery is Lermontov's handling
of the speech of his characters. He reproduces the sinewy collo-
quial Russian, interspersed with Caucasian words, of Maksim Maksimych as easily as the wit, irony and intentional ambiguity of
Pechorin's and Werner's language, while Princess Mary's and Grushnitsky's lack of experience is revealed as clearly as anywhere in
their naive conversation.

The judicious inclusion of a few phrases of Ukrainian in *Taman'*,
of Tatar in *Bela*, of French in *Knyazhna Meri*, and of occasional
Caucasian words throughout the novel adds local colour and widens
the linguistic range of *Geroi nashego vremeni*.

Lermontov also includes in his novel quotations from many
authors and references to various literary works, both Russian
and foreign. This device, like the wide range of subject matter and
styles of writing, again extends the novel's scope and increases its
suggestive power. Like any author, Lermontov clearly drew inspiration for his work from many literary sources, Russian and
foreign: Griboedov, Pushkin, Karamzin, Rousseau, Goethe, Senan-
cour, Constant, etc. Equally clearly the strongest influence on
him was that of Pushkin. Belinsky early dubbed Lermontov
Pushkin's successor and the poet himself acknowledged that Pushkin served him continually as a model and source of inspiration.
In *Geroi nashego vremeni*, the influence can be seen not only of
Evgenii Onegin (as discussed above), but also of *Povesti Belkina*
and *Puteshestvie v Arzrum*. The structure of *Geroi nashego vremeni*
— a chain of separate episodes — and the device of disclaiming
authorship are reminiscent of *Povesti Belkina* (although the same
approach was shared by other writers of the day), while the journey made by the author along the Georgian military highway
from Tiflis to Vladikavkaz could hardly fail to remind the contem-

porary reader of Pushkin's *Puteshestvie v Arzrum*, in which the same journey, describing the same tribes, the same post stations and similar magnificent views, was made in the opposite direction (*Puteshestvie v Arzrum* had come out in 1836 but was then banned because of its critical comments on the Caucasian campaigns).

IX

When Lermontov's novel appeared in 1840 Belinsky immediately recognised its importance for the future as well as the present. "*Geroi nashego vremeni*", he wrote, "belongs among those works of real art which, while engaging and delighting the attention of the public as a literary novelty, are transformed into solid literary capital which over the years is steadily augmented by accumulating interest..."

The manner and themes of *Geroi nashego vremeni* are echoed by many later Russian writers. To mention only the most familiar examples: Turgenev continued the analysis of contemporary society and the so-called "superfluous man"; Tolstoy shared Lermontov's love of the Caucasus and sympathy with natural man, as well as his restless dissatisfaction and quest for moral and metaphysical certainty; Dostoevsky developed further Lermontov's religious and psychological probings — many of his heroes are descendants of Pechorin; Chekhov claimed to have learnt his own technique of evoking a mood or atmosphere from a study of *Taman'*.

The last word on the subject may be left to a modern Soviet novelist, A. N. Tolstoy, speaking about *Geroi nashego vremeni* almost exactly a century after its first publication: "In these five tales Lermontov reveals to us the perfection of real, wise, elegant and delightfully fragrant art. One reads, and feels: here is everything, neither more nor less than is necessary and can be expressed. It is deep and human. This prose could be created only by the Russian language, summoned by genius to supreme creation. From this prose came Turgenev and Goncharov and Dostoevsky and Leo Tolstoy and Chekhov. The entire great river of the Russian novel flows from this limpid source, conceived on the snowy Caucasian heights."

It is indeed fortunate that Lermontov's novel, one of the greatest works of Russian literature, by reason of its outward simplicity and brevity, is so readily accessible to the foreign reader.

Exeter University, 1964   D. J. R.

APPENDIX
THE CAUCASIAN TRIBES

The history of Caucasia has been complicated and turbulent. From the third century A. D., when Georgia and Armenia, which until then had been part of the Roman Empire, were conquered by the Khazars, the mountain strongholds of the Caucasus became a refuge for successive waves of migrating Asian tribes, some of whom settled there among the indigenous Caucasian races. Consequently, by Lermontov's time the region was inhabited by a wide variety of peoples, speaking a total of over 70 separate languages.

Russian influence was first felt in the Caucasus at the end of the fifteenth century, when a gradual expansion began at the expense of the ruling Turks and Persians. In 1801 Georgia was annexed by Russia and the Georgian military highway from Tiflis to Vladikavkaz (along which the author and Maksim Maksimych travel) was laid and secured by the Russian armies. By 1830, thanks largely to the efforts of General Ermolov, almost the whole of modern Transcaucasia was under Russian control, but there remained in the rear two large independent territories, Chechnya in the East and Circassia in the West, which held out for another thirty years. It was against these two territories that the Russian campaigns of Lermontov's day were directed.

Resistance in Chechnya was led from 1834 to 1859 by the legendary Shamil (who is sympathetically portrayed in Tolstoy's *Hadzhi Murat*), a Lezgian chief and religious leader who managed to unite many of the East Caucasian tribes in opposition to the Russians. In the 1840's his military successes forced the Russians to suspend their operations in Circassia, which had almost been subdued. The Crimean War of 1853–56 brought a further brief respite for the tribesmen, but by the early sixties they were at the end of their resources and forced to surrender. It is said that in the campaigns against Shamil the population of Lesser Chechnya (the plains) was reduced to a quarter and when the fighting in Circassia came to an end in 1864, 600,000 Circassians were expelled from the territory, which was then settled with Russian subjects.

Later still, however, sporadic uprisings occurred, most seriously during the Russo-Turkish War of 1877–78 and during the 1905 attempt at revolution. Finally, as recently as the Second World War the Soviet authorities had so little confidence in the loyalty of the Caucasus that several tribes, including the Chechens, were deported to the interior.

Representatives of several of the Caucasian peoples (Circassians, Chechens, Lezgians, Ossets, Tatars, Shapsugs, etc.) appear in *Geroi nashego vremeni*, but attention is concentrated largely on the proud and independent Circassians (черкесы) and Chechens (чеченцы), against whom Lermontov fought while serving in the region and for whom he had a high regard.

Their fighting spirit and bravery are commented on several times in Lermontov's novel. Maksim Maksimych, for instance, recalls: "Now our Kabardinians (a Circassian tribe) or Chechens, even though they were bandits and cut-throats, at least were dare-devils... now, thank God, they're more peaceful, but in the past if you stepped a hundred yards beyond the walls you'd find some wild devil there on watch; and if you dropped your guard for a moment you'd either have a lasso round your neck or a bullet in the back of your head. But they were fine fellows!"

Elsewhere he talks of one of the mountain warriors: "I have heard that on the right flank among the Shapsugs there is a certain Kazbich, a dare-devil, who in a red cloak, rides slowly under our fire and bows politely whenever a bullet whizzes close to him..."

The ideal of the independent mountain tribesmen was the *dzhigit*, a figure rather like the Red Indian "brave" — a fearless warrior, intelligent, loyal, quick to avenge insults, and a highly skilled horseman. (The close relationship between man and horse is well portrayed in the figure of Kazbich in *Bela*). The loyalty of the Chechens and Circassians was both to their tribes, fighting for independence against the foreign invader, and to their religion, Mohammedanism, which had to be protected against the infidel.

Of all the Caucasian peoples Lermontov was particularly fond of the Circassians, who form the subject of many of his youthful *poemy*, such as *Cherkesy*, *Kavkazskii plennik*, *Kalli*, *Izmail-Bei*, *Aul Bastundzhi* and the later *Beglets*. In *Geroi nashego vremeni*, particularly in *Bela*, he draws sympathetic sketches of their way of life, one of the most memorable of which is probably his account of their wedding celebrations, given early in *Bela*.

Pechorin shares Lermontov's interest in the Circassians: Bela is a Circassian girl; he calls his horse Cherkes and often gallops off into the countryside, dressed as a Circassian and riding in their style.

Many other Russian writers of the nineteenth century have left accounts of the Circassians and Chechens. To give a slightly fuller picture of these races as they were at that time it is worth concluding this brief appendix with quotations from two of these writers, Pushkin and Tolstoy. First, a passage from Pushkin's *Puteshestvie v Arzrum*, published in 1836 and describing Pushkin's experiences during one of the campaigns against the Turks in 1829:

"The Circassians hate us. We have driven them from the broad pastures; their villages have been ravaged and whole tribes annihilated. Hourly they retreat further into the mountains and direct their raids from there. The friendship of the peaceful Circassians is unreliable. They are always ready to aid their insurgent fellow tribesmen... They can hardly be pacified until they are disarmed, as the Crimean Tatars were disarmed, but this is extremely difficult to carry out since their lives are dominated by hereditary disputes and blood feuds. The dagger and the sword are like parts of their bodies and the child begins to use them before learning to speak. For them murder is a simple bodily movement. They keep prisoners in the hope of obtaining a ransom but treat them most inhumanly, forcing them to work beyond the limits of their strength, feeding them with wet bread, beating them, whenever they feel like it, and handing them over to their small boys, who for one wrong word have the right to hack them with their children's swords. Recently a peaceful Circassian was arrested for shooting at a soldier. He attempted to justify himself by saying that his rifle had been loaded for too long. What can be done with people like this ?.."

Secondly, a passage from Tolstoy's *Hadzhi-Murat*, describing the feelings of the Chechens, returning to their village which had been ravaged by the Russians:

"No one spoke of hatred of the Russians. The feeling experienced by all the Chechens, from the youngest to the oldest, was stronger than hate. It was not hatred, for they did not regard those Russian dogs as human beings, but such repulsion, disgust and perplexity at the senseless cruelty of these creatures, that the desire to exterminate them — like the desire to exterminate rats, poisonous spiders or wolves — was as natural an instinct as that of self-preservation.

The inhabitants of the *aul* were confronted by the choice of remaining there and restoring with frightful effort what had been produced with such labour and had been so lightly and senselessly destroyed, facing every moment the possibility of a repetition of what had happened; or to submit to the Russians — contrary to their religion and despite the repulsion and contempt they felt for them. The old men prayed, and unanimously decided to send envoys to Shamil, asking him for help."

* * *

ПРЕДИСЛОВИЕ

Во всякой книге предисловие есть первая и вместе с тем последняя вещь; оно или служит объяснением цели сочинения, или оправданием и ответом на критики. Но обыкновенно читателям дела нет до нравственной цели и до журнальных нападок, и потому они не читают предисловий. А жаль, что это так, особенно у нас. Наша публика так ещё молода и простодушна, что не понимает басни, если в конце её не находит нравоучения. Она не угадывает шутки, не чувствует иронии; она просто дурно воспитана. Она ещё не знает, что в порядочном обществе и в порядочной книге явная брань не может иметь места; что современная образованность изобрела орудие более острое, почти невидимое, и тем не менее смертельное, которое, под одеждою лести, наносит неотразимый и верный удар. Наша публика похожа на провинциала, который, подслушав разговор двух дипломатов, принадлежащих к враждебным дворам, остался бы уверен, что каждый из них обманывает своё правительство в пользу взаимной, нежнейшей дружбы.

Эта книга испытала на себе ещё недавно несчастную доверчивость некоторых читателей и даже журналов к буквальному значению слов. Иные ужасно обиделись, и не шутя, что им ставят в пример такого безнравственного человека, как Герой Нашего Времени; другие же очень тонко замечали, что сочинитель нарисовал свой портрет и портреты своих знакомых... Старая и жалкая шутка! Но, видно, Русь так уж сотворена, что всё в ней обновляется, кроме подобных нелепостей. Самая волшебная из волшебных сказок у нас едва ли избегнет упрёка в покушении на оскорбление личности!

Герой Нашего Времени, милостивые государи мои, точно, портрет, но не одного человека: это портрет, составленный из пороков всего нашего поколения, в полном их развитии. Вы

1

мне опять скажете, что человек не может быть так дурен, а я вам скажу, что ежели вы верили возможности существования всех трагических и романтических злодеев, отчего же вы не веруете в действительность Печорина? Если вы любовались вымыслами гораздо более ужасными и уродливыми, отчего же этот характер, даже как вымысел, не находит у вас пощады? Уж не оттого ли, что в нём больше правды, нежели бы вы того желали?..

Вы скажете, что нравственность от этого не выигрывает? Извините. Довольно людей кормили сластями; у них от этого испортился желудок: нужны горькие лекарства, едкие истины. Но не думайте, однако, после этого, чтоб автор этой книги имел когда-нибудь гордую мечту сделаться исправителем людских пороков. Боже его избави от такого невежества! Ему просто было весело рисовать современного человека, каким он его понимает и, к его и вашему несчастию, слишком часто встречал. Будет и того, что болезнь указана, а как её излечить — это уж Бог знает!

ЧАСТЬ ПЕРВАЯ

I

БЭЛА

Я ехал на перекладных из Тифлиса. Вся поклажа моей телёжки состояла из одного небольшого чемодана, который до половины был набит путевыми записками о Грузии. Бо́льшая часть из них, к счастию для вас, потеряна, а чемодан с остальными вещами, к счастию для меня, остался цел.

Уж солнце начинало прятаться за снеговой хребет, когда я въехал в Койшаурскую долину. Осетин-извозчик неутомимо погонял лошадей, чтоб успеть до ночи взобраться на Койшаурскую гору, и во всё горло распевал песни. Славное место эта долина! Со всех сторон горы неприступные, красноватые скалы, обвешанные зелёным плющом и увенчанные купами чинар, жёлтые обрывы, исчерченные промоинами, а там высоко-высоко золотая бахрома снегов, а внизу Арагва, обнявшись с другой безымянной речкой, шумно вырывающейся из чёрного, полного мглою ущелья, тянется серебряною нитью и сверкает, как змея своею чешуёю.

Подъехав к подошве Койшаурской горы, мы остановились возле духана. Тут толпилось шумно десятка два грузин и горцев; поблизости караван верблюдов остановился для ночлега. Я должен был нанять быков, чтоб втащить мою телёжку на эту проклятую гору, потому что была уже осень и гололедица, — а эта гора имеет около двух вёрст длины.

Нечего делать, я нанял шесть быков и нескольких осетин. Один из них взвалил себе на плечи мой чемодан, другие стали помогать быкам почти одним криком.

3

За моею тележкою четвёрка быков тащила другую как ни в чём не бывала, несмотря на то что она была доверху накладена. Это обстоятельство меня удивило. За нею шёл её хозяин, покуривая из маленькой кабардинской трубочки, обделанной в серебро. На нём был офицерский сюртук без эполет и черкесская мохнатая шапка. Он казался лет пятидесяти; смуглый цвет лица его показывал, что оно давно знакомо с закавказским солнцем, и преждевременно поседевшие усы не соответствовали его твёрдой походке и бодрому виду. Я подошёл к нему и поклонился; он молча отвечал мне на поклон и пустил огромный клуб дыма.

— Мы с вами попутчики, кажется?

Он, молча, опять поклонился.

— Вы, верно, едете в Ставрополь?

— Так-с точно... с казёнными вещами.

— Скажите, пожалуйста, отчего это вашу тяжёлую тележку четыре быка тащат шутя, а мою, пустую, шесть скотов едва подвигают с помощию этих осетин?

Он лукаво улыбнулся и значительно взглянул на меня.

— Вы, верно, недавно на Кавказе?

— С год, — отвечал я.

Он улыбнулся вторично.

— А что ж?

— Да так-с! Ужасные бестии эти азиаты! Вы думаете они помогают, что кричат? А чёрт их разберёт, что они кричат? Быки-то их понимают; запрягите хоть двадцать, так коли они крикнут по-своему, быки всё ни с места... Ужасные плуты! А что с них возьмёшь?... Любят деньги драть с проезжающих... Избаловали мошенников! Увидите, они ещё с вас возьмут на водку. Уж я их знаю, меня не проведут!

— А вы давно здесь служите?

— Да я уж здесь служил при Алексее Петровиче, — отвечал он, приосанившись. — Когда он приехал на Линию, я был подпоручиком, — прибавил он, — и при нём получил два чина за дела против горцев.

— А теперь вы?...

— Теперь считаюсь в третьем линейном батальоне. А вы, смею спросить?...

4

Я сказал ему.

Разговор этим кончился, и мы продолжали молча идти друг подле друга. На вершине горы нашли мы снег. Солнце закатилось, и ночь последовала за днём без промежутка, как это обыкновенно бывает на юге; но благодаря отливу снегов мы легко могли различать дорогу, которая всё ещё шла в гору, хотя уже не так круто. Я велел положить чемодан свой в тележку, заменить быков лошадьми и в последний раз оглянулся вниз на долину; но густой туман, нахлынувший волнами из ущелий, покрывал её совершенно, и ни единый звук не долетал уже оттуда до нашего слуха. Осетины шумно обступили меня и требовали на водку; но штабс-капитан так грозно на них прикрикнул, что они вмиг разбежались.

— Ведь этакой народ! — сказал он, — и хлеба по-русски назвать не умеет, а выучил: «Офицер, дай на водку!» Уж татары, по мне, лучше: те хоть непьющие...

До станции оставалось ещё с версту. Кругом было тихо, так тихо, что по жужжанию комара можно было следить за его полётом. Налево чернело глубокое ущелье; за ним и впереди нас тёмно-синие вершины гор, изрытые морщинами, покрытые слоями снега, рисовались на бледном небосклоне, ещё сохранившем последний отблеск зари. На тёмном небе начинали мелькать звёзды, и странно, мне показалось, что они гораздо выше, чем у нас на севере. По обеим сторонам дороги торчали голые, чёрные камни; кой-где из-под снега выглядывали кустарники, но ни один сухой листок не шевелился, и весело было слышать среди этого мёртвого сна природы фырканье усталой почтовой тройки и неровное побрякиванье русского колокольчика.

— Завтра будет славная погода! — сказал я. Штабс-капитан не отвечал ни слова и указал мне пальцем на высокую гору, поднимавшуюся прямо против нас.

— Что ж это? — спросил я.

— Гуд-гора.

— Ну так что ж?

— Посмотрите, как курится.

И в самом деле, Гуд-гора курилась; по бокам её ползали

5

лёгкие стру́йки облако́в, а на верши́не лежа́ла чёрная ту́ча, така́я чёрная, что на тёмном не́бе она́ каза́лась пятно́м.

Уж мы различа́ли почто́вую ста́нцию, кро́вли окружа́ющих её са́клей, и перед на́ми мелька́ли приве́тные огоньки́, когда́ пахну́л сыро́й, холо́дный ве́тер, уще́лье загуде́ло и пошёл ме́лкий дождь. Едва́ успе́л я наки́нуть бу́рку, как повали́л снег. Я с благогове́нием посмотре́л на штабс-капита́на...

— Нам придётся здесь ночева́ть, — сказа́л он с доса́дою, — в таку́ю мете́ль через го́ры не перее́дешь. Что? бы́ли ль обва́лы на Кресто́вой? — спроси́л он изво́зчика.

— Не́ было, господи́н, — отвеча́л осети́н-изво́зчик, — а виси́т мно́го, мно́го.

За неиме́нием ко́мнаты для проезжа́ющих на ста́нции, нам отвели́ ночле́г в ды́мной са́кле. Я пригласи́л своего́ спу́тника вы́пить вме́сте стака́н ча́я, и́бо со мной был чугу́нный ча́йник — еди́нственная отра́да моя́ в путеше́ствиях по Кавка́зу.

Са́кля была́ приле́плена одни́м бо́ком к скале́; три ско́льзкие мо́крые ступе́ни вели́ к её две́ри. О́щупью вошёл я и наткну́лся на коро́ву (хлев у э́тих люде́й заменя́ет лаке́йскую). Я не знал, куда́ дева́ться: тут бле́ют о́вцы, там ворчи́т соба́ка. К сча́стию, в стороне́ блесну́л ту́склый свет и помо́г мне найти́ друго́е отве́рстие наподо́бие две́ри. Тут откры́лась карти́на дово́льно занима́тельная: широ́кая са́кля, кото́рой кры́ша опира́лась на́ два закопчённые столба́, была́ полна́ наро́да. Посереди́не треща́л огонёк, разло́женный на земле́, и дым, выта́лкиваемый обра́тно ве́тром из отве́рстия в кры́ше, расстила́лся вокру́г тако́й густо́й пелено́ю, что я до́лго не мог осмотре́ться; у огня́ сиде́ли две стару́хи, мно́жество дете́й и оди́н худоща́вый грузи́н, все в лохмо́тьях. Не́чего бы́ло де́лать, мы приюти́лись у огня́, закури́ли тру́бки, и ско́ро ча́йник зашипе́л приве́тливо.

— Жа́лкие лю́ди! — сказа́л я штабс-капита́ну, ука́зывая на на́ших гря́зных хозя́ев, кото́рые мо́лча на нас смотре́ли в како́м-то остолбене́нии.

— Преглу́пый наро́д! — отвеча́л он. — Пове́рите ли? ничего́ не уме́ют, не спосо́бны ни к како́му образова́нию! Уж по кра́йней ме́ре на́ши кабарди́нцы и́ли чече́нцы, хотя́ разбо́йники, голыши́, зато́ отча́янные башки́, а у э́тих и к ору́жию никако́й

6

охоты нет: порядочного кинжала ни на одном не увидишь. Уж подлинно осетины!

— А вы долго были в Чечне?

— Да, я лет десять стоял там в крепости с ротою, у Каменного Брода, — знаете?

— Слыхал.

— Вот, батюшка, надоели нам эти головорезы! Нынче, слава Богу, смирнее; а бывало, на сто шагов отойдёшь за вал, уж где-нибудь косматый дьявол сидит и караулит: чуть зазевался, того и гляди — либо аркан на шее, либо пуля в затылке. А молодцы!...

— А, чай, много с вами бывало приключений? — сказал я, подстрекаемый любопытством.

— Как не бывать! бывало...

Тут он начал щипать левый ус, повесил голову и призадумался. Мне страх хотелось вытянуть из него какую-нибудь историйку — желание, свойственное всем путешествующим и записывающим людям. Между тем чай поспел; я вытащил из чемодана два походные стаканчика, налил и поставил один перед ним. Он отхлебнул и сказал как будто про себя: «Да, бывало!» Это восклицание подало мне большие надежды. Я знаю, старые кавказцы любят поговорить, порассказать; им так редко это удаётся: другой лет пять стоит где-нибудь в захолустье с ротой, и целые пять лет ему никто не скажет «здравствуйте» (потому что фельдфебель говорит «здравия желаю»). А поболтать было бы о чём: кругом народ дикий, любопытный, каждый день опасность, случаи бывают чудные, и тут поневоле пожалеешь о том, что у нас так мало записывают.

— Не хотите ли подбавить рому? — сказал я моему собеседнику, — у меня есть белый из Тифлиса; теперь холодно.

— Нет-с, благодарствуйте, не пью.

— Что так?

— Да так. Я дал себе заклятье. Когда я был ещё подпоручиком, раз, знаете, мы подгуляли между собою, а ночью сделалась тревога; вот мы и вышли перед фрунт навеселе, да уж и досталось нам, как Алексей Петрович узнал: не дай Господи, как он рассердился! чуть-чуть не отдал под суд. Оно и точно,

7

другой раз целый год живёшь, никого не видишь, да как тут ещё водка — пропадший человек!

Услышав это, я почти потерял надежду.

— Да вот хоть черкесы, — продолжал он — как напьются бузы на свадьбе или на похоронах, так и пошла рубка. Я раз насилу ноги унёс, а ещё у мирнова князя был в гостях.

— Как же это случилось?

— Вот (он набил трубку, затянулся и начал рассказывать), вот изволите видеть, я тогда стоял в крепости за Тереком с ротой — этому скоро пять лет. Раз, осенью, пришёл транспорт с провиантом; в транспорте был офицер молодой человек лет двадцати пяти. Он явился ко мне в полной форме и объявил, что ему велено остаться у меня в крепости. Он был такой тоненький, беленький, на нём мундир был такой новенький, что я тотчас догадался, что он на Кавказе у нас недавно. «Вы, верно, — спросил я его, — переведены сюда из России?» — «Точно так, господин штабс-капитан», — отвечал он. Я взял его за руку и сказал: «Очень рад, очень рад. Вам будет немножко скучно... ну, да мы с вами будем жить по-приятельски. Да, пожалуйста, зовите меня просто Максим Максимыч, и, пожалуйста, — к чему эта полная форма? приходите ко мне всегда в фуражке». Ему отвели квартиру, и он поселился в крепости.

— А как его звали? — спросил я Максима Максимыча.

— Его звали... Григорьем Александровичем *Печориным*. Славный был малый, смею вас уверить; только немножко странен. Ведь, например, в дождик, в холод, целый день на охоте; все иззябнут, устанут — а ему ничего. А другой раз сидит у себя в комнате, ветер пахнёт, уверяет, что простудился; ставнем стукнет, он вздрогнет и побледнеет; а при мне ходил на кабана один на один; бывало, по целым часам слова не добьёшься, зато уж иногда как начнёт рассказывать, так животики надорвёшь со смеха... Да-с, с большими странностями, и должно быть, богатый человек: сколько у него было разных дорогих вещиц!...

— А долго он с вами жил? — спросил я опять.

— Да с год. Ну, да уж зато памятен мне этот год; наделал он мне хлопот, не тем будь помянут! Ведь есть, право, этакие люди, у которых на роду написано, что с ними должны случаться разные необыкновенные вещи!

— Необыкновенные? — воскликнул я с видом любопытства, подливая ему чая.

— А вот я вам расскажу. Вёрст шесть от крепости жил один мирной князь. Сынишко его, мальчик лет пятнадцати, повадился к нам ездить; всякий день, бывало, то за тем, то за другим. И уж точно избаловали мы его с Григорьем Александровичем. А уж какой был головорез, проворный на что хочешь: шапку ли поднять на всём скаку, из ружья ли стрелять. Одно было в нём нехорошо: ужасно падок был на деньги. Раз, для смеха, Григорий Александрович обещался ему дать червонец, коли он ему украдёт лучшего козла из отцовского стада; и что ж вы думаете? на другую же ночь притащил его за рога. А бывало, мы его вздумаем дразнить, так глаза кровью и нальются, и сейчас за кинжал. «Эй, Азамат, не сносить тебе головы, — говорил я ему, — яман будет твоя башка!»

Раз приезжает сам старый князь звать нас на свадьбу: он отдавал старшую дочь замуж, а мы были с ним кунаки: так нельзя же, знаете, отказаться, хоть он и татарин. Отправились. В ауле множество собак встретило нас громким лаем. Женщины, увидя нас, прятались; те, которых мы могли рассмотреть в лицо, были далеко не красавицы. «Я имел гораздо лучшее мнение о черкешенках», — сказал мне Григорий Александрович. «Погодите!» — отвечал я, усмехаясь. У меня было своё на уме.

У князя в сакле собралось уже множество народа. У азиатов, знаете, обычай всех встречных и поперечных приглашать на свадьбу. Нас приняли со всеми почестями и повели в кунацкую. Я, однако ж, не позабыл подметить, где поставили наших лошадей, знаете, для непредвидимого случая.

— Как же у них празднуют свадьбу? — спросил я штабс-капитана.

— Да обыкновенно. Сначала мулла прочитает им что-то из корана; потом дарят молодых и всех их родственников; едят, пьют бузу; потом начинается джигитовка, и всегда один какой-нибудь оборвыш, засаленный, на скверной, хромой лошадёнке, ломается, паясничает, смешит честную компанию;

потом, когда смеркнется, в кунацкой начинается, по-нашему сказать, бал. Бедный старичишка бренчит на трёхструнной... забыл, как по-ихнему... ну, да вроде нашей балалайки. Девки и молодые ребята становятся в две шеренги, одна против другой, хлопают в ладоши и поют. Вот выходит одна девка и один мужчина на середину и начинают говорить друг другу стихи нараспев, что попало, а остальные подхватывают хором. Мы с Печориным сидели на почётном месте, и вот к нему подошла меньшая дочь хозяина, девушка лет шестнадцати, и пропела ему... как бы сказать? вроде комплимента.

— А что ж такое она пропела, не помните ли?

— Да, кажется, вот так: «Стройны, дескать, наши молодые джигиты, и кафтаны на них серебром выложены, а молодой русский сфицер стройнее их, и галуны на нём золотые. Он как тополь между ними; только не расти, не цвести ему в нашем саду». Печорин встал, поклонился ей, приложил руку ко лбу и сердцу и просил меня отвечать ей; я хорошо знаю по-ихнему и перевёл его ответ.

Когда она от нас отошла, тогда я шепнул Григорью Александровичу: «Ну что, какова?» — «Прелесть! — отвечал он. — А как её зовут?» — «Её зовут Бэлою», — отвечал я.

И точно, она была хороша: высокая, тоненькая, глаза чёрные, как у горной серны, так и заглядывали к вам в душу. Печорин в задумчивости не сводил с неё глаз, и она частенько исподлобья на него посматривала. Только не один Печорин любовался хорошенькой княжной: из угла комнаты на неё смотрели другие два глаза, неподвижные, огненные. Я стал вглядываться и узнал моего старого знакомца Казбича. Он, знаете, был не то, чтоб мирной, не то, чтоб не мирной. Подозрений на него было много, хоть он ни в какой шалости не был замечен. Бывало, он приводил к нам в крепость баранов и продавал дёшево, только никогда не торговался; что запросит, давай, — хоть зарежь, не уступит. Говорили про него, что он любит таскаться за Кубань с абреками, и, правду сказать, рожа у него была самая разбойничья: маленький, сухой, широкоплечий... А уж ловок-то, ловок-то был, как бес! Бешмет всегда изорванный, в заплатках, а оружие в серебре. А лошадь его славилась в целой Кабарде, — и точно, лучше этой

10

лошади ничего́ вы́думать невозмо́жно. Недаро́м ему́ зави́довали все нае́здники и не раз пыта́лись её укра́сть, то́лько не удава́лось. Как тепе́рь гляжу́ на э́ту ло́шадь: вороная как смоль, но́ги — стру́нки, и глаза́ не ху́же, чем у Бэ́лы; а кака́я си́ла! скачи́ хоть на 50 вёрст; а уж вы́езжена — как соба́ка бе́гает за хозя́ином, го́лос да́же его́ зна́ла! Быва́ло, он её никогда́ и не привя́зывает. Уж така́я разбо́йничья ло́шадь!...

В э́тот ве́чер Ка́збич был угрю́мее, чем когда́-нибудь, и я заме́тил, что у него́ под бешме́том наде́та кольчу́га. «Недаро́м на нём э́та кольчу́га, — поду́мал я, — уж он, ве́рно, что́-нибудь замышля́ет».

Ду́шно ста́ло в са́кле, и я вы́шел на во́здух освежи́ться. Ночь уж ложи́лась на го́ры, и тума́н начина́л броди́ть по уще́льям.

Мне взду́малось заверну́ть под наве́с, где стоя́ли на́ши ло́шади, посмотре́ть, есть ли у них корм, и прито́м осторо́жность никогда́ не меша́ет: у меня́ же была́ ло́шадь сла́вная, и уж не оди́н кабарди́нец на неё уми́льно погля́дывал, пригова́ривая: «Якши тхе, чек якши!»

Пробира́юсь вдоль забо́ра и вдруг слы́шу голоса́; оди́н го́лос я то́тчас узна́л: э́то был пове́са Азама́т, сын на́шего хозя́ина; друго́й говори́л ре́же и ти́ше. «О чём они́ тут толку́ют? — поду́мал я, — уж не о мое́й ли лоша́дке?» Вот присе́л я у забо́ра и стал прислу́шиваться, стара́ясь не пропусти́ть ни одного́ сло́ва. Иногда́ шум пе́сен и го́вор голосо́в, вылета́я из са́кли, заглуша́ли любопы́тный для меня́ разгово́р.

— Сла́вная у тебя́ ло́шадь! — говори́л Азама́т, — е́сли б я был хозя́ин в до́ме и име́л табу́н в три́ста кобы́л, то о́тдал бы полови́ну за твоего́ скакуна́, Ка́збич!

«А! Ка́збич!» — поду́мал я и вспо́мнил кольчу́гу.

— Да, — отвеча́л Ка́збич по́сле не́которого молча́ния, — в це́лой Кабарде́ не найдёшь тако́й. Раз, — э́то бы́ло за Те́реком, — я е́здил с абре́ками отбива́ть ру́сские табуны́; нам не посчастли́вилось, и мы рассы́пались кто куда́. За мной несли́сь четы́ре казака́; уж я слы́шал за собо́ю кри́ки гяу́ров, и передо мно́ю был густо́й лес. Прилёг я на седло́, поручи́л себя́ алла́ху и в пе́рвый раз в жи́зни оскорби́л коня́ уда́ром пле́ти. Как пти́ца нырну́л он ме́жду ветвя́ми; о́стрые колю́чки рва́ли

11

мою одежду, сухие сучья карагача били меня по лицу. Конь мой прыгал через пни, разрывал кусты грудью. Лучше было бы мне его бросить у опушки и скрыться в лесу пешком, да жаль было с ним расстаться, — и пророк вознаградил меня. Несколько пуль провизжало над моей головою; я уж слышал, как спешившиеся казаки бежали по следам... Вдруг передо мною рытвина глубокая; скакун мой призадумался — и прыгнул. Задние его копыта оборвались с противного берега, и он повис на передних ногах. Я бросил поводья и полетел в овраг; это спасло моего коня: он выскочил. Казаки всё это видели, только ни один не спустился меня искать: они, верно, думали, что я убился до смерти, и я слышал, как они бросились ловить моего коня. Сердце моё облилось кровью; пополз я по густой траве вдоль по оврагу, — смотрю: лес кончился, несколько казаков выезжают из него на поляну, и вот выскакивает прямо к ним мой Карагёз; все кинулись за ним с криком; долго, долго они за ним гонялись, особенно один раза два чуть-чуть не накинул ему на шею аркана; я задрожал, опустил глаза и начал молиться. Через несколько мгновений поднимаю их — и вижу: мой Карагёз летит, развевая хвост, вольный как ветер, а гяуры далеко один за другим тянутся по степи на измученных конях. Валлах! это правда, истинная правда! До поздней ночи я сидел в своём овраге. Вдруг, что ж ты думаешь, Азамат? во мраке слышу, бегает по берегу оврага конь, фыркает, ржёт и бьёт копытами о землю; я узнал голос моего Карагёза: это был он, мой товарищ!... С тех пор мы не разлучались.

И слышно было, как он трепал рукою по гладкой шее своего скакуна, давая ему разные нежные названья.

— Если б у меня был табун в тысячу кобыл, — сказал Азамат, — то отдал бы тебе его весь за твоего Карагёза.

— Йок, не хочу, — отвечал равнодушно Казбич.

— Послушай, Казбич, — говорил, ласкаясь к нему, Азамат, — ты добрый человек, ты храбрый джигит, а мой отец боится русских и не пускает меня в горы; отдай мне свою лошадь, и я сделаю всё, что ты хочешь, украду для тебя у отца лучшую его винтовку или шашку, что только пожелаешь, — а шашка его настоящая гурда: приложи лезвием к руке, сама в тело вопьётся; а кольчуга такая, как твоя, нипочём.

Казбич молчал.

— В первый раз, как я увидел твоего коня, — продолжал Азамат, — когда он под тобой крутился и прыгал, раздувая ноздри, и кремни брызгами летели из-под копыт его, в моей душе сделалось что-то непонятное, и с тех пор всё мне опостылело: на лучших скакунов моего отца смотрел я с презрением, стыдно было мне на них показаться, и тоска овладела мной; и, тоскуя, просиживал я на утёсе целые дни, и ежеминутно мыслям моим являлся вороной скакун твой с своей стройной поступью, с своим гладким, прямым, как стрела хребтом; он смотрел мне в глаза своими бойкими глазами, как будто хотел слово вымолвить. Я умру, Казбич, если ты мне не продашь его! — сказал Азамат дрожащим голосом.

Мне послышалось, что он заплакал: а надо вам сказать, что Азамат был преупрямый мальчишка, и ничем, бывало, у него слёз не выбьешь, даже когда он был и помоложе.

В ответ на его слёзы послышалось что-то вроде смеха.

— Послушай! — сказал твёрдым голосом Азамат, — видишь, я на всё решаюсь. Хочешь, я украду для тебя мою сестру? Как она пляшет! как поёт! а вышивает золотом — чудо! Не бывало такой жены и у турецкого падишаха... Хочешь? дождись меня завтра ночью там, в ущелье, где бежит поток: я пойду с нею мимо в соседний аул, — и она твоя. Неужели не стоит Бэла твоего скакуна?

Долго, долго молчал Казбич; наконец, вместо ответа, он затянул старинную песню вполголоса:

> Много красавиц в аулах у нас,
> Звёзды сияют во мраке их глаз.
> Сладко любить их, завидная доля;
> Но веселей молодецкая воля.
> Золото купит четыре жены,
> Конь же лихой не имеет цены:
> Он и от вихря в степи не отстанет,
> Он не изменит, он не обманет.

Напрасно **упрашивал** его Азамат согласиться и плакал, и льстил **ему**, и клялся; наконец Казбич нетерпеливо прервал его:

13

— Поди́ прочь, безу́мный мальчи́шка! Где тебе́ е́здить на моём коне́? На пе́рвых трёх шага́х он тебя́ сбро́сит, и ты разобьёшь себе́ заты́лок об ка́мни.

— Меня́! — кри́кнул Азама́т в бе́шенстве, и желе́зо де́тского кинжа́ла звезвене́ло об кольчу́гу. Си́льная рука́ оттолкну́ла его́ прочь, и он уда́рился об плете́нь так, что плете́нь зашата́лся. «Бу́дет поте́ха!» — поду́мал я, ки́нулся в коню́шню, взнузда́л лошаде́й на́ших и вы́вел их на за́дний двор. Через две мину́ты уж в са́кле был ужа́сный гвалт. Вот что случи́лось: Азама́т вбежа́л туда́ в разо́рванном бешме́те, говоря́, что Ка́збич хоте́л его́ заре́зать. Все вы́скочили, схвати́лись за ру́жья — и пошла́ поте́ха! Крик, шум, вы́стрелы; то́лько Ка́збич уж был верхо́м и верте́лся среди́ толпы́ по у́лице, как бес, отма́хиваясь ша́шкой.

— Плохо́е де́ло в чужо́м пиру́ похме́лье, — сказа́л я Григо́рью Алекса́ндровичу, пойма́в его́ за́ руку, — не лу́чше ли нам поскоре́й убра́ться?

— Да погоди́те, чем ко́нчится.

— Да уж, ве́рно, ко́нчится ху́до; у э́тих азиа́тов всё так: натяну́лись бузы́, и пошла́ резня́! — Мы се́ли верхо́м и уска́кали домо́й.

— А что Ка́збич? — спроси́л я нетерпели́во у штабс-капита́на.

— Да что э́тому наро́ду де́лается! — отвеча́л он, допива́я стака́н ча́я, — ведь ускользну́л!

— И не ра́нен? — спроси́л я.

— А Бог его́ зна́ет! Живу́щи, разбо́йники! Вида́л я-с ины́х в де́ле, наприме́р: ведь весь иско́лот, как решето́, штыка́ми, а всё маха́ет ша́шкой. — Штабс-капита́н по́сле не́которого молча́ния продолжа́л, то́пнув ного́ю о зе́млю: — Никогда́ себе́ не прощу́ одного́: чёрт меня́ дёрнул, прие́хав в кре́пость, пересказа́ть Григо́рью Алекса́ндровичу всё, что я слы́шал, си́дя за забо́ром; он посмея́лся, — тако́й хи́трый! — и сам заду́мал кое-что́.

— А что тако́е? Расскажи́те, пожа́луйста.

— Ну, уж не́чего де́лать! на́чал расска́зывать, так на́до продолжа́ть.

Дня через четы́ре приезжа́ет Азама́т в кре́пость. По обыкновéнию, он зашёл к Григóрью Алексáндровичу, котóрый егó всегдá кормúл лáкомствами. Я был тут. Зашёл разговóр о лошадя́х, и Печóрин нáчал расхвáливать лóшадь Кáзбича: уж такáя-то онá рéзвая, красúвая, слóвно сéрна, — ну, прóсто, по егó словáм, э́такой и в цéлом мúре нет.

Засверкáли глазёнки у татарчóнка, а Печóрин бýдто не замечáет; я заговорю́ о другóм, а он, смóтришь, тóтчас собьёт разговóр на лóшадь Кáзбича. Эта истóрия продолжáлась вся́кий раз, как приезжáл Азамáт. Недéли три спустя́ стал я замечáть, что Азамáт бледнéет и сóхнет, как бывáет от любвú в ромáнах-с. Что за дúво?...

Вот вúдите, я уж пóсле узнáл всю э́ту штýку: Григóрий Алексáндрович до тогó егó задразнúл, что хоть в вóду. Раз он емý и скажú:

— Вúжу, Азамáт, что тебé бóльно понрáвилась э́та лóшадь; а не видáть тебé её как своегó заты́лка! Ну, скажú, чтó бы ты дал томý, кто тебé её подарúл бы?...

— Всё, что он захóчет, — отвечáл Азамáт.

— В такóм слýчае я тебé её достáну, тóлько с услóвием... Поклянúсь, что ты егó испóлнишь...

— Клянýсь... Кланúсь и ты!

— Хорошó! Клянýсь, ты бýдешь владéть конём; тóлько за негó ты дóлжен отдáть мне сестрý Бэ́лу: Карагёз бýдет её калы́мом. Надéюсь, что торг для тебя́ вы́годен.

Азамáт молчáл.

— Не хóчешь? Ну, как хóчешь! Я дýмал, что ты мужчúна, а ты ещё ребёнок: рáно тебé éздить верхóм...

Азамáт вспы́хнул.

— А мой отéц? — сказáл он.

— Рáзве он никогдá не уезжáет?

— Прáвда...

— Соглáсен?...

— Соглáсен, — прошептáл Азамáт, блéдный как смерть. — Когдá же?

— В пéрвый раз, как Кáзбич приéдет сюдá; он обещáлся пригнáть деся́ток барáнов; остальнóе — моё дéло. Смотрú же, Азамáт!

Вот онú и сладúли э́то дéло ... по прáвде сказáть, нехорóшее

15

дело! Я после и говорил это Печорину, да только он мне отвечал, что дикая черкешенка должна быть счастлива, имея такого милого мужа, как он, потому что по-ихнему он всё-таки её муж, а что Казбич — разбойник, которого надо было наказать. Сами посудите, что ж я мог отвечать против этого?... Но в то время я ничего не знал об их заговоре. Вот раз приехал Казбич и спрашивает, не нужно ли баранов и мёда; я велел ему привести на другой день.

— Азамат! — сказал Григорий Александрович, — завтра Карагёз в моих руках; если нынче ночью Бэла не будет здесь, то не видать тебе коня...

— Хорошо! — сказал Азамат и поскакал в аул.

Вечером Григорий Александрович вооружился и выехал из крепости: как они сладили это дело, не знаю, — только ночью они оба возвратились, и часовой видел, что поперёк седла Азамата лежала женщина, у которой руки и ноги были связаны, а голова окутана чадрой.

— А лошадь? — спросил я у штабс-капитана.

— Сейчас, сейчас. На другой день утром рано приехал Казбич и пригнал десяток баранов на продажу. Привязав лошадь у забора, он вошёл ко мне; я попотчевал его чаем, потому что хотя разбойник он, а всё-таки был моим кунаком.

Стали мы болтать о том, о сём... Вдруг, смотрю, Казбич вздрогнул, переменился в лице — и к окну; но окно, к несчастию, выходило на задворье.

— Что с тобой? — спросил я.

— Моя лошадь!... лошадь! — сказал он, весь дрожа.

Точно, я услышал топот копыт: «Это, верно, какой-нибудь казак приехал...»

— Нет! Урус-яман, яман! — заревел он и опрометью бросился вон, как дикий барс. В два прыжка он был уже на дворе; у ворот крепости часовой загородил ему путь ружьём; он перескочил через ружьё и кинулся бежать по дороге... Вдали вилась пыль — Азамат скакал на лихом Карагёзе; на бегу Казбич выхватил из чехла ружьё и выстрелил. С минуту он остался неподвижен, пока не убедился, что дал промах; потом завизжал, ударил ружьё о камень, разбил его вдребезги, повалился на землю и зарыдал, как ребёнок... Вот кругом него

16

собрался народ из крепости — он никого не замечал; постояли, потолковали и пошли назад; я велел возле его положить деньги за баранов — он их не тронул, лежал себе ничком, как мёртвый. Поверите ли, он так пролежал до поздней ночи и целую ночь?... Только на другое утро пришёл в крепость и стал просить, чтоб ему назвали похитителя. Часовой, который видел, как Азамат отвязал коня и ускакал на нём, не почёл за нужное скрывать. При этом имени глаза Казбича засверкали, и он отправился в аул, где жил отец Азамата.

— Что ж отец?

— Да в том-то и штука, что его Казбич не нашёл: он куда-то уезжал дней на шесть, а то удалось ли бы Азамату увезти сестру?

А когда отец возвратился, то ни дочери, ни сына не было. Такой хитрец; ведь смекнул, что не сносить ему головы, если б он попался. Так с тех пор и пропал: верно, пристал к какой-нибудь шайке абреков, да и сложил буйную голову за Тереком или за Кубанью: туда и дорога!...

Признаюсь, и на мою долю порядочно досталось. Как я только проведал, что черкешенка у Григорья Александдовича, то надел эполеты, шпагу и пошёл к нему.

Он лежал в первой комнате на постели, подложив одну руку под затылок, а в другой держа погасшую трубку; дверь во вторую комнату была заперта на замок, и ключа в замке не было. Я всё это тотчас заметил... Я начал кашлять и постукивать каблуками о порог, — только он притворялся, будто не слышит.

— Господин прапорщик! — сказал я как можно строже. — Разве вы не видите, что я к вам пришёл?

— Ах, здравствуйте, Максим Максимыч! Не хотите ли трубку? — отвечал он, не приподнимаясь.

— Извините! Я не Максим Максимыч: я штабс-капитан.

— Всё равно. Не хотите ли чаю? Если б вы знали, какая мучит меня забота!

— Я всё знаю, — отвечал я, подошёд к кровати.

— Тем лучше: я не в духе рассказывать.

— Господин прапорщик, вы сделали проступок, за который и я могу отвечать...

17

— И полноте! что ж за беда? Ведь у нас давно всё пополам.

— Что за шутки? Пожалуйте вашу шпагу!

— Митька, шпагу!...

Митька принёс шпагу. Исполнив долг свой, сел я к нему на кровать и сказал:

— Послушай, Григорий Александрович, признайся, что нехорошо.

— Что нехорошо?

— Да то, что ты увёз Бэлу... Уж эта мне бестия Азамат!... Ну, признайся, — сказал я ему.

— Да когда она мне нравится?

Ну, что прикажете отвечать на это?... Я стал в тупик. Однако ж после некоторого молчания я ему сказал, что если отец станет её требовать, то надо будет отдать!

— Вовсе не надо!

— Да он узнает, что она здесь?

— А как он узнает?

Я опять стал в тупик.

— Послушайте, Максим Максимыч! — сказал Печорин, приподнявшись, — ведь вы добрый человек, — а если отдадим дочь этому дикарю, он её зарежет или продаст. Дело сделано, не надо только охотою портить; оставьте её у меня, а у себя мою шпагу...

— Да покажите мне её, — сказал я.

— Она за этой дверью; только я сам нынче напрасно хотел её видеть; сидит в углу, закутавшись в покрывало, не говорит и не смотрит: пуглива, как дикая серна. Я нанял нашу духанщицу, она знает по-татарски, будет ходить за нею и приучит её к мысли, что она моя, потому что она никому не будет принадлежать, кроме меня, — прибавил он, ударив кулаком по столу. Я и в этом согласился... Что прикажете делать? Есть люди, с которыми непременно должно соглашаться.

— А что? — спросил я у Максима Максимыча, — в самом ли деле он приучил её к себе или она зачахла в неволе, с тоски по родине?

— Помилуйте, отчего же с тоски по родине? Из крепости видны были те же горы, что из аула, — а этим дикарям больше ничего́ не на́добно. Да прито́м Григо́рий Алекса́ндрович ка́ждый день дари́л ей что́-нибудь: пе́рвые дни она́, мо́лча, го́рдо отта́лкивала пода́рки, кото́рые тогда́ достава́лись духа́нщице и возбужда́ли её красноре́чие. Ах, пода́рки! чего́ не сде́лает же́нщина за цветну́ю тряпи́чку!... Ну, да э́то в сто́рону... До́лго би́лся с не́ю Григо́рий Алекса́ндрович; ме́жду тем учи́лся по-тата́рски, и она́ начина́ла понима́ть по-на́шему. Ма́лопома́лу она́ приучи́лась на него́ смотре́ть, снача́ла исподло́бья, и́скоса, и всё грусти́ла, напева́ла свои́ пе́сни вполго́лоса, так что, быва́ло, и мне станови́лось гру́стно, когда́ слу́шал её из сосе́дней ко́мнаты. Никогда́ не забу́ду одно́й сце́ны: шёл я ми́мо и загляну́л в окно́; Бэ́ла сиде́ла на лежа́нке, пове́сив го́лову на грудь, а Григо́рий Алекса́ндрович стоя́л перед не́ю.

— Послу́шай, моя́ пе́ри, — говори́л он, — ведь ты зна́ешь, что ра́но и́ли по́здно ты должна́ быть мое́ю, — отчего́ же то́лько му́чишь меня́? Ра́зве ты лю́бишь како́го-нибудь чече́нца? Если так, я тебя́ сейчас отпущу́ домо́й. — Она́ вздро́гнула едва́ приме́тно и покача́ла голово́й. — Или, — продолжа́л он, — я тебе́ соверше́нно ненави́стен? — Она́ вздохну́ла. — Или твоя́ ве́ра запреща́ет полюби́ть меня́? — Она́ побледне́ла и молча́ла. — Пове́рь мне, алла́х для всех племён оди́н и тот же, и е́сли он мне позволя́ет люби́ть тебя́, отчего́ же запрети́т тебе́ плати́ть мне взаи́мностью? — Она́ посмотре́ла ему́ при́стально в лицо́, как бу́дто поражённая э́той но́вой мы́слию; в глаза́х её вы́разились недове́рчивость и жела́ние убеди́ться. Что за глаза́! они́ так и сверка́ли, бу́дто два у́гля. — Послу́шай, ми́лая, до́брая Бэ́ла! — продолжа́л Печо́рин, — ты ви́дишь, как я тебя́ люблю́; я всё гото́в отда́ть, чтобы тебя́ развесели́ть: я хочу́, чтобы ты была́ сча́стлива; а е́сли ты сно́ва бу́дешь грусти́ть, то я умру́. Скажи́, ты бу́дешь веселе́й?

Она́ призаду́малась, не спуска́я с него́ чёрных глаз свои́х, пото́м улыбну́лась ла́сково и кивну́ла голово́й в знак согла́сия. Он взял её ру́ку и стал её угова́ривать, чтоб она́ его́ поцелова́ла; она́ сла́бо защища́лась и то́лько повторя́ла: «Поджа́луста, поджа́луста, не на́да, не на́да». Он стал наста́ивать; она́ задрожа́ла, запла́кала.

— Я твоя́ пле́нница, — говори́ла она́, — твоя́ раба́, коне́чно, ты мо́жешь меня́ прину́дить, — и опя́ть слёзы.

Григорий Александрович ударил себя в лоб кулаком и выскочил в другую комнату. Я зашёл к нему; он сложа руки прохаживался угрюмый взад и вперёд.

— Что, батюшка? — сказал я ему.

— Дьявол, а не женщина! — отвечал он, — только я вам даю моё честное слово, что она будет моя...

Я покачал головою.

— Хотите пари? — сказал он, — через неделю!

— Извольте!

Мы ударили по рукам и разошлись.

На другой день он тотчас же отправил нарочного в Кизляр за разными покупками; привезено было множество разных персидских материй, всех не перечесть.

— Как вы думаете, Максим Максимыч, — сказал он мне, показывая подарки, — устоит ли азиатская красавица против такой батареи?

— Вы черкешенок не знаете, — отвечал я, — это совсем не то, что грузинки или закавказские татарки, совсем не то. У них свои правила; они иначе воспитаны. — Григорий Александрович улыбнулся и стал насвистывать марш.

А ведь вышло, что я был прав: подарки подействовали только вполовину; она стала ласковее, доверчивее — да и только; так что он решился на последнее средство. Раз утром он велел оседлать лошадь, оделся по-черкесски, вооружился и вошёл к ней. «Бэла! — сказал он, — ты знаешь, как я тебя люблю. Я решился тебя увезти, думая, что ты, когда узнаешь меня, полюбишь; я ошибся: прощай! оставайся полной хозяйкой всего, что я имею; если хочешь, вернись к отцу, — ты свободна. Я виноват перед тобой и должен наказать себя; прощай, я еду — куда? почему я знаю! Авось недолго буду гоняться за пулей или ударом шашки: тогда вспомни обо мне и прости меня». Он отвернулся и протянул ей руку на прощанье. Она не взяла руки, молчала. Только стоя за дверью, я мог в щель рассмотреть её лицо: и мне стало жаль — такая смертельная бледность покрыла это милое личико! Не слыша ответа, Печорин сделал несколько шагов к двери; он дрожал — и сказать ли вам? я думаю, он в состоянии был исполнить в самом деле то, о чём говорил шутя. Таков уж был человек, Бог его

20

знает! Только едва он коснулся двери, как она вскочила, зарыдала и бросилась ему на шею. Поверите ли? я, стоя за дверью, также заплакал, то есть, знаете, не то чтоб заплакал, а так — глупость!..

Штабс-капитан замолчал.

— Да, признаюсь, — сказал он потом, теребя усы, — мне стало досадно, что никогда ни одна женщина меня так не любила.

— И продолжительно было их счастие? — спросил я.

— Да, она нам призналась, что с того дня, как увидела Печорина, он часто ей грезился во сне и что ни один мужчина никогда не производил на неё такого впечатления. Да, они были счастливы!

— Как это скучно! — воскликнул я невольно. В самом деле, я ожидал трагической развязки, и вдруг так неожиданно обмануть мои надежды!... — Да неужели, — продолжал я, — отец не догадался, что она у вас в крепости?

— То есть, кажется, он подозревал. Спустя несколько дней узнали мы, что старик убит. Вот как это случилось.

Внимание моё пробудилось снова.

— Надо вам сказать, что Казбич вообразил, будто Азамат с согласия отца украл у него лошадь, по крайней мере я так полагаю. Вот он раз и дожидался у дороги, версты три за аулом; старик возвращался из напрасных поисков за дочерью; уздени его отстали, — это было в сумерки, — он ехал задумчиво шагом, как вдруг Казбич, будто кошка, нырнул из-за куста, прыг сзади его на лошадь, ударом кинжала свалил его наземь, схватил поводья — и был таков; некоторые уздени всё это видели с пригорка; они бросились догонять, только не догнали.

— Он вознаградил себя за потерю коня и отомстил, — сказал я, чтоб вызвать мнение моего собеседника.

— Конечно, по-ихнему, — сказал штабс-капитан, — он был совершенно прав.

Меня невольно поразила способность русского человека применяться к обычаям тех народов, среди которых ему случается жить; не знаю, достойно порицания или похвалы это свойство ума, только оно доказывает неимоверную его гибкость и прису́тствие э́того я́сного здра́вого смы́сла, кото́рый проща́ет зло везде́, где ви́дит его́ необходи́мость и́ли невозмо́жность его́ уничтоже́ния.

Ме́жду тем чай был вы́пит; давно́ запряжённые ко́ни продро́гли на снегу́; ме́сяц бледне́л на за́паде и гото́в уж был погрузи́ться в чёрные свои́ ту́чи, вися́щие на да́льних верши́нах как клочки́ разо́дранного за́навеса. Мы вы́шли из са́кли. Вопреки́ предсказа́нию моего́ спу́тника, пого́да проясни́лась и обеща́ла нам ти́хое у́тро; хорово́ды звёзд чу́дными узо́рами сплета́лись на далёком небоскло́не и одна́ за друго́ю га́сли, по ме́ре того́ как бледнова́тый о́тблеск восто́ка развива́лся по тёмно-лило́вому сво́ду, озаря́я постепе́нно круты́е отло́гости гор, покры́тые де́вственными снега́ми. Напра́во и нале́во черне́ли мра́чные, таи́нственные про́пасти, и тума́ны, клубя́сь и извива́ясь, как зме́и, сполза́ли туда́ по морщи́нам сосе́дних скал, бу́дто чу́вствуя и пуга́ясь приближе́ния дня.

Ти́хо бы́ло всё на не́бе и на земле́, как в се́рдце челове́ка в мину́ту у́тренней моли́твы; то́лько и́зредка набега́л прохла́дный ве́тер с восто́ка, приподнима́я гри́ву лошаде́й, покры́тую и́неем. Мы тро́нулись в путь; с трудо́м пять худы́х кляч тащи́ли на́ши пово́зки по изви́листой доро́ге на Гуд-го́ру; мы шли пешко́м сза́ди, подкла́дывая ка́мни под колёса, когда́ ло́шади выбива́лись из сил; каза́лось, доро́га вела́ на не́бо, потому́ что, ско́лько глаз мог разгляде́ть, она́ всё поднима́лась и, наконе́ц, пропада́ла в о́блаке, кото́рое ещё с ве́чера отдыха́ло на верши́не Гуд-горы́, как ко́ршун, ожида́ющий добы́чу; снег хрусте́л под нога́ми на́шими; во́здух станови́лся так ре́док, что бы́ло бо́льно дыша́ть; кровь помину́тно прилива́ла в го́лову, но со всем тем како́е-то отра́дное чу́вство распространи́лось по всем мои́м жи́лам, и мне бы́ло ка́к-то ве́село, что я так высоко́ над ми́ром: чу́вство де́тское, не спо́рю, но, удаля́ясь от усло́вий о́бщества и приближа́ясь к приро́де, мы нево́льно стано́вимся детьми́, всё приобретённое отпада́ет от души́, и она́ де́лается вновь тако́ю, како́й была́ не́когда и, ве́рно, бу́дет когда́-нибудь опя́ть. Тот, кому́ случа́лось, как мне, броди́ть по гора́м пусты́нным и до́лго-до́лго всма́триваться в их причу́дливые о́бразы и жа́дно глота́ть животворя́щий во́здух, разли́той в их уще́льях, тот, коне́чно, поймёт моё жела́ние переда́ть, расс-

22

казáть, нарисовáть эти волшéбные картúны. Вот, наконéц, мы взобралúсь на Гуд-горý, остановúлись и оглянýлись: на ней висéло сéрое óблако, и егó холóдное дыхáние грозúло блúзкой бýрею; но на востóке всё бы́ло так я́сно и золотúсто, что мы, то есть я и штабс-капитáн, совершéнно о нём забы́ли... Да, и штабс-капитáн: в сердцáх просты́х чýвство красоты́ и велúчия прирóды сильнéе, живéе во сто крат, чем в нас, востóрженных расскáзчиках на словáх и на бумáге.

— Вы, я дýмаю, привы́кли к этим великолéпным картúнам? — сказáл я емý.

— Да-с, и к свúсту пýли мóжно привы́кнуть, то есть привы́кнуть скрывáть невóльное биéние сéрдца.

— Я слы́шал, напрóтив, что для ины́х стáрых вóинов эта мýзыка дáже прия́тна.

— Разумéется, éсли хотúте, онó и прия́тно; тóлько всё же потомý, что сéрдце бьётся сильнéе. Посмотрúте, — прибáвил он, укáзывая на востóк, — что за край!

И тóчно, такýю панорáму вряд ли где ещё удáстся мне вúдеть: под нáми лежáла Койшаýрская долúна, пересекáемая Арáгвой и другóй рéчкой, как двумя́ серéбряными нúтями; голубовáтый тумáн скользúл по ней, убегáя в сосéдние теснúны от тёплых лучéй ýтра; напрáво и налéво грéбни гор, одúн вы́ше другóго, пересекáлись, тянýлись, покры́тые снегáми, кустáрником; вдалú те же гóры, но хоть бы две скалы́, похóжие однá на другýю, — и все эти снегá горéли румя́ным блéском так вéсело, так я́рко, что, кáжется, тут бы и остáться жить навéки; сóлнце чуть показáлось из-за тёмно-сúней горы́, котóрую тóлько привы́чный глаз мог бы различúть от грозовóй тýчи; но над сóлнцем былá кровáвая полосá, на котóрую мой товáрищ обратúл осóбенное внимáние. «Я говорúл вам, — восклúкнул он, — что ны́нче бýдет погóда; нáдо торопúться, а то, пожáлуй, онá застáнет нас на Крестóвой. Трóгайтесь!» — закричáл он ямщикáм.

Подложúли цéпи под колёса вмéсто тормозóв, чтоб онú не раскáтывались, взя́ли лошадéй под уздцы́ и нáчали спускáться; напрáво был утёс, налéво прóпасть такáя, что цéлая деревýшка осетúн, живýщих на дне её, казáлась гнездóм лáсточки; я содрогнýлся, подýмав, что чáсто здесь, в глухýю ночь, по этой дороге, где две повозки не могут разъехаться, какой-нибудь курьер раз десять в год проезжает, не вылезая из своего тряского экипажа. Один из наших извозчиков был русский ярославский мужик, другой осетин: осетин вёл коренную под уздцы со всеми возможными предосторожностями, отпрягши заранее уносных, — а наш беспечный русак даже не слез с облучка! Когда я ему заметил, что он мог бы побеспокоиться в пользу хотя моего чемодана, за которым я вовсе не желал лазить в эту бездну, он отвечал мне: «И, барин! Бог даст, не хуже их доедем: ведь нам не впервые», — и он был прав: мы точно могли бы не доехать, однако ж всё-таки доехали, и если б все люди побольше рассуждали, то убедились бы, что жизнь не стоит того, чтоб об ней так много заботиться...

Но, может быть, вы хотите знать окончание истории Бэлы? Во-первых, я пишу не повесть, а путевые записки: следовательно, не могу заставить штабс-капитана рассказывать прежде, нежели он начал рассказывать в самом деле. Итак, погодите или, если хотите, переверните несколько страниц, только я вам этого не советую, потому что переезд через Крестовую гору (или, как называет её учёный Гамба, le Mont St.-Christophe) достоин вашего любопытства. Итак, мы спускались с Гуд-горы в Чёртову долину... Вот романтическое название! Вы уже видите гнездо злого духа между неприступными утёсами, — не тут-то было: название Чёртовой долины происходит от слова «черта», а не «чёрт», ибо здесь когда-то была граница Грузии. Эта долина была завалена снеговыми сугробами, напоминавшими довольно живо Саратов, Тамбов и прочие *милые* места нашего отечества.

— Вот и Крестовая! — сказал мне штабс-капитан, когда мы съехали в Чёртову долину, указывая на холм, покрытый пеленою снега; на его вершине чернелся каменный крест, и мимо его вела едва-едва заметная дорога, по которой проезжают только тогда, когда боковая завалена снегом: наши извозчики объявили, что обвалов ещё не было, и, сберегая лошадей, повезли нас кругом. При повороте встретили мы человек пять осетин; они предложили нам свои услуги и, уцепясь за колёса, с криком принялись тащить и поддерживать наши тележки. И точно, дорога опасная: направо висели над нашими головами груды снега, готовые, кажется, при первом порыве ветра оборваться в ущелье; узкая дорога частию была покрыта снегом, который в иных местах проваливался под ногами, в других превращался в лёд от действия солнечных лучей и ночных морозов, так что с трудом мы сами пробирались; лошади падали; налево зияла глубокая расселина, где катился поток, то скрываясь под ледяной корою, то с пеною прыгая по чёрным камням. В два часа едва могли мы обогнуть Крестовую гору — две версты в два часа! Между тем тучи спустились, повалил град, снег; ветер, врываясь в ущелья, ревел, свистал, как Соловей-Разбойник, и скоро каменный крест скрылся в тумане, которого волны, одна другой гуще и теснее, набегали с востока... Кстати, об этом кресте существует странное, но всеобщее предание, будто его поставил император Пётр I, проезжая через Кавказ; но, во-первых, Пётр был только в Дагестане, и, во-вторых, на кресте было написано крупными буквами, что он поставлен по приказанию г. Ермолова, а именно в 1824 году. Но предание, несмотря на надпись, так укоренилось, что, право, не знаешь, чему верить, тем более что мы не привыкли верить надписям.

Нам должно было спускаться ещё вёрст пять по обледеневшим скалам и топкому снегу, чтоб достигнуть станции Коби. Лошади измучились, мы продрогли; метель гудела сильнее и сильнее, точно наша родимая, северная; только её дикие напевы были печальнее, заунывнее. «И ты, изгнанница, — думал я, — плачешь о своих широких, раздольных степях! Там есть где развернуть холодные крылья, а здесь тебе душно и тесно, как орлу, который с криком бьётся о решётку железной своей клетки».

— Плохо! — говорил штабс-капитан, — посмотрите, кругом ничего не видно, только туман да снег; того и гляди, что свалимся в пропасть или засядем в трущобу, а там пониже, чай, Байдара так разыгралась, что и не переедешь. Уж эта мне Азия! что люди, что речки — никак нельзя положиться!

Извозчики с криком и бранью колотили лошадей, которые фыркали, упирались и не хотели ни за что в свете тронуться с места, несмотря на красноречие кнутов.

— Ваше благородие, — сказал наконец один, — ведь мы

нынче до Коби не доедем; не прикажете ли, покамест можно, своротить налево? Вон там что-то на косогоре чернеется — верно, сакли: там всегда-с проезжающие останавливаются в погоду; они говорят, что проведут, если дадите на водку, — прибавил он, указывая на осетина.

— Знаю, братец, знаю без тебя! — сказал штабс-капитан, — уж эти бестии! рады придраться, чтоб сорвать на водку.

— Признайтесь, однако, — сказал я, — что без них нам было бы хуже.

— Всё так, всё так, — пробормотал он, — уж эти мне проводники! чутьём слышат, где можно попользоваться, будто без них и нельзя найти дороги.

Вот мы свернули налево и кое-как, после многих хлопот, добрались до скудного приюта, состоявшего из двух саклей, сложенных из плит и булыжника и обведённых такою же стеною. Оборванные хозяева приняли нас радушно. Я после узнал, что правительство им платит и кормит их с условием, чтоб они принимали путешественников, застигнутых бурею.

— Всё к лучшему! — сказал я, присев у огня, — теперь вы мне доскажете вашу историю про Бэлу; я уверен, что этим не кончилось.

— А почему ж вы так уверены? — отвечал мне штабс-капитан, примигивая с хитрой улыбкою.

— Оттого, что это не в порядке вещей: что началось необыкновенным образом, то должно так же и кончиться.

— Ведь вы угадали...

— Очень рад.

— Хорошо вам радоваться, а мне так, право, грустно, как вспомню. Славная была девочка, эта Бэла! Я к ней, наконец, так привык, как к дочери, и она меня любила. Надо вам сказать, что у меня нет семейства: об отце и матери я лет 12-ть уж не имею известия, а запастись женой не догадался раньше, — так теперь уж, знаете, и не к лицу; я и рад был, что нашёл кого баловать. Она, бывало, нам поёт песни иль пляшет лезгинку... А уж как плясала! Видал я наших губернских барышень, а раз был-с и в Москве в Благородном собрании, лет 20-ть тому назад, — только куда им! совсем не то!... Григорий Александрович наряжал её как куколку, холил и лелеял, и она

26

у нас так похорошéла, что чýдо; с лицá и с рук сошёл загáр, румя́нец разыгрáлся на щекáх... Уж какáя, бывáло, весёлая, и всё надо мной, проказница, подшýчивала... Бог ей прости!...

— А что, когдá вы ей объяви́ли о смéрти отцá?

— Мы дóлго от неё э́то скрывáли, покá онá не привы́кла к своемý положéнию; а когдá сказáли, так онá дня два поплáкала, а потóм забы́ла.

Мéсяца четы́ре всё шло как нельзя́ лýчше. Григóрий Алексáндрович, я уж, кáжется, говори́л, стрáстно люби́л охóту: бывáло, так его в лес и подмывáет за кабанáми и́ли кóзами, — а тут хоть бы вы́шел за крепостнóй вал. Вот, однáко ж, смотрю́, он стал снóва задýмываться, хóдит по кóмнате, загнýв рýки назáд; потóм раз, не сказáв никомý, отпрáвился стреля́ть, — цéлое ýтро пропадáл; раз и другóй, всё чáще и чáще... «Нехорошó, — подýмал я, — вéрно, мéжду ни́ми чёрная кóшка проскочи́ла!»

Однó ýтро захожý к ним — как тепéрь перед глазáми: Бэ́ла сидéла на кровáти в чёрном шёлковом бешмéте, блéдненькая, такáя печáльная, что я испугáлся.

— А где Печóрин? — спроси́л я.

— На охóте.

— Сегóдня ушёл? — Онá молчáла, как бýдто ей трýдно бы́ло вы́говорить.

— Нет, ещё вчерá, — наконéц сказáла онá, тяжелó вздохнýв.

— Уж не случи́лось ли с ним чегó?

— Я вчерá цéлый день дýмала, дýмала, — отвечáла онá сквозь слёзы, — придýмывала рáзные несчáстия: то казáлось мне, что его рáнил ди́кий кабáн, то чечéнец утащи́л в гóры... А ны́нче мне уж кáжется, что он меня́ не лю́бит.

— Прáво, ми́лая, ты хýже ничегó не моглá придýмать! — Онá заплáкала, потóм с гóрдостью поднялá гóлову, отёрла слёзы и продолжáла:

— Если он меня́ не лю́бит, то кто емý мешáет отослáть меня́ домóй? Я его не принуждáю. А éсли э́то так бýдет продолжáться, то я самá уйдý: я не рабá его — я кня́жеская дочь!...

Я стал её уговáривать.

— Послу́шай, Бэ́ла, ведь нельзя́ же ему́ век сиде́ть здесь, как приши́тому к твое́й ю́бке: он челове́к молодо́й, лю́бит погоня́ться за ди́чью ,— похо́дит, да и придёт; а е́сли ты бу́дешь грусти́ть, то скоре́й ему́ наску́чишь.

— Пра́вда, пра́вда! — отвеча́ла она́, — я бу́ду весела́. — И с хо́хотом схвати́ла свой бу́бен, начала́ петь, пляса́ть и пры́гать о́коло меня́; то́лько и э́то не́ было продолжи́тельно, она́ опя́ть упа́ла на посте́ль и закры́ла лицо́ рука́ми.

Что бы́ло с не́ю мне де́лать? Я, зна́ете, никогда́ с же́нщинами не обраща́лся; ду́мал, ду́мал, чем её уте́шить, и ничего́ не приду́мал; не́сколько вре́мени мы о́ба молча́ли... Пренеприя́тное положе́ние-с!

Наконе́ц я ей сказа́л: «Хо́чешь, пойдём прогуля́ться на вал? пого́да сла́вная!» Э́то бы́ло в сентябре́. И то́чно, день был чуде́сный, све́тлый и не жа́ркий; все го́ры видны́ бы́ли, как на блю́дечке. Мы пошли́, походи́ли по крепостно́му ва́лу взад и вперёд, мо́лча; наконе́ц она́ се́ла на дёрн, и я сел во́зле неё. Ну, пра́во, вспо́мнить смешно́: я бе́гал за не́ю, то́чно кака́я-нибудь ня́нька.

Кре́пость на́ша стоя́ла на высо́ком ме́сте, и вид был с ва́ла прекра́сный: с одно́й стороны́ широ́кая поля́на, изры́тая не́сколькими ба́лками, ока́нчивалась ле́сом, кото́рый тяну́лся до са́мого хребта́ гор; кое-где́ на ней дыми́лись аулы, ходи́ли табуны́; с друго́й — бежа́ла ме́лкая ре́чка, и к ней примыка́л ча́стый куста́рник, покрыва́вший кремни́стые возвы́шенности, кото́рые соединя́лись с гла́вной це́пью Кавка́за. Мы сиде́ли на углу́ бастио́на, так что в о́бе сто́роны могли́ ви́деть всё. Вот смотрю́: из ле́са выезжа́ет кто́-то на се́рой ло́шади, всё бли́же и бли́же, и, наконе́ц, останови́лся по ту сто́рону ре́чки, саженя́х во ста от нас, и на́чал кружи́ть ло́шадь свою́, как бе́шеный. Что за при́тча!...

— Посмотри́-ка, Бэ́ла, — сказа́л я, — у тебя́ глаза́ молоды́е, что э́то за джиги́т: кого́ э́то он прие́хал те́шить?...

Она́ взгляну́ла и вскри́кнула:

— Э́то Ка́збич!...

— Ах он разбо́йник! смея́ться, что ли, прие́хал над на́ми? — Всма́триваюсь, то́чно Ка́збич: его́ сму́глая ро́жа, обо́рванный, гря́зный, как всегда́.

— Это лошадь отца моего, — сказала Бэла, схватив меня за руку; она дрожала, как лист, и глаза её сверкали. «Ага! — подумал я, — и в тебе, душенька, не молчит разбойничья кровь!»

— Подойди-ка сюда, — сказал я часовому, — осмотри ружьё, да ссади мне этого молодца, — получишь рубль серебром.

— Слушаю, ваше высокоблагородие; только он не стоит на месте...

— Прикажи! — сказал я, смеясь...

— Эй, любезный! — закричал часовой, махая ему рукой, — подожди маленько, что ты крутишься, как волчок?

Казбич остановился в самом деле и стал вслушиваться: верно, думал, что с ним заводят переговоры, — как не так!... Мой гренадёр приложился... бац!... мимо; только что порох на полке вспыхнул; Казбич толкнул лошадь, и она дала скачок в сторону. Он привстал на стременах, крикнул что-то по-своему, погрозил нагайкой — и был таков.

— Как тебе не стыдно! — сказал я часовому.

— Ваше высокоблагородие! умирать отправился, — отвечал он, — такой проклятый народ, сразу не убьёшь.

Четверть часа спустя Печорин вернулся с охоты; Бэла бросилась ему на шею, и ни одной жалобы, ни одного упрёка за долгое отсутствие... Даже я уж на него рассердился.

— Помилуйте, — говорил я, — ведь вот сейчас тут был за речкою Казбич, и мы по нём стреляли; ну, долго ли вам на него наткнуться? Эти горцы народ мстительный: вы думаете, что он не догадывается, что вы частию помогли Азамату? А я бьюсь об заклад, что нынче он узнал Бэлу. Я знаю, что, год тому назад, она ему больно нравилась, — он мне сам говорил, — и если б надеялся собрать порядочный калым, то, верно бы, посватался...

Тут Печорин задумался. «Да, — отвечал он, — надо быть осторожнее... Бэла, с нынешнего дня ты не должна более ходить на крепостной вал».

Вечером я имел с ним длинное объяснение: мне было досадно, что он переменился к этой бедной девочке; кроме того, что он половину дня проводил на охоте, его обращение стало холодно, ласкал он её редко, и она заметно начинала сохнуть, личико её вытянулось, большие глаза потускнели. Бывало, спросишь: «О чём ты вздохнула, Бэла? ты печальна?» — «Нет!» — «Тебе чего-нибудь хочется?» — «Нет!» — «Ты тоскуешь по родным?» — «У меня нет родных». Случалось, по целым дням, кроме «да» да «нет», от неё ничего больше не добьёшься.

Вот об этом-то я и стал ему говорить. «Послушайте, Максим Максимыч, — отвечал он, — у меня несчастный характер: воспитание ли меня сделало таким, Бог ли так меня создал, не знаю; знаю только то, что если я причиною несчастия других, то и сам не менее несчастлив. Разумеется, это им плохое утешение — только дело в том, что это так. В первой моей молодости, с той минуты, когда я вышел из опеки родных, я стал наслаждаться бешено всеми удовольствиями, которые можно достать за деньги, и, разумеется, удовольствия эти мне опротивели. Потом пустился я в большой свет, и скоро общество мне также надоело; влюблялся в светских красавиц и был любим, — но их любовь только раздражала моё воображение и самолюбие, а сердце осталось пусто... Я стал читать, учиться — науки также надоели; я видел, что ни слава, ни счастье от них не зависят нисколько, потому что самые счастливые люди — невежды, а слава — удача, и чтоб добиться её, надо только быть ловким. Тогда мне стало скучно... Вскоре перевели меня на Кавказ: это самое счастливое время моей жизни. Я надеялся, что скука не живёт под чеченскими пулями, — напрасно: через месяц я так привык к их жужжанию и к близости смерти, что, право, обращал больше внимания на комаров, — и мне стало скучнее прежнего, потому что я потерял почти последнюю надежду. Когда я увидел Бэлу в своём доме, когда в первый раз, держа её на коленях, целовал её чёрные локоны, я, глупец, подумал, что она ангел, посланный мне сострадательной судьбою... Я опять ошибся: любовь дикарки немногим лучше любви знатной барыни; невежество и простосердечие одной так же надоедают, как и кокетство другой. Если вы хотите, я её ещё люблю, я ей благодарен за несколько минут довольно сладких, я за неё отдам жизнь, только мне с нею скучно... Глупец я или злодей, не знаю; но то верно, что я так же очень достоин сожаления, может быть больше, нежели она: во мне душа испорчена светом, воображение беспокойное, сердце ненасы́тное; мне всё ма́ло; к печа́ли я так же легко́ привыка́ю, как к наслажде́нию, и жизнь моя́ стано́вится пусте́е день ото дня; мне оста́лось одно́ сре́дство: путеше́ствовать. Как то́лько бу́дет мо́жно, отпра́влюсь, — то́лько не в Евро́пу, изба́ви Бо́же! — пое́ду в Аме́рику, в Ара́вию, в Индию, — аво́сь где́-нибудь умру́ на доро́ге! По кра́йней ме́ре, я уве́рен, что э́то после́днее утеше́ние не ско́ро истощи́тся, с по́мощью бурь и дурны́х доро́г». Так он говори́л до́лго, и его́ слова́ вре́зались у меня́ в па́мяти, потому́ что в пе́рвый раз я слы́шал таки́е ве́щи от 25-ле́тнего челове́ка, и, Бог даст, в после́дний... Что за ди́во! Скажи́те-ка пожа́луйста, — продолжа́л штабскапита́н, обраща́ясь ко мне, — вы вот, ка́жется, быва́ли в столи́це, и неда́вно: неу́жто та́мошняя молодёжь вся такова́?

Я отвеча́л, что мно́го есть люде́й, говоря́щих то же са́мое; что есть, вероя́тно, и таки́е, кото́рые говоря́т пра́вду; что, впро́чем, разочарова́ние, как все мо́ды, нача́в с вы́сших слоёв о́бщества, спусти́лось к ни́зшим, кото́рые его́ дона́шивают, и что ны́нче те, кото́рые бо́льше всех и в са́мом де́ле скуча́ют, стара́ются скрыть э́то несча́стие, как поро́к. Штабс-капита́н не по́нял э́тих то́нкостей, покача́л голово́ю и улыбну́лся лука́во:

— А всё, чай, францу́зы ввели́ мо́ду скуча́ть?

— Нет, англича́не.

— А-га́, вот что!... — отвеча́л он, — да ведь они́ всегда́ бы́ли отъя́вленные пья́ницы!...

Я нево́льно вспо́мнил об одно́й моско́вской ба́рыне, кото́рая утвержда́ла, что Ба́йрон был бо́льше ничего́, как пья́ница. Впро́чем, замеча́ние штабс-капита́на бы́ло извини́тельнее: чтоб возде́рживаться от вина́, он, коне́чно, стара́лся уверя́ть себя́, что все в ми́ре несча́стия происхо́дят от пья́нства.

Ме́жду тем он продолжа́л свой расска́з таки́м о́бразом:

— Ка́збич не явля́лся сно́ва. То́лько, не зна́ю почему́, я не мог вы́бить из головы́ мысль, что он неда́ром приезжа́л и затева́ет что́-нибудь худо́е.

Вот раз угова́ривает меня́ Печо́рин е́хать с ним на кабана́; я до́лго отне́кивался: ну, что мне был за дико́винка кабан! Одна́ко ж утащи́л-таки он меня́ с собо́ю. Мы взя́ли челове́к пять солда́т и уе́хали ра́но у́тром. До десяти́ часо́в шныря́ли по камыша́м и по́ лесу, — нет зве́ря. «Эй, не вороти́ться ли? — говорил я, — к чему упрямиться? Уж, видно, такой задался несчастный день!» Только Григорий Александрович, несмотря на зной и усталость, не хотел воротиться без добычи... Таков уж был человек: что задумает, подавай; видно, в детстве был маменькой избалован... Наконец в полдень отыскали проклятого кабана: паф! паф!... не тут-то было: ушёл в камыши... такой уж был несчастный день!... Вот мы, отдохнув маленько, отправились домой.

Мы ехали рядом, молча, распустив поводья, и были уж почти у самой крепости; только кустарник закрывал её от нас. Вдруг выстрел... Мы взглянули друг на друга: нас поразило одинаковое подозрение... Опрометью поскакали мы на выстрел, — смотрим: на валу солдаты собрались в кучку и указывают в поле, а там летит стремглав всадник и держит что-то белое на седле. Григорий Александрович взвизгнул не хуже любого чеченца; ружьё из чехла — и туда; я за ним.

К счастью, по причине неудачной охоты, наши кони не были измучены: они рвались из-под седла, и с каждым мгновением мы были всё ближе и ближе... И наконец я узнал Казбича, только не мог разобрать, что такое он держал перед собою. Я тогда поравнялся с Печориным и кричу ему: «Это Казбич!» Он посмотрел на меня, кивнул головою и ударил коня плетью.

Вот наконец мы были уж от него на ружейный выстрел; измучена ли была у Казбича лошадь, или хуже наших, только, несмотря на все его старания, она не больно подавалась вперёд. Я думаю, в эту минуту он вспомнил своего Карагёза...

Смотрю: Печорин на скаку приложился из ружья... «Не стреляйте! — кричу я ему, — берегите заряд; мы и так его догоним.» Уж эта молодёжь! вечно некстати горячится... Но выстрел раздался, и пуля перебила заднюю ногу лошади; она сгоряча сделала ещё прыжков десять, споткнулась и упала на колени. Казбич соскочил, и тогда мы увидели, что он держал на руках своих женщину, окутанную чадрою... Это была Бэла... бедная Бэла! Он что-то нам закричал по-своему и занёс над нею кинжал... Медлить было нечего: я выстрелил в свою очередь, наудачу; верно, пуля попала ему в плечо, потому что вдруг он опустил руку... Когда дым рассеялся, на земле лежала раненая лошадь, и возле неё Бэла; а Казбич, бросив ружьё, по кустáрникам, тóчно кóшка, карáбкался на утёс; хотéлось мне егó снять оттýда, да нé было зарядá готóвого! Мы соскочи́ли с лошадéй и ки́нулись к Бэ́ле. Бедня́жка, онá лежáла неподви́жно, и кровь лилáсь из рáны ручья́ми. Такóй злодéй: хоть бы в сéрдце удáрил — ну, так уж и быть, одни́м рáзом всё бы кóнчил, а то в спи́ну... сáмый разбóйничий удáр! Онá былá без пáмяти. Мы изорвáли чадрý и перевязáли рáну как мóжно тýже; напрáсно Печóрин целовáл её холóдные гýбы — ничтó не моглó привести́ её в себя́.

Печóрин сел верхóм; я пóднял её с земли́ и кое-кáк посади́л к немý на седлó; он обхвати́л её рукóй, и мы поéхали назáд. Пóсле нéскольких минýт молчáния Григóрий Алексáндрович сказáл мне: «Послýшайте, Макси́м Макси́мыч, мы э́так её не довезём живýю». — «Прáвда!» — сказáл я, и мы пусти́ли лошадéй во весь дух. Нас у ворóт крéпости ожидáла толпá нарóда; осторóжно перенесли́ мы рáненую к Печóрину и послáли за лéкарем. Он был хотя́ пьян, но пришёл; осмотрéл рáну и объяви́л, что онá бóльше дня жить не мóжет; тóлько он оши́бся...

— Вы́здоровела? — спроси́л я у штабс-капитáна, схвати́в его зá руку и невóльно обрáдовавшись.

— Нет, — отвечáл он, — а оши́бся лéкарь тем, что онá ещё два дня прожилá.

— Да объясни́те мне, каки́м óбразом её похи́тил Кáзбич?

— А вот как: несмотря́ на запрещéние Печóрина, онá вы́шла из крéпости к рéчке. Бы́ло, знáете, óчень жáрко; онá сéла на кáмень и опусти́ла нóги в вóду. Вот Кáзбич подкрáлся, — цап-цáрап её, зажáл рот и потащи́л в кусты́, а там вскочи́л на коня́, да и тя́гу! Онá мéжду тем успéла закричáть; часовы́е всполоши́лись, вы́стрелили, да ми́мо, а мы тут и подоспéли.

— Да зачéм Кáзбич её хотéл увезти́?

— Поми́луйте! да э́ти черкéсы извéстный ворóвской нарóд: что плóхо лежи́т, не мóгут не стянýть; другóе и не нýжно, а всё украдёт... уж в э́том прошý их извини́ть! Да притóм онá емý давнó-таки нрáвилась.

— И Бэ́ла умерлá?

— Умерлá; тóлько дóлго мýчилась, и мы уж с нéю измýчились порядком. Óколо десяти́ часóв вéчера онá пришлá в себя́;

33

мы сидели у постели; только что она открыла глаза, начала звать Печорина. «Я здесь, подле тебя, моя джанечка (то есть, по-нашему, душенька)», — отвечал он, взяв её за руку. «Я умру!» — сказала она. Мы начали её утешать, говорили, что лекарь обещал её вылечить непременно; она покачала головкой и отвернулась к стене: ей не хотелось умирать!...

Ночью она начала бредить; голова её горела, по всему телу иногда пробегала дрожь лихорадки; она говорила несвязные речи об отце, брате: ей хотелось в горы, домой... Потом она также говорила о Печорине, давала ему разные нежные названия или упрекала его в том, что он разлюбил свою джанечку...

Он слушал её молча, опустив голову на руки; но только я во всё время не заметил ни одной слезы на ресницах его: в самом ли деле он не мог плакать или владел собою — не знаю; что до меня, то я ничего жальче этого не видывал.

К утру бред прошёл; с час она лежала неподвижная, бледная и в такой слабости, что едва можно было заметить, что она дышит; потом ей стало лучше, и она начала говорить, только как вы думаете, о чём?... Этакая мысль придёт ведь только умирающему!... Начала печалиться о том, что она не христианка, и что на том свете душа её никогда не встретится с душою Григорья Александровича, и что иная женщина будет в раю его подругой. Мне пришло на мысль окрестить её перед смертию: я ей это предложил; она посмотрела на меня в нерешимости и долго не могла слова вымолвить; наконец, отвечала, что она умрёт в той вере, в какой родилась. Так прошёл целый день. Как она переменилась в этот день! Бледные щёки впали, глаза сделались большие, большие, губы горели. Она чувствовала внутренний жар, как будто в груди у ней лежало раскалённое железо.

Настала другая ночь; мы не смыкали глаз, не отходили от её постели. Она ужасно мучилась, стонала, и только что боль начинала утихать, она старалась уверить Григорья Александровича, что ей лучше, уговаривала его идти спать, целовала его руку, не выпускала её из своих. Перед утром стала она чувствовать тоску смерти, начала метаться, сбила перевязку, и кровь потекла снова. Когда перевязали рану, она на минуту успокóилась и началá просúть Печóрина, чтоб он её поцеловáл. Он стал на колéни вóзле кровáти, приподнял её гóлову с подýшки и прижáл свой гýбы к её холодéющим губáм; онá крéпко обвилá егó шéю дрожáщими рукáми, бýдто в этом поцелýе хотéла передáть емý свою дýшу... Нет, онá хорошó сдéлала, что умерлá! Ну, что бы с ней стáлось, éсли б Григóрий Алексáндрович её покúнул? А это бы случúлось, рáно úли пóздно...

Половúну слéдующего дня онá былá тихá, молчалúва и послýшна, как ни мýчил её наш лéкарь припáрками и микстýрой. «Помúлуйте! — говорúл я емý, — ведь вы сáми сказáли, что онá умрёт непремéнно, так зачéм тут все вáши препарáты?» — «Всё-таки лýчше, Максúм Максúмыч, — отвечáл он, — чтоб сóвесть былá покóйна». Хорошá сóвесть!

Пóсле полýдня онá началá томúться жáждой. Мы отворúли óкна — но на дворé бýло жáрче, чем в кóмнате; постáвили льду óколо кровáти — ничегó не помогáло. Я знал, что эта невыносúмая жáжда — прúзнак приближéния концá, и сказáл это Печóрину. «Водý, водý!...» — говорúла онá хрúплым гóлосом, приподнявшись с постéли.

Он сдéлался блéден как полотнó, схватúл стакáн, налúл и пóдал ей. Я закрýл глазá рукáми и стал читáть молúтву, не пóмню какýю... Да, бáтюшка, видáл я мнóго, как люди умирáют в гóшпиталях и на пóле сражéния, тóлько это всё не то, совсéм не то!... Ещё, признáться, меня вот что печáлит: онá перед смéртью ни рáзу не вспóмнила обо мне; а, кáжется, я её любúл, как отéц... Ну, да Бог её простúт!... И впрáвду мóлвить: что ж я такóе, чтоб обо мне вспоминáть перед смéртью?...

Тóлько что онá испилá водý, как ей стáло лéгче, а минýты через три онá скончáлась. Приложúли зéркало к губáм — глáдко!... Я вúвел Печóрина вон из кóмнаты, и мы пошлú на крепостнóй вал; дóлго мы ходúли взад и вперёд рядом, не говоря ни слóва, загнýв рýки нá спину; его лицó ничегó не выражáло осóбенного, и мне стáло досáдно: я бы на его мéсте ýмер с гóря. Наконéц он сел на зéмлю, в тенú, и нáчал чтó-то чертúть пáлочкой на пескé. Я, знáете, бóльше для прилúчия, хотéл утéшить его, нáчал говорúть; он пóднял гóлову и засмеялся... У меня морóз пробежáл по кóже от этого смéха... Я пошёл закáзывать гроб.

Признаться, я частию для развлечения занялся этим. У меня был кусок термаламы, я обил ею гроб и украсил его черкесскими серебряными галунами, которых Григорий Александрович накупил для неё же.

На другой день рано утром мы её похоронили за крепостью, у речки, возле того места, где она в последний раз сидела; кругом её могилки теперь разрослись кусты белой акации и бузины. Я хотел было поставить крест, да, знаете, неловко: всё-таки она была не христианка...

— А что Печорин? — спросил я.

— Печорин был долго нездоров, исхудал, бедняжка, только никогда с этих пор мы не говорили о Бэле: я видел, что это ему будет неприятно, так зачём же? Месяца три спустя его назначили в е...й полк, и он уехал в Грузию. Мы с тех пор не встречались... Да, помнится, кто-то недавно мне говорил, что он возвратился в Россию, но в приказах по корпусу не было. Впрочем, до нашего брата вести поздно доходят.

Тут он пустился в длинную диссертацию о том, как неприятно узнавать новости годом позже — вероятно, для того, чтоб заглушить печальные воспоминания.

Я не перебивал его и не слушал.

Через час явилась возможность ехать; метель утихла, небо прояснилось, и мы отправились. Дорогой невольно я опять завёл разговор о Бэле и о Печорине.

— А не слыхали ли вы, что сделалось с Казбичем? — спросил я.

— С Казбичем? А, право, не знаю... Слышал я, что на правом фланге у шапсугов есть какой-то Казбич, удалец, который в красном бешмете разъезжает шажком под нашими выстрелами и превежливо раскланивается, когда пуля прожужжит близко; да вряд ли это тот самый!...

В Коби мы расстались с Максимом Максимычем; я поехал на почтовых, а он, по причине тяжёлой поклажи, не мог за мной следовать. Мы не надеялись никогда более встретиться, однако встретились, и, если хотите, я расскажу; это целая история... Сознайтесь, однако ж, что Максим Максимыч человек достойный уважения?... Если бы сознаетесь в этом, то я вполне буду вознаграждён за свой, может быть, слишком длинный рассказ.

36

II

МАКСИМ МАКСИМЫЧ

Расставшись с Максимом Максимычем, я живо проскакал Терекское и Дарьяльское ущелия, завтракал в Казбеке, чай пил в Ларсе, а к ужину поспел в Владыкавказ. Избавляю вас от описания гор, от возгласов, которые ничего не выражают, от картин, которые ничего не изображают, особенно для тех, которые там не были, и от статистических замечаний, которых решительно никто читать не станет.

Я остановился в гостинице, где останавливаются все проезжие и где между тем некому велеть зажарить фазана и сварить щей, ибо три инвалида, которым она поручена, так глупы или так пьяны, что от них никакого толка нельзя добиться.

Мне объявили, что я должен прожить тут ещё три дни, ибо «оказия» из Екатеринограда ещё не пришла и, следовательно, отправиться обратно не может. Что за оказия!... Но дурной каламбур не утешение для русского человека, и я, для развлечения, вздумал записывать рассказ Максима Максимыча о Бэле, не воображая, что он будет первым звеном длинной цепи повестей: видите, как иногда маловажный случай имеет жестокие последствия!... А вы, может быть, не знаете, что такое «оказия»? Это — прикрытие, состоящее из полроты пехоты и пушки, с которыми ходят обозы через Кабарду из Владыкавказа в Екатериноград.

Первый день я провёл очень скучно; на другой день рано утром въезжает на двор повозка... А! Максим Максимыч!... Мы встретились, как старые приятели. Я предложил ему свою ко́мнату. Он не церемо́нился, да́же уда́рил меня́ по плечу́ и скриви́л рот на мане́р улы́бки. Тако́й чуда́к!...

Макси́м Макси́мыч име́л глубо́кие све́дення в пова́ренном иску́сстве: он удиви́тельно хорошо́ зажа́рил фаза́на, уда́чно поли́л его́ огуре́чным рассо́лом, и я до́лжен призна́ться, что без него́ пришло́сь бы оста́ться на сухояде́нии. Буты́лка кахети́нского помогла́ нам забы́ть о скро́мном числе́ блюд, кото́рых бы́ло всего́ одно́, и, закури́в тру́бки, мы усе́лись — я у окна́, он у зато́пленной пе́чи, потому́ что день был сыро́й и холо́дный. Мы молча́ли. О чём бы́ло нам говори́ть?... Он уж расска́зал мне о себе́ всё, что бы́ло занима́тельного, а мне бы́ло не́чего расска́зывать. Я смотре́л в окно́. Мно́жество ни́зеньких до́миков, разбро́санных по бе́регу Те́река, кото́рый разбега́ется ши́ре и ши́ре, мелька́ли из-за дере́в, а да́льше сине́лись зу́бчатою стено́ю го́ры, и из-за них выгля́дывал Казбе́к в свое́й бе́лой кардина́льской ша́пке. Я с ни́ми мы́сленно проща́лся: мне ста́ло их жа́лко...

Так сиде́ли мы до́лго. Со́лнце пря́талось за холо́дные верши́ны, и белова́тый тума́н начина́л расходи́ться в доли́нах, когда́ на у́лице разда́лся звон доро́жного колоко́льчика и крик изво́зчиков. Не́сколько повозок с гря́зными армя́нами въе́хало на двор гости́ницы и за ни́ми пуста́я доро́жная коля́ска; её лёгкий ход, удо́бное устро́йство и щегольско́й вид име́ли како́й-то заграни́чный отпеча́ток. За не́ю шёл челове́к с больши́ми уса́ми, в венге́рке, дово́льно хорошо́ оде́тый для лаке́я; в его́ зва́нии нельзя́ бы́ло ошиби́ться, ви́дя у́харскую зама́шку, с кото́рой он вытря́хивал золу́ из тру́бки и покри́кивал на ямщика́. Он я́вно был бало́ваный слуга́ лени́вого ба́рина, — не́что вро́де ру́сского Фи́гаро.

— Скажи́, любе́зный, — закрича́л я ему́ в окно́, — что это — ока́зия пришла́, что ли?

Он посмотре́л дово́льно де́рзко, попра́вил га́лстук и отверну́лся; ше́дший во́зле него́ армяни́н, улыба́ясь, отвеча́л за него́, что то́чно пришла́ ока́зия и за́втра у́тром отпра́вится обра́тно.

— Сла́ва Бо́гу! — сказа́л Макси́м Макси́мыч, подоше́дший к окну́ в это вре́мя. — Э́кая чу́дная коля́ска! — приба́вил он, — ве́рно, како́й-нибудь чино́вник е́дет на сле́дствие в Тифли́с.

Видно, не знает наших горок! Нет, шутишь, любезный: они не свой брат, растрясут хоть английскую!

— А кто бы это такое был — подойдёмте-ка узнать... — Мы вышли в коридор. В конце коридора была отворена дверь в боковую комнату. Лакей с извозчиком перетаскивали в неё чемоданы.

— Послушай, братец, — спросил у него штабс-капитан, — чья эта чудесная коляска?... а?... Прекрасная коляска!...

Лакей, не оборачиваясь, бормотал что-то про себя, развязывая чемодан. Максим Максимыч рассердился; он тронул неучтивца по плечу и сказал:

— Я тебе говорю, любезный...

— Чья коляска?... моего господина...

— А кто твой господин?

— Печорин...

— Что ты? что ты? Печорин?... Ах, Боже мой!... да не служил ли он на Кавказе?... — воскликнул Максим Максимыч, дёрнув меня за рукав. У него в глазах сверкала радость.

— Служил, кажется, — да я у них недавно.

— Ну так!... так!... Григорий Александрович?... Так ведь его зовут?... Мы с твоим барином были приятели, — прибавил он, ударив дружески по плечу лакея, так что заставил его пошатнуться...

— Позвольте, сударь; вы мне мешаете, — сказал тот, нахмурившись.

— Экой ты, братец!... Да знаешь ли? мы с твоим барином были друзья закадычные, жили вместе... Да где ж он сам остался?...

Слуга объявил, что Печорин остался ужинать и ночевать у полковника Н...

— Да не зайдёт ли он вечером сюда? — сказал Максим Максимыч, — или ты, любезный, не пойдёшь ли к нему за чём-нибудь?... Коли пойдёшь, так скажи, что здесь Максим Максимыч; так и скажи... уж он знает... Я тебе дам восьмигривенный на водку...

Лакей сделал презрительную мину, слыша такое скромное обещание, однако уверил Максима Максимыча, что он исполнит его поручение.

— Ведь сейчас прибежит!... — сказал мне Максим Максимыч с торжествующим видом, — пойду за ворота его дожидаться... Эх! жалко, что я незнаком с Н...

Максим Максимыч сел за воротами на скамейку, а я ушёл в свою комнату. Признаюсь, я также с некоторым нетерпением ждал появления этого Печорина; хотя, по рассказу штабс-капитана, я составил себе о нём не очень выгодное понятие, однако некоторые черты в его характере показались мне замечательными. Через час инвалид принёс кипящий самовар и чайник.

— Максим Максимыч, не хотите ли чаю? — закричал я ему в окно.

— Благодарствуйте; что-то не хочется.

— Эй, выпейте! Смотрите, ведь уж поздно, холодно.

— Ничего; благодарствуйте...

— Ну, как угодно!

Я стал пить чай один; минут через десять входит мой старик:

— А ведь вы правы: всё лучше выпить чайку, — да я всё ждал... Уж человек его давно к нему пошёл, да, видно, что-нибудь задержало.

Он наскоро выхлебнул чашку, отказался от второй и ушёл опять за ворота в каком-то беспокойстве: явно было, что старика огорчало небрежение Печорина, и тем более, что он мне недавно говорил о своей с ним дружбе и ещё час тому назад был уверен, что он прибежит, как только услышит его имя.

Уже было поздно и темно, когда я снова отворил окно и стал звать Максима Максимыча, говоря, что пора спать; он что-то пробормотал сквозь зубы; я повторил приглашение, — он ничего не отвечал.

Я лёг на диван, завернувшись в шинель, и, оставив свечу на лежанке, скоро задремал и проспал бы покойно, если б, уже очень поздно, Максим Максимыч, войдя в комнату, не разбудил меня. Он бросил трубку на стол, стал ходить по комнате, шевырять в печи, наконец лёг, но долго кашлял, плевал, ворочался...

— Не клопы ли вас кусают? — спросил я.

— Да, клопы... — отвечал он, тяжело вздохнув.

40

На другой день утром я проснулся рано; но Максим Максимыч предупредил меня. Я нашёл его у ворот, сидящего на скамейке.

— Мне надо сходить к коменданту, — сказал он, — так, пожалуйста, если Печорин придёт, пришлите за мной...

Я обещался. Он побежал... как будто члены его получили вновь юношескую силу и гибкость.

Утро было свежее, но прекрасное. Золотые облака громоздились на горах, как новый ряд воздушных гор; перед воротами расстилалась широкая площадь; за нею базар кипел народом, потому что было воскресенье; босые мальчики-осетины, неся за плечами котомки с сотовым мёдом, вертелись вокруг меня; я их прогнал: мне было не до них, я начинал разделять беспокойство доброго штабс-капитана.

Не прошло десяти минут, как на конце площади показался тот, которого мы ожидали. Он шёл с полковником Н..., который, доведя его до гостиницы, простился с ним и поворотил в крепость. Я тотчас же послал инвалида за Максимом Максимычем.

Навстречу Печорину вышел его лакей и доложил, что сейчас станут закладывать, подал ему ящик с сигарами и, получив несколько приказаний, отправился хлопотать. Его господин, закурив сигару, зевнул раза два и сел на скамью по другую сторону ворот. Теперь я должен нарисовать вам его портрет.

Он был среднего роста; стройный, тонкий стан его и широкие плечи доказывали крепкое сложение, способное переносить все трудности кочевой жизни и перемены климатов, не побеждённое ни развратом столичной жизни, ни бурями душевными; пыльный бархатный сюртучок его, застёгнутый только на две нижние пуговицы, позволял разглядеть ослепительно чистое бельё, изобличавшее привычки порядочного человека; его запачканные перчатки казались нарочно сшитыми по его маленькой аристократической руке, и когда он снял одну перчатку, то я был удивлён худобой его бледных пальцев. Его походка была небрежна и ленива, но я заметил, что он не размахивал руками, — верный признак некоторой скрытности характера. Впрочем, это мои собственные замечания, основанные на моих же наблюдениях, и я вовсе не хочу вас заставить

41

вѐровать в них слѐпо. Когда́ он опусти́лся на скамью́, то пря-
мо́й стан его́ согну́лся, как бу́дто у него́ в спине́ не́ было ни
одно́й ко́сточки; положе́ние всего́ его́ те́ла изобрази́ло каку́ю-то
нерви́ческую сла́бость; он сиде́л, как сиди́т бальза́кова 30-ле́т-
няя коке́тка на свои́х пухо́вых кре́слах по́сле утоми́тельного
ба́ла. С пе́рвого взгля́да на лицо́ его́, я бы не дал ему́ бо́лее
23 лет, хотя́ по́сле я гото́в был дать ему́ 30. В его́ улы́бке бы́ло
что́-то де́тское. Его́ ко́жа име́ла каку́ю-то же́нскую не́жность;
белоку́рые во́лосы, вью́щиеся от приро́ды, так живопи́сно обри-
со́вывали его́ бле́дный, благоро́дный лоб, на кото́ром, то́лько
по до́лгом наблюде́нии, мо́жно бы́ло заме́тить следы́ морщи́н,
пересека́вших одна́ другу́ю и, вероя́тно, обознача́вшихся го-
ра́здо я́вственнее в мину́ты гне́ва и́ли душе́вного беспоко́йства.
Несмотря́ на све́тлый цвет его́ воло́с, усы́ его́ и бро́ви бы́ли чёрные, — при́знак поро́ды в челове́ке, так, как чёрная гри́ва и
чёрный хвост у бе́лой ло́шади. Чтоб доко́нчить портре́т, я скажу́,
что у него́ был немно́го вздёрнутый нос, зу́бы ослепи́тельной
белизны́ и ка́рие глаза́; о глаза́х я до́лжен сказа́ть ещё не́сколько
слов.

Во-пе́рвых, они́ не смея́лись, когда́ он смея́лся! — Вам не
случа́лось замеча́ть тако́й стра́нности у не́которых люде́й?...
Это при́знак — и́ли зло́го нра́ва, и́ли глубо́кой постоя́нной гру́-
сти. Из-за полуопу́щенных ресни́ц они́ сия́ли каки́м-то фосфо-
ри́ческим бле́ском, е́сли мо́жно так вы́разиться. То не́ было от-
раже́ние жа́ра душе́вного и́ли игра́ющего воображе́ния: то был
блеск, подо́бный бле́ску гла́дкой ста́ли, ослепи́тельный, но
холо́дный; взгляд его́ — непродолжи́тельный, но проница́тель-
ный и тяжёлый, оставля́л по себе́ неприя́тное впечатле́ние
нескро́много вопро́са и мог бы каза́ться де́рзким, е́сли б не был
столь равноду́шно-споко́ен. Все э́ти замеча́ния пришли́ мне на
ум, мо́жет быть, то́лько потому́, что я знал не́которые под-
ро́бности его́ жи́зни, и, мо́жет быть, на друго́го вид его́ произ-
вёл бы соверше́нно разли́чное впечатле́ние; но так как вы о
нём не услы́шите ни от кого́, кро́ме меня́, то понево́ле должны́
дово́льствоваться э́тим изображе́нием. Скажу́ в заключе́ние,
что он был вообще́ о́чень недурён и име́л одну́ из тех оригина́ль-
ных физионо́мий, кото́рые осо́бенно нра́вятся же́нщинам свѐт-
ским.

Лóшади бы́ли ужé залóжены; колокóльчик по времена́м звенéл под дугóю, и лакéй ужé два ра́за подходи́л к Печóрину с докла́дом, что всё готóво, а Макси́м Макси́мыч ещё не явля́лся. К сча́стию, Печóрин был погружён в заду́мчивость, гля́дя на си́ние зубцы́ Кавка́за, и, ка́жется, вóвсе не торопи́лся в дорóгу. Я подошёл к нему́.

— Если вы захоти́те ещё немнóго подожда́ть, — сказа́л я, — то бу́дете имéть удовóльствие увида́ться с ста́рым прия́телем...

— Ах, тóчно! — бы́стро отвеча́л он, — мне вчера́ говори́ли; но где же он?

Я оберну́лся к плóщади и уви́дел Макси́ма Макси́мыча, бегу́щего что бы́ло мóчи... Через нéсколько мину́т он был ужé вóзле нас; он едва́ мог дыша́ть; пот гра́дом кати́лся с лица́ его́; мóкрые клочки́ седы́х волóс, вы́рвавшись из-под ша́пки, приклéились ко лбу его́; колéни его́ дрожа́ли... он хотéл ки́нуться на шéю Печóрину, но тот довóльно хóлодно, хотя́ с привéтливой улы́бкой, протяну́л ему́ ру́ку. Штабс-капита́н на мину́ту остолбенéл, но потóм жа́дно схвати́л его́ ру́ку обéими рука́ми: он ещё не мог говори́ть.

— Как я рад, дорогóй Макси́м Макси́мыч! Ну, как вы поживáете? — сказа́л Печóрин.

— А... ты?... а вы?... — пробормота́л со слеза́ми на глаза́х стари́к... — Скóлько лет... скóлько дней... да куда́ э́то?...

— Еду в Пéрсию — и да́льше...

— Неу́жто сейча́с?... Да подожди́те, дража́йший!... Неу́жто сейча́с расста́немся?... Стóлько врéмени не вида́лись...

— Мне порá, Макси́м Макси́мыч, — был отвéт.

— Бóже мой, Бóже мой! да куда́ э́то так спеши́те?... Мне стóлько бы хотéлось вам сказа́ть... стóлько расспроси́ть... Ну что? в отста́вке?... как?... что подéлывали?...

— Скуча́л! — отвеча́л Печóрин, улыба́ясь.

— А пóмните на́ше житьё-бытьё в крéпости?... Сла́вная страна́ для охóты!... Ведь вы бы́ли стра́стный охóтник стреля́ть... А Бэ́ла?...

Печóрин чуть-чу́ть побледнéл и отверну́лся...

— Да, пóмню! — сказа́л он, почти́ тóтчас принуждённо зевну́в...

43

Макси́м Макси́мыч стал его упра́шивать оста́ться с ним ещё часа́ два.

— Мы сла́вно пообе́даем, — говори́л он, — у меня́ есть два фаза́на; а кахети́нское здесь прекра́сное... разуме́ется, не то, что в Гру́зии, одна́ко лу́чшего со́рта... Мы поговори́м... вы мне расска́жете про своё житьё в Петербу́рге... А?...

— Пра́во, мне не́чего расска́зывать, дорого́й Макси́м Макси́мыч... Одна́ко проща́йте, мне пора́... я спешу́... Благодарю́, что не забы́ли... — приба́вил он, взяв его́ за́ руку.

Стари́к нахму́рил бро́ви... Он был печа́лен и серди́т, хотя́ стара́лся скрыть э́то.

— Забы́ть! — проворча́л он, — я-то не забы́л ничего́... Ну, да Бог с ва́ми!... Не так я ду́мал с ва́ми встре́титься...

— Ну по́лно, по́лно! — сказа́л Печо́рин, обня́в его́ дру́жески, — неуже́ли я не тот же?... Что де́лать?... вся́кому своя́ доро́га... Уда́стся ли ещё встре́титься — Бог зна́ет!... — Говоря́ э́то, он уже́ сиде́л в коля́ске, и ямщи́к уже́ на́чал подбира́ть во́жжи.

— Посто́й, посто́й! — закрича́л вдруг Макси́м Макси́мыч, ухватя́сь за две́рцы коля́ски, — совсе́м бы́ло забы́л... У меня́ оста́лись ва́ши бума́ги, Григо́рий Алекса́ндрович... я их таска́ю с собо́й... ду́мал найти́ вас в Гру́зии, а вот где Бог дал сви́деться... Что мне с ни́ми де́лать?...

— Что хоти́те! — отвеча́л Печо́рин. — Проща́йте...

— Так вы в Пе́рсию?... а когда́ вернётесь?... — крича́л вслед Макси́м Макси́мыч...

Коля́ска была́ уже́ далеко́; но Печо́рин сде́лал знак руко́й, кото́рый мо́жно бы́ло перевести́ сле́дующим о́бразом: вряд ли! да и не́зачем!...

Давно́ уже́ не слы́шно бы́ло ни зво́на колоко́льчика, ни сту́ка колёс по кремни́стой доро́ге, — а бе́дный стари́к ещё стоя́л на том же ме́сте в глубо́кой заду́мчивости.

— Да, — сказа́л он наконе́ц, стара́ясь приня́ть равноду́шный вид, хотя́ слеза́ доса́ды по времена́м сверка́ла на его́ ресни́цах, — коне́чно, мы бы́ли прия́тели, — ну, да что прия́тели в ны́нешнем ве́ке!... Что ему́ во мне? Я не бога́т, не чино́вен, да и по ле́там совсе́м ему́ не па́ра... Вишь, каки́м он фра́нтом сде́лался, как побыва́л опя́ть в Петербу́рге... Что за коля́ска!...

44

сколько покла́жи!... и лаке́й тако́й го́рдый!... — Эти слова́ бы́ли произнесены́ с ирони́ческой улы́бкой. — Скажи́те, — продол-жа́л он, обратя́сь ко мне, — ну что вы об э́том ду́маете?... ну како́й бес несёт его́ тепе́рь в Пе́рсию?... Смешно́, ей-Бо́гу смешно́!... Да я всегда́ знал, что он ве́треный челове́к, на кото́рого нельзя́ наде́яться... А, пра́во, жаль, что он ду́рно ко́нчит... да и нельзя́ ина́че!... Уж я всегда́ говори́л, что нет про́ку в том, кто ста́рых друзе́й забыва́ет!... — Тут он отверну́лся, чтоб скрыть своё волне́ние, и пошёл ходи́ть по́ двору о́коло свое́й пово́зки, пока́зывая, бу́дто осма́тривает колёса, тогда́ как глаза́ его́ помину́тно наполня́лись слеза́ми.

— Макси́м Макси́мыч, — сказа́л я, подоше́дши к нему́, — а что э́то за бума́ги вам оста́вил Печо́рин?

— А Бог его́ зна́ет! каки́е-то запи́ски...

— Что вы из них сде́лаете?

— Что? а велю́ наде́лать патро́нов.

— Отда́йте их лу́чше мне.

Он посмотре́л на меня́ с удивле́нием, проворча́л что́-то сквозь зу́бы и на́чал ры́ться в чемода́не; вот он вы́нул одну́ тетра́дку и бро́сил её с презре́нием на зе́млю; пото́м друга́я, тре́тья и деся́тая име́ли ту же у́часть: в его́ доса́де бы́ло что́-то де́тское; мне ста́ло смешно́ и жа́лко...

— Вот они́ все, — сказа́л он, — поздравля́ю вас с нахо́дкою...

— И я могу́ де́лать с ни́ми всё, что хочу́?

— Хоть в газе́тах печа́тайте. Како́е мне де́ло!... Что, я ра́з-ве друг его́ како́й йли ро́дственник?... Пра́вда, мы жи́ли до́лго под одно́й кро́влей... Да ма́ло ли с кем я не жил?...

Я схвати́л бума́ги и поскоре́е унёс их, боя́сь, чтоб штабс-капита́н не раска́ялся. Ско́ро пришли́ нам объяви́ть, что че́рез час тро́нется ока́зия: я веле́л закла́дывать. Штабс-капита́н во-шёл в ко́мнату в то вре́мя, когда́ я уже́ надева́л ша́пку; он, каза́лось, не гото́вился к отъе́зду: у него́ был како́й-то при-нуждённый, холо́дный вид.

— А вы, Макси́м Макси́мыч, ра́зве не е́дете?

— Нет-с.

— А что так?

— Да я ещё коменда́нта не вида́л, а мне на́до сдать кой-каки́е казённые ве́щи...

45

— Да ведь вы же были у него?

— Был, конечно, — сказал он, заминаясь, — да его дома не было... а я не дождался.

Я понял его: бедный старик, в первый раз от роду, может быть, бросил дела службы для *собственной надобности*, говоря языком бумажным, — и как же он был награждён!

— Очень жаль, — сказал я ему, — очень жаль, Максим Максимыч, что нам до срока надо расстаться.

— Где нам, необразованным старикам, за вами гоняться!... Вы молодёжь светская, гордая: ещё покамест под черкесскими пулями, так вы туда-сюда... а после встретишься, так стыдитесь и руку протянуть нашему брату.

— Я не заслужил этих упрёков, Максим Максимыч.

— Да я, знаете, так, к слову говорю; а впрочем, желаю вам всякого счастия и весёлой дороги.

Мы простились довольно сухо. Добрый Максим Максимыч сделался упрямым, сварливым штабс-капитаном! И отчего? Оттого что Печорин, в рассеянности или от другой причины, протянул ему руку, когда тот хотел кинуться ему на шею! Грустно видеть, когда юноша теряет лучшие свои надежды и мечты, когда пред ним отдёргивается розовый флёр, сквозь который он смотрел на дела и чувства человеческие, хотя есть надежда, что он заменит старые заблуждения новыми, не менее проходящими, но зато не менее сладкими... Но чем их заменить в лета Максима Максимыча? Поневоле сердце очерствеет и душа закроется...

Я уехал один.

ЖУРНАЛ ПЕЧОРИНА

ПРЕДИСЛОВИЕ

Недавно я узнал, что Печорин, возвращаясь из Персии, умер. Это известие меня очень обрадовало: оно давало мне право печатать эти записки, и я воспользовался случаем поставить своё имя над чужим произведением. Дай Бог, чтоб читатели меня не наказали за такой невинный подлог!

Теперь я должен несколько объяснить причины, побудившие меня предать публике сердечные тайны человека, которого я никогда не знал. Добро бы я был ещё его другом: коварная нескромность истинного друга понятна каждому; но я видел его только раз в моей жизни на большой дороге; следовательно, не могу питать к нему той неизъяснимой ненависти, которая, таясь под личиною дружбы, ожидает только смерти или несчастия любимого предмета, чтоб разразиться над его головою градом упрёков, советов, насмешек и сожалений.

Перечитывая эти записки, я убедился в искренности того, кто так беспощадно выставлял наружу собственные слабости и пороки. История души человеческой, хотя бы самой мелкой души, едва ли не любопытнее и не полезнее истории целого народа, особенно когда она — следствие наблюдений ума зрелого над самим собою и когда она писана без тщеславного желания возбудить участие или удивление. Исповедь Руссо имеет уже тот недостаток, что он читал её своим друзьям.

Итак, одно желание пользы заставило меня напечатать отрывки из журнала, доставшегося мне случайно. Хотя я переменил все собственные имена, но те, о которых в нём говорится, вероятно, себя узнают, и, может быть, они найдут оправдания поступкам, в которых до сей поры обвиняли человека, уже́ не име́ющего отны́не ничего́ о́бщего с зде́шним ми́ром: мы почти́ всегда́ извиня́ем то, что понима́ем.

Я помести́л в э́той кни́ге то́лько то, что относи́лось к пребыва́нию Печо́рина на Кавка́зе; в мои́х рука́х оста́лась ещё то́лстая тетра́дь, где он расска́зывает всю жизнь свою́. Когда́-нибудь и она́ я́вится на суд све́та; но тепе́рь я не сме́ю взять на себя́ э́ту отве́тственность по мно́гим ва́жным причи́нам.

Мо́жет быть, не́которые чита́тели захотя́т узна́ть моё мне́ние о хара́ктере Печо́рина? Мой отве́т — загла́вие э́той кни́ги. «Да э́то зла́я иро́ния!» — ска́жут они́. — Не зна́ю.

ТАМАНЬ

Тама́нь — са́мый скве́рный городи́шка из всех примо́рских городо́в Росси́и. Я там чуть-чу́ть не у́мер с го́лода, да ещё вдоба́вок меня́ хоте́ли утопи́ть. Я прие́хал на перекладно́й теле́жке по́здно но́чью. Ямщи́к останови́л уста́лую тро́йку у воро́т еди́нственного ка́менного до́ма, что при въе́зде. Часово́й, черномо́рский каза́к, услы́шав звон колоко́льчика, закрича́л спросо́нья ди́ким го́лосом: «Кто идёт?» Вы́шел уря́дник и деся́тник. Я им объясни́л, что я офице́р, е́ду в де́йствующий отря́д по казённой на́добности, и стал тре́бовать казённую кварти́ру. Деся́тник нас повёл по го́роду. К кото́рой избе́ ни подъе́дем — занята́. Бы́ло хо́лодно, я три но́чи не спал, изму́чился и на́чал серди́ться. «Веди́ меня́ куда́-нибудь, разбо́йник! хоть к чёрту, то́лько к ме́сту!» — закрича́л я. «Есть ещё одна́ фате́ра, — отвеча́л деся́тник, почёсывая заты́лок, — то́лько ва́шему благоро́дию не понра́вится; там нечи́сто!» Не поня́в то́чного значе́ния после́днего сло́ва, я веле́л ему́ идти́ вперёд, и по́сле до́лгого стра́нствования по гря́зным переу́лкам, где по сторона́м я ви́дел одни́ то́лько ве́тхие забо́ры, мы подъе́хали к небольшо́й ха́те, на са́мом берегу́ мо́ря.

По́лный ме́сяц свети́л на камышо́вую кры́шу и бе́лые сте́ны моего́ но́вого жили́ща; на дворе́, обведённом огра́дой из булы́жника, стоя́ла избоча́сь друга́я лачу́жка, ме́нее и древне́е пе́рвой. Бе́рег обры́вом спуска́лся к мо́рю почти́ у са́мых стен её, и внизу́ с беспреры́вным ро́потом плеска́лись тёмно-си́ние во́лны. Луна́ ти́хо смотре́ла на беспоко́йную, но поко́рную ей стихи́ю, и я мог различи́ть при све́те её, далеко́ от бе́рега, два корабля́, кото́рых чёрные сна́сти, подо́бно паути́не, неподви́жно рисова́лись на бле́дной черте́ небоскло́на. «Суда́ в при́стани есть, — поду́мал я, — за́втра отпра́влюсь в Геленджи́к».

При мне исправлял должность денщика линейский казак. Велев ему выложить чемодан и отпустить извозчика, я стал звать хозяина — молчат; стучу — молчат... что это? Наконец из сеней выполз мальчик лет 14-ти.

«Где хозяин?» — «Не-ма». — «Как? совсем нету?» — «Совсим». — «А хозяйка?» — «Побигла в слободку». — «Кто же мне отопрёт дверь?» — сказал я, ударив в неё ногою. Дверь сама отворилась; из хаты повеяло сыростью. Я засветил серную спичку и поднёс её к носу мальчика: она озарила два белые глаза. Он был слепой, совершенно слепой от природы. Он стоял передо мною неподвижно, и я начал рассматривать черты его лица.

Признаюсь, я имею сильное предубеждение против всех слепых, кривых, глухих, немых, безногих, безруких, горбатых и проч. Я замечал, что всегда есть какое-то странное отношение между наружностью человека и его душою: как будто, с потерею члена, душа теряет какое-нибудь чувство.

Итак, я начал рассматривать лицо слепого; но что прикажете прочитать на лице, у которого нет глаз?... Долго я глядел на него с невольным сожалением, как вдруг едва приметная улыбка пробежала по тонким губам его, и, не знаю отчего, она произвела на меня самое неприятное впечатление. В голове моей родилось подозрение, что этот слепой не так слеп, как оно кажется; напрасно я старался уверить себя, что бельмы подделать невозможно, да и с какой целью? Но что делать? я часто склонен к предубеждениям...

«Ты хозяйский сын?» — спросил я его наконец. «Ни». — «Кто же ты?» — «Сирота, убогий». — «А у хозяйки есть дети?» — «Ни; была дочь, да утикла за море с татарином». — «С каким татарином?» — «А бис его знает! крымский татарин, лодочник из Керчи».

Я вошёл в хату: две лавки и стол, да огромный сундук возле печи составляли всю её мебель. На стене ни одного образа — дурной знак! В разбитое стекло врывался морской ветер. Я вытащил из чемодана восковой огарок и, засветив его, стал раскладывать вещи, поставил в угол шашку и ружьё, пистолеты положил на стол, разостлал бурку на лавке, казак свою на другой; через десять минут он захрапел, но я не мог

50

заснуть: передо мной во мраке всё вертелся мальчик с белыми глазами.

Так прошло около часа. Месяц светил в окно, и луч его играл по земляному полу хаты. Вдруг на яркой полосе, пересекающей пол, промелькнула тень. Я привстал и взглянул в окно: кто-то вторично пробежал мимо его и скрылся Бог знает куда. Я не мог полагать, чтоб это существо сбежало по отвесу берега; однако иначе ему некуда было деваться. Я встал, накинул бешмет, опоясал кинжал и тихо-тихо вышел из хаты; навстречу мне слепой мальчик. Я притаился у забора, и он верной, но осторожной поступью прошёл мимо меня. Под мышкой он нёс какой-то узел, и повернув к пристани, стал спускаться по узкой и крутой тропинке. «В тот день немые возопиют и слепые прозрят», — продумал я, следуя за ним в таком расстоянии, чтоб не терять его из вида.

Между тем луна начала одеваться тучами, и на море поднялся туман; едва сквозь него светился фонарь на корме ближнего корабля; у берега сверкала пена валунов, ежеминутно грозящих его потопить. Я, с трудом спускаясь, пробирался по крутизне, и вот вижу: слепой приостановился, потом повернул низом направо; он шёл так близко от воды, что казалось, сейчас волна его схватит и унесёт; но, видно, это была не первая его прогулка, судя по уверенности, с которой он ступал с камня на камень и избегал рытвин. Наконец он остановился, будто прислушиваясь к чему-то, присел на землю и положил возле себя узел. Я наблюдал за его движениями, спрятавшись за выдавшеюся скалою берега. Спустя несколько минут с противоположной стороны показалась белая фигура; она подошла к слепому и села возле него. Ветер по временам приносил мне их разговор.

— Что, слепой? — сказал женский голос, — буря сильна; Янко не будет.

— Янко не боится бури, — отвечал тот.

— Туман густеет, — возразил опять женский голос, с выражением печали.

— В тумане лучше пробраться мимо сторожевых судов, — был ответ.

— А если он утонет?

51

— Ну что ж? в воскресе́нье ты пойдёшь в це́рковь без но́вой ле́нты.

После́довало молча́ние; меня́, одна́ко, порази́ло одно́: слепо́й говори́л со мно́ю малоросси́йским наре́чием, а тепе́рь изъясня́лся чи́сто по-ру́сски.

— Ви́дишь, я прав, — сказа́л опя́ть слепо́й, уда́рив в ладо́ши, — Янко не бои́тся ни мо́ря, ни ветро́в, ни тума́на, ни береговы́х сторо́жей; прислу́шайся-ка: э́то не вода́ пле́щет, меня́ не обма́нешь, — э́то его́ дли́нные вёсла.

Же́нщина вскочи́ла и ста́ла всма́триваться в даль с ви́дом беспоко́йства.

— Ты бре́дишь, слепо́й, — сказа́ла она́, — я ничего́ не ви́жу.

Признаю́сь, ско́лько я ни стара́лся различи́ть вдалеке́ что́-нибудь наподо́бие ло́дки, но безуспе́шно. Так прошло́ мину́т де́сять; и вот показа́лась ме́жду гора́ми волн чёрная то́чка: она́ то увели́чивалась, то уменьша́лась. Ме́дленно поднима́ясь на хребты́ волн, бы́стро спуска́ясь с них, приближа́лась к бе́регу ло́дка. Отва́жен был плове́ц, реши́вшийся в таку́ю ночь пусти́ться через проли́в на расстоя́ние 20 вёрст, и ва́жная должна́ быть причи́на, его́ к тому́ побуди́вшая! Ду́мая так, я с нево́льным бие́нием се́рдца гляде́л на бе́дную ло́дку; но она́, как у́тка, ныря́ла и пото́м, бы́стро взмахну́в вёслами, бу́дто кры́льями, выска́кивала из про́пасти среди́ бры́згов пе́ны; и вот, я ду́мал, она́ уда́рится с разма́ха об бе́рег и разлети́тся вдре́безги; но она́ ло́вко поверну́лась бо́ком и вскочи́ла в ма́ленькую бу́хту невреди́ма. Из неё вы́шел челове́к сре́днего ро́ста, в тата́рской бара́ньей ша́пке; он махну́л руко́ю, и все тро́е приня́лись выта́скивать что́-то из ло́дки; груз был так вели́к, что я до сих пор не понима́ю, как она́ не потону́ла. Взяв на пле́чи ка́ждый по узлу́, они́ пусти́лись вдоль по бе́регу, и ско́ро я потеря́л их из ви́да. На́до бы́ло верну́ться домо́й; но, признаю́сь, все э́ти стра́нности меня́ трево́жили, и я наси́лу дожда́лся у́тра.

Каза́к мой был о́чень удивлён, когда́, просну́вшись, уви́дел меня́ совсе́м оде́того; я ему́, одна́ко ж, не сказа́л причи́ны. Полюбова́вшись не́сколько вре́мени из окна́ на голубо́е не́бо, усе́янное разо́рванными облачка́ми, на да́льний бе́рег Кры́ма, кото́рый тя́нется лило́вой полосо́й и конча́ется утёсом, на вершине коего белеется маячная башня, я отправился в крепость Фанагорию, чтоб узнать от коменданта о часе моего отъезда в Геленджик.

Но, увы! комендант ничего не мог сказать мне решительного. Суда, стоящие в пристани, были все — или сторожевые, или купеческие, которые ещё даже не начинали нагружаться. «Может быть, дни через три, четыре придёт почтовое судно, — сказал комендант, — и тогда — мы увидим». Я вернулся домой угрюм и сердит. Меня в дверях встретил казак мой с испуганным лицом.

— Плохо, ваше благородие! — сказал он мне.

— Да, брат, Бог знает, когда мы отсюда уедем! — Тут он ещё больше встревожился и, наклоняясь ко мне, сказал шёпотом:

— Здесь нечисто! Я встретил сегодня черноморского урядника; он мне знаком — был прошлого года в отряде; как я ему сказал, где мы остановились, а он мне: «Здесь, брат, нечисто, люди недобрые!...» Да и в самом деле, что это за слепой! ходит везде один, и на базар, за хлебом, и за водой... уж, видно, здесь к этому привыкли.

— Да что ж? по крайней мере, показалась ли хозяйка?

— Сегодня без вас пришла старуха и с ней дочь.

— Какая дочь? у ней нет дочери.

— А Бог её знает, кто она, коли не дочь; да вон старуха сидит теперь в своей хате.

Я вошёл в лачужку. Печь была жарко натоплена, и в ней варился обед, довольно роскошный для бедняков. Старуха на все мои вопросы отвечала, что она глуха, не слышит. Что было с ней делать? Я обратился к слепому, который сидел перед печью и подкладывал в огонь хворост. «Ну-ка, слепой чертёнок, — сказал я, взяв его за ухо, — говори, куда ты ночью таскался с узлом, а?» Вдруг мой слепой заплакал, закричал, заохал: «Куды я ходив?.. никуды не ходив... с узлом? яким узлом?» Старуха на этот раз услышала и стала ворчать: «Вот выдумывают, да ещё на убогого! за что вы его? что он вам сделал?» Мне это надоело, и я вышел, твёрдо решившись достать ключ этой загадки.

Я завернулся в бурку и сел у забора на камень, поглядывая вдаль; предо мною тянулось ночною бурею взволнованное море, и однообразный шум его, подобный ропоту засыпающего города, напомнил мне старые годы, перенёс мои мысли на север, в нашу холодную столицу. Волнуемый воспоминаниями, я забылся... Так прошло около часа, может быть и более... Вдруг что-то похожее на песню поразило мой слух. Точно, это была песня, и женский, свежий голосок, — но откуда?... Прислушиваюсь — напев странный, то протяжный и печальный, то быстрый и живой. Оглядываюсь — никого нет кругом; прислушиваюсь снова — звуки как будто падают с неба. Я поднял глаза: на крыше хаты моей стояла девушка в полосатом платье, с распущенными косами, настоящая русалка. Защитив глаза ладонью от лучей солнца, она пристально всматривалась в даль, то смеялась и рассуждала сама с собой, то запевала снова песню.

Я запомнил эту песню от слова до слова:

> Как по вольной волюшке —
> По зелёну морю,
> Ходят всё кораблики
>   Белопарусники.
> Промеж тех корабликов
>   Моя лодочка,
> Лодка неснащёная,
>   Двухвесельная.
> Буря ль разыграется —
> Старые кораблики
> Приподымут крылышки,
>   По морю размечутся.
> Стану морю кланятсья
> Я низёхонько:
> «Уж не тронь ты, злое море,
>   Мою лодочку:
> Везёт моя лодочка
> Вещи драгоценные,
> Правит ею в тёмну ночь
> Буйная головушка».

Мне невольно пришло на мысль, что ночью я слышал тот же голос; я на минуту задумался, и когда снова посмотрел на крышу, девушки там не было. Вдруг она пробежала мимо меня, напевая что-то другое, и, прищёлкивая пальцами, вбежала к старухе, и тут начался между ними спор. Старуха сердилась, она громко хохотала. И вот вижу, бежит опять вприпрыжку моя ундина; поравнявшись со мной, она остановилась и пристально посмотрела мне в глаза, как будто удивлённая моим присутствием; потом небрежно обернулась и тихо пошла к пристани. Этим не кончилось: целый день она вертелась около моей квартиры; пенье и прыганье не прекращались ни на минуту. Странное существо! На лице её не было никаких признаков безумия; напротив, глаза её с бойкою проницательностию останавливались на мне, и эти глаза, казалось, были одарены какою-то магнетическою властью, и всякий раз они как будто бы ждали вопроса. Но только я начинал говорить, она убегала, коварно улыбаясь.

Решительно, я никогда подобной женщины не видывал. Она была далеко не красавица, но я имею свои предубеждения также и насчёт красоты. В ней было много породы... порода в женщинах, как и в лошадях, великое дело; это открытие принадлежит юной Франции. Она, то есть порода, а не юная Франция, большею частью изобличается в поступи, в руках и ногах; особенно нос очень много значит. Правильный нос в России реже маленькой ножки. Моей певунье казалось не более 18 лет. Необыкновенная гибкость её стана, особенное, ей только свойственное, наклонение головы, длинные русые волосы, какой-то золотистый отлив её слегка загорелой кожи на шее и плечах, и особенно правильный нос — всё это было для меня обворожительно. Хотя в её косвенных взглядах я читал что-то дикое и подозрительное, хотя в её улыбке было что-то неопределённое, но такова сила предубеждений: правильный нос свёл меня с ума; я вообразил, что нашёл Гётеву Миньону, это причудливое создание его немецкого воображения: — и точно, между ими было много сходства: те же быстрые переходы от величайшего беспокойства к полной неподвижности, те же загадочные речи, те же прыжки, странные песни...

Под вечер, остановив её в дверях, я завёл с нею следующий разговор:

«Скажи-ка мне, красавица, — спросил я, — что ты делала сегодня на кровле?» — «А смотрела, откуда ветер дует». —

«Зачем тебе?» — «Откуда ветер, оттуда и счастье». — «Что же? разве ты песнею зазывала счастье?» — «Где поётся, там и счаст-ливится». — «А как неравно напоёшь себе горе?» — «Ну что ж? где не будет лучше, там будет хуже, а от худа до добра опять недалеко». — «Кто ж тебя выучил эту песню?» — «Никто не выучил; вздумается — запою; кому услыхать, тот услы-шит; а кому не должно слышать, тот не поймёт». — «А как тебя зовут, моя певунья?» — «Кто крестил, тот знает». — «А кто крестил?» — «Почему я знаю». — «Экая скрытная! а вот я кое-что про тебя узнал» (она не изменилась в лице, не пошевель-нула губами, как будто не об ней дело). «Я узнал, что ты вчера ночью ходила на берег». И тут я очень важно пересказал ей всё, что видел, думая смутить её; нимало! Она захохотала во всё горло. «Много видели, да мало знаете; а что знаете, так держите под замочком». — «А если б я, например, вздумал доне-сти коменданту?» — и тут я сделал очень серьёзную, даже стро-гую мину. Она вдруг прыгнула, запела и скрылась, как птичка, выпугнутая из кустарника. Последние слова мои были вовсе не у места; я тогда не подозревал их важности, но впоследствии имел случай в них раскаяться.

Только что смерклось, я велел казаку нагреть чайник по-походному, засветил свечу и сел у стола, покуривая из дорожной трубки. Уж я доканчивал второй стакан чая, как вдруг дверь скрипнула, лёгкий шорох платья и шагов послышался за мной; я вздрогнул и обернулся, — то была она, моя ундина! Она села против меня тихо и безмолвно и устремила на меня глаза свои, и не знаю почему, но этот взор показался мне чудно-нежен; он мне напомнил один из тех взглядов, которые в старые годы так самовластно играли моею жизнью. Она, казалось, ждала вопроса, но я молчал, полный неизъяснимого смущения. Лицо её было покрыто тусклой бледностью, изобличавшей волнение душевное; рука её без цели бродила по столу, и я заметил в ней лёгкий трепет; грудь её то высоко подымалась, то, казалось, она удерживала дыхание. Эта комедия начинала мне надоедать, и я готов был прервать молчание самым прозаическим образом, то есть предложить ей стакан чая, как вдруг она вскочила, обвила руками мою шею, и влажный, огненный поцелуй проз-вучал на губах моих. В глазах у меня потемнело, голова закру-

56

жилась, я сжал её в моих объятиях со всею силою юношеской страсти, но она, как змея, скользнула между моими руками, шепнув мне на ухо: «Нынче ночью, как все уснут, выходи на берег», — и стрелою выскочила из комнаты. В сенях она опрокинула чайник и свечу, стоявшую на полу. «Экий бес-девка!» — закричал казак, расположившийся на соломе и мечтавший согреться остатками чая. Только тут я опомнился.

Часа через два, когда всё на пристани умолкло, я разбудил своего казака. «Если я выстрелю из пистолета, — сказал я ему, — то беги на берег». Он выпучил глаза и машинально отвечал: «Слушаю, ваше благородие». Я заткнул за пояс пистолет и вышел. Она дожидалась меня на краю спуска; её одежда была более нежели лёгкая, небольшой платок опоясывал её гибкий стан.

«Идите за мной!» — сказала она, взяв меня за руку, и мы стали спускаться. Не понимаю, как я не сломил себе шеи; внизу мы повернули направо и пошли по той же дороге, где накануне я следовал за слепым. Месяц ещё не вставал, и только две звёздочки, как два спасительные маяка, сверкали на тёмно-синем своде. Тяжёлые волны мерно и ровно катились одна за другой, едва приподнимая одинокую лодку, причаленную к берегу. «Войдём в лодку», — сказала моя спутница. Я колебался — я не охотник до сентиментальных прогулок по морю; но отступать было не время. Она прыгнула в лодку, я за ней, и не успел ещё опомниться, как заметил, что мы плывём. «Что это значит?» — сказал я сердито. «Это значит, — отвечала она, сажая меня на скамью и обвив мой стан руками, — это значит, что я тебя люблю...» И щека её прижалась к моей, и я почувствовал на лице моём её пламенное дыхание. Вдруг что-то шумно упало в воду: я хвать за пояс — пистолета нет. О, тут ужасное подозрение закралось мне в душу, кровь хлынула мне в голову! Оглядываюсь — мы от берега около пятидесяти сажен, а я не умею плавать! Хочу оттолкнуть её от себя — она как кошка вцепилась в мою одежду, и вдруг сильный толчок едва не сбросил меня в море. Лодка закачалась, но я справился, и между нами началась отчаянная борьба; бешенство придавало мне силы, но я скоро заметил, что уступаю моему противнику в ловкости... «Чего ты хочешь?» — закричал я, крепко сжав её маленькие руки; пальцы её хрустели, но она не вскрикнула: её змейная натура выдержала эту пытку.

«Ты видел, — отвечала она, — ты донесёшь!» — и сверхъестественным усилием повалила меня на борт; мы оба по пояс свесились из лодки; её волосы касались воды; минута была решительная. Я упёрся коленкою во дно, схватил её одной рукой за косу, другой за горло, она выпустила мою одежду, и я мгновенно сбросил её в волны.

Было уже довольно темно; голова её мелькнула раза два среди морской пены, и больше я ничего не видал...

На дне лодки я нашёл половину старого весла и кое-как, после долгих усилий, причалил к пристани. Пробираясь берегом к своей хате, я невольно всматривался в ту сторону, где накануне слепой дожидался ночного пловца; луна уже катилась по небу, и мне показалось, что кто-то в белом сидел на берегу; я подкрался, подстрекаемый любопытством, и прилёг в траве над обрывом берега; высунув немного голову, я мог хорошо видеть с утёса всё, что внизу делалось, и не очень удивился, а почти обрадовался, узнав мою русалку. Она выжимала морскую пену из длинных волос своих; мокрая рубашка обрисовывала гибкий стан её и высокую грудь. Скоро показалась вдали лодка, быстро приблизилась она; из неё, как накануне, вышел человек в татарской шапке, но острижен он был по-казацки, и за ремённым поясом его торчал большой нож. «Янко, — сказала она, — всё пропало!» Потом разговор их продолжался, но так тихо, что я ничего не мог расслушать. «А где же слепой?» — сказал, наконец, Янко, возвыся голос. «Я его послала», — был ответ. Чрез несколько минут явился слепой, таща на спине мешок, который положили в лодку.

— Послушай, слепой! — сказал Янко, — ты береги то место... знаешь? там богатые товары... скажи (имени я не расслышал), что я ему больше не слуга; дела пошли худо, он меня больше не увидит; теперь опасно; поеду искать работы в другом месте, а ему уж такого удальца не найти. Да скажи, кабы он получше платил за труды, так и Янко бы его не покинул; а мне везде дорога, где только ветер дует и море шумит! — После некоторого молчания Янко продолжал: — Она поедет со мною; ей нельзя здесь оставаться; а старухе скажи, что, дескать, пора

58

умира́ть, зажила́сь, на́до знать и ч́есть. Нас же бо́льше не уви́-
дит.

— А я? — сказа́л слепо́й жа́лобным го́лосом.

— На что́ мне тебя́? — был отве́т.

Ме́жду тем моя́ унди́на вскочи́ла в ло́дку и махну́ла това́-
рищу руко́ю; он что́-то положи́л слепо́му в ру́ку, примо́лвив:
«На, купи́ себе́ пря́ников». — «То́лько?» — сказа́л слепо́й. «Ну,
вот тебе́ ещё», — и упа́вшая моне́та зазвене́ла, уда́рясь о ка́-
мень. Слепо́й её не по́днял. Янко сел в ло́дку, ве́тер дул от
бе́рега, они́ по́дняли ма́ленький па́рус и бы́стро понесли́сь.
До́лго при све́те ме́сяца мелька́л бе́лый па́рус ме́жду тёмных
волн; слепо́й всё сиде́л на берегу́, и вот мне послы́шалось что́-
то похо́жее на рыда́ние: слепо́й ма́льчик то́чно пла́кал и до́лго,
до́лго... Мне ста́ло гру́стно. И заче́м бы́ло судьбе́ ки́нуть меня́
в ми́рный круг *че́стных контрабанди́стов*? Как ка́мень, бро́-
шенный в гла́дкий исто́чник, я встрево́жил их споко́йствие
и, как ка́мень, едва́ сам не пошёл ко дну!

Я возврати́лся домо́й. В сеня́х треща́ла догоре́вшая свеча́ в
деревя́нной таре́лке, и каза́к мой, вопреки́ приказа́нию, спал
кре́пким сном, держа́ ружьё обе́ими рука́ми. Я его́ оста́вил в
поко́е, взял свечу́ и пошёл в ха́ту. Увы́! моя́ шкату́лка, ша́шка
с сере́бряной опра́вой, дагеста́нский кинжа́л — пода́рок прия́-
теля — всё исче́зло. Ту́т-то я догада́лся, каки́е ве́щи тащи́л
прокля́тый слепо́й. Разбуди́в казака́ дово́льно неве́жливым
толчко́м, я побрани́л его́, посерди́лся, а де́лать бы́ло не́чего!
И не смешно́ ли бы́ло бы жа́ловаться нача́льству, что слепо́й
ма́льчик меня́ обокра́л, а восьмнадцатиле́тняя де́вушка чуть-
чу́ть не утопи́ла? Сла́ва Бо́гу, поутру́ яви́лась возмо́жность
е́хать, и я оста́вил Тама́нь. Что ста́лось со стару́хой и с бе́д-
ным слепы́м — не зна́ю. Да и како́е де́ло мне до ра́достей и
бе́дствий челове́ческих, мне, стра́нствующему офице́ру, да ещё
с подоро́жной по казённой на́добности!...

K O H E Ц П Е Р В О Й Ч А С Т И

ЧАСТЬ ВТОРАЯ

(Окончание журнала Печорина)

II

КНЯЖНА МЕРИ

11-го мая

Вчера́ я прие́хал в Пятиго́рск, на́нял кварти́ру на краю́ го́рода, на са́мом высо́ком ме́сте, у подо́швы Машука́; во вре́мя грозы́ облака́ бу́дут спуска́ться до мое́й кро́вли. Ны́нче в пять часо́в утра́, когда́ я откры́л окно́, моя́ ко́мната напо́лнилась за́пахом цвето́в, расту́щих в скро́мном палиса́днике. Ве́тки цвету́щих чере́шен смо́трят мне в окно́, и ве́тер иногда́ усыпа́ет мой пи́сьменный стол их бе́лыми лепестка́ми. Вид с трёх сторо́н у меня́ чуде́сный. На за́пад пятигла́вый Бешту́ сине́ет, как «после́дняя ту́ча рассе́янной бу́ри»; на се́вер поднима́ется Машу́к, как мохна́тая перси́дская ша́пка, и закрыва́ет всю э́ту часть небоскло́на; на восто́к смотре́ть веселе́е: внизу́ передо мно́ю пестре́ет чи́стенький, но́венький городо́к, шумя́т целе́бные ключи́, шуми́т разноязы́чная толпа́, — а там, да́льше, амфитеа́тром громоздя́тся го́ры всё сине́е и тума́ннее, а на краю́ горизо́нта тя́нется серебряная цепь снеговы́х верши́н, начина́ясь Казбе́ком и ока́нчиваясь двугла́вым Эльбору́сом... Ве́село жить в тако́й земле́! Како́е-то отра́дное чу́вство разли́то во всех мои́х жи́лах. Во́здух чист и свеж, как поцелу́й ребёнка; со́лнце я́рко, не́бо си́не — чего́ бы, ка́жется, бо́льше? заче́м тут стра́сти, жела́ния, сожале́ния?... Одна́ко пора́. Пойду́ к Елисаве́тинскому исто́чнику: там, говоря́т, у́тром собира́ется всё водяно́е о́бщество.

. . . .

Спустя́сь в середи́ну го́рода, я пошёл бульва́ром, где встре́тил не́сколько печа́льных групп, ме́дленно подыма́ющихся в гору; то были большею частию семейства степных помещиков; об этом можно было тотчас догадаться по истёртым, старомодным сюртукам мужей и по изысканным нарядам жён и дочерей: видно, у них вся *водяная* молодёжь была уже на перечёте, потому что они на меня посмотрели с нежным любопытством: петербургский покрой сюртука ввёл их в заблуждение, но, скоро узнав армейские эполеты, они с негодованием отвернулись.

Жёны местных властей, так сказать хозяйки вод, были благосклоннее; у них есть лорнеты, они менее обращают внимание на мундир, они привыкли на Кавказе встречать под нумерованной пуговицей пылкое сердце и под белой фуражкой образованный ум. Эти дамы очень милы, и долго милы! Всякий год их обожатели сменяются новыми, и в этом-то, может быть, секрет их неутомимой любезности. Подымаясь по узкой тропинке к Елисаветинскому источнику, я обогнал толпу мужчин, штатских и военных, которые, как я узнал после, составляют особенный класс людей между чающими движения воды. Они пьют — однако не воду, гуляют мало, волочатся только мимоходом; они играют и жалуются на скуку. Они франты: опуская свой оплетённый стакан в колодезь кислосерной воды, они принимают академические позы, штатские носят светло-голубые галстуки, военные выпускают из-за воротника брыжи. Они исповедывают глубокое презрение к провинциальным домам и вздыхают о столичных аристократических гостиных, куда их не пускают.

Наконец вот и колодезь... На площадке близ него построен домик с красной кровлею над ванной, а подальше галерея, где гуляют во время дождя. Несколько раненых офицеров сидели на лавке, подобрав костыли, — бледные, грустные. Несколько дам скорыми шагами ходили взад и вперёд по площадке, ожидая действия вод. Между ними были два-три хорошеньких личика. Под виноградными аллеями, покрывающими скат Машука, мелькала порою пёстрая шляпка любительницы уединения вдвоём, потому что всегда возле такой шляпки я замечал или военную фуражку, или безобразную круглую шляпу. На крутой скале, где построен павильон, называемый Эоловой Арфой, торчали любители видов и наводили телескоп на Эльборус; между ними были два гувернёра с своими воспитанниками, приехавшими лечиться от золотухи.

Я остановился, запыхавшись, на краю горы и, прислонясь к углу домика, стал рассматривать живописную окрестность, как вдруг слышу за собой знакомый голос:

— Печорин! давно ли здесь?

Оборачиваюсь: Грушницкий! Мы обнялись. Я познакомился с ним в действующем отряде. Он был ранен пулей в ногу и поехал на воды с неделю прежде меня.

Грушницкий — юнкер. Он только год на службе, носит, по особенному роду франтовства, толстую солдатскую шинель. У него георгиевский солдатский крестик. Он хорошо сложён, смугл и черноволос; ему на вид можно дать 25 лет, хотя ему едва ли 21 год. Он закидывает голову назад, когда говорит, и поминутно крутит усы левой рукой, ибо правою опирается на костыль. Говорит он скоро и вычурно: он из тех людей, которые на все случаи жизни имеют готовые пышные фразы, которых просто прекрасное не трогает и которые важно драпируются в необыкновенные чувства, возвышенные страсти и исключительные страдания. Производить эффект — их наслаждение; они нравятся романтическим провинциалкам до безумия. Под старость они делаются либо мирными помещиками, либо пьяницами, — иногда тем и другим. В их душе часто много добрых свойств, но ни на грош поэзии. Грушницкого страсть была декламировать: он закидывал вас словами, как скоро разговор выходил из круга обыкновенных понятий; спорить с ним я никогда не мог. Он не отвечает на ваши возражения, он вас не слушает. Только что вы остановитесь, он начинает длинную тираду, по-видимому имеющую какую-то связь с тем, что вы сказали, но которая в самом деле есть только продолжение его собственной речи.

Он довольно остёр: эпиграммы его часто забавны, но никогда не бывают метки и злы: он никого не убьёт одним словом; он не знает людей и их слабых струн, потому что занимался целую жизнь одним собою. Его цель — сделаться героем романа. Он так часто старался уверить других в том, что он существо, не созданное для мира, обречённое каким-то тайным страданиям, что он сам почти в этом уверился. Оттого-то он так гордо носит свою толстую солдатскую шинель. Я его понял, и он за это меня не любит, хотя мы наружно в самых дружеских отношениях. Грушницкий слывёт отличным храбрецом; я его видел в деле: он махает шашкой, кричит и бросается вперёд, зажмуря глаза. Это что-то не русская храбрость!...

Я его также не люблю: я чувствую, что мы когда-нибудь с ним столкнёмся на узкой дороге, и одному из нас несдобровать.

Приезд его на Кавказ — также следствие его романтического фанатизма: я уверен, что накануне отъезда из отцовской деревни он говорил с мрачным видом какой-нибудь хорошенькой соседке, что он едет не так просто служить, но что ищет смерти, потому что... тут он, верно, закрыл глаза рукою и продолжал так: «Нет, вы (или ты) этого не должны знать! Ваша чистая душа содрогнётся! Да и к чему? Что я для вас? Поймёте ли вы меня?...» и так далее.

Он мне сам говорил, что причина, побудившая его вступить в К. полк, останется вечною тайной между им и небесами.

Впрочем, в те минуты, когда сбрасывает трагическую мантию, Грушницкий довольно мил и забавен. Мне любопытно видеть его с женщинами: тут-то он, я думаю, старается!

Мы встретились старыми приятелями. Я начал его расспрашивать об образе жизни на водах и о примечательных лицах.

— Мы ведём жизнь довольно прозаическую, — сказал он, вздохнув, — пьющие утром воду — вялы, как все больные, а пьющие вино повечеру — несносны, как все здоровые. Женские общества есть; только от них небольшое утешение: они играют в вист, одеваются дурно и ужасно говорят по-французски. Нынешний год из Москвы одна только княгиня Лиговская с дочерью; но я ними незнаком. Моя солдатская шинель — как печать отвержения. Участие, которое она возбуждает, тяжело, как милостыня.

В эту минуту прошли к колодцу мимо нас две дамы: одна пожилая, другая молоденькая, стройная. Их лиц за шляпками я не разглядел, но они одеты были по строгим правилам лучшего вкуса: ничего лишнего. На второй было закрытое платье gris de perles, лёгкая шёлковая косынка вилась вокруг её гибкой шеи. Ботинки couleur puce стягивали у щиколотки её сухощавую ножку так мило, что даже не посвящённый в таинства красоты непременно бы ахнул, хотя от удивления. Её лёгкая, но благородная походка имела в себе что-то девственное, ускользающее от определения, но понятное взору. Когда она прошла мимо нас, от неё повеяло тем неизъяснимым ароматом, которым дышит иногда записка милой женщины.

— Вот княгиня Лиговская, — сказал Грушницкий, — и с нею дочь её Мери, как она её называет на английский манер. Они здесь только три дня.

— Однако ты уж знаешь её имя?

— Да, я случайно слышал, — отвечал он, покраснев, — признаюсь, я не желаю с ними познакомиться. Эта гордая знать смотрит на нас, армейцев, как на диких. И какое им дело, есть ли ум под нумерованной фуражкой и сердце под толстой шинелью?

— Бедная шинель! — сказал я, усмехаясь, — а кто этот господин, который к ним подходит и так услужливо подаёт им стакан?

— О! это московский франт Раевич! Он игрок: это видно тотчас по золотой огромной цепи, которая извивается по его голубому жилету. А что за толстая трость — точно у Робинзона Крузоэ! Да и борода кстати, и причёска à la moujik.

— Ты озлоблен против всего рода человеческого.

— И есть за что...

— О! право?

В это время дамы отошли от колодца и поравнялись с нами. Грушницкий успел принять драматическую позу с помощию костыля и громко отвечал мне по-французски:

— Mon cher, je haïs les hommes pour ne pas les mépriser, car autrement la vie serait une farce trop dégoutante.

Хорошенькая княжна обернулась и подарила оратора долгим любопытным взором. Выражение этого взора было очень неопределённо, но не насмешливо, с чем я внутренно от души его поздравил.

— Эта княжна Мери прехорошенькая, — сказал я ему. — У неё такие бархатные глаза — именно бархатные: я тебе советую присвоить это выражение, говоря об её глазах; нижние и верхние ресницы так длинны, что лучи солнца не отражаются в её зрачках. Я люблю эти глаза без блеска; они так мягки, они будто бы тебя гладят... Впрочем, кажется, в её лице только и есть хорошего... А что, у неё зубы белы? Это очень важно! Жаль, что она не улыбнулась на твою пышную фразу.

— Ты говоришь об хорошенькой женщине, как об английской лошади, — сказал Грушницкий с негодованием.

— Mon cher, — отвечал я ему, стараясь подделаться под его тон, — je méprise les femmes pour ne pas les aimer, car autrement la vie serait un mélodrame trop ridicule.

Я повернулся и пошёл от него прочь. С полчаса гулял я по виноградным аллеям, по известчатым скалам с висящими между них кустарниками. Становилось жарко, и я поспешил домой. Проходя мимо кислосерного источника, я остановился у крытой галереи, чтоб вздохнуть под её тенью, и это доставило мне случай быть свидетелем довольно любопытной сцены. Действующие лица находились вот в каком положении. Княгиня с московским франтом сидела на лавке в крытой галерее, и оба были заняты, кажется, серьёзным разговором. Княжна, вероятно допив уж последний стакан, прохаживалась задумчиво у колодца. Грушницкий стоял у самого колодца; больше на площадке никого не было.

Я подошёл ближе и спрятался за угол галереи. В эту минуту Грушницкий уронил свой стакан на песок и усиливался нагнуться, чтоб его поднять: больная нога ему мешала. Бедняжка! как он ухитрялся, опираясь на костыль, и всё напрасно. Выразительное лицо его в самом деле изображало страдание.

Княжна Мери видела всё это лучше меня.

Легче птички она к нему подскочила, нагнулась, подняла стакан и подала ему с телодвижением, исполненным невыразимой прелести; потом ужасно покраснела, оглянулась на галерею и, убедившись, что её маменька ничего не видала, кажется, тотчас же успокоилась. Когда Грушницкий открыл рот, чтобы поблагодарить её, она была уже далеко. Через минуту она вышла из галереи с матерью и франтом, но, проходя мимо Грушницкого, приняла вид такой чинный и важный — даже не обернулась, даже не заметила его страстного взгляда, которым он до́лго её провожа́л, пока́ спусти́вшись с горы́, она́ не скры́лась за ли́пками бульва́ра... Но вот её шля́пка мелькну́ла через у́лицу; она́ вбежа́ла в воро́та одного́ из лу́чших домо́в Пятиго́рска. За не́ю прошла́ княги́ня и у воро́т раскла́нялась с Рае́вичем.

Только тогда́ бе́дный стра́стный ю́нкер заме́тил моё прису́тствие.

— Ты ви́дел? — сказа́л он, кре́пко пожима́я мне ру́ку, — э́то про́сто а́нгел!

— Отчего́? — спроси́л я с ви́дом чисте́йшего простоду́шия.

— Ра́зве ты не вида́л?

— Нет, ви́дел: она́ подняла́ твой стака́н. Если б был тут сто́рож, то он сде́лал бы то же са́мое, и ещё поспе́шнее, наде́ясь получи́ть на во́дку. Впро́чем, о́чень поня́тно, что ей ста́ло тебя́ жа́лко: ты сде́лал таку́ю ужа́сную грима́су, когда́ ступи́л на простре́ленную но́гу...

— И ты не был ниско́лько тро́нут, гля́дя на неё в э́ту мину́ту, когда́ душа́ сия́ла на лице́ её?...

— Нет.

Я лгал; но мне хоте́лось его́ побеси́ть. У меня́ врождённая страсть противоре́чить; це́лая моя́ жизнь была́ то́лько цепь гру́стных и неуда́чных противоре́чий се́рдцу и́ли рассу́дку. Прису́тствие энтузиа́ста обдаёт меня́ креще́нским хо́лодом, и, я ду́маю, ча́стые сноше́ния с вя́лым флегма́тиком сде́лали бы из меня́ стра́стного мечта́теля. Признаю́сь ещё, чу́вство неприя́тное, но знако́мое пробежа́ло слегка́ в э́то мгнове́ние по моему́ се́рдцу; э́то чу́вство бы́ло — за́висть; я говорю́ сме́ло «за́висть», потому́ что привы́к себе́ во всём признава́ться; и вряд ли найдётся молодо́й челове́к, кото́рый, встре́тив хоро́шенькую же́нщину, прикова́вшую его́ пра́здное внима́ние и вдруг я́вно при нём отличи́вшую друго́го, ей ра́вно незнако́мого, вряд ли, говорю́, найдётся тако́й молодо́й челове́к (разуме́ется, жи́вший в большо́м све́те и привы́кший балова́ть своё самолю́бие), кото́рый бы не был э́тим поражён неприя́тно.

Мо́лча с Грушни́цким спусти́лись мы с горы́ и прошли́ по бульва́ру, ми́мо о́кон до́ма, где скры́лась на́ша краса́вица. Она́ сиде́ла у окна́. Грушни́цкий, дёрнув меня́ за́ руку, бро́сил на неё оди́н из тех му́тно-не́жных взгля́дов, кото́рые так ма́ло действуют на женщин. Я навёл на неё лорнет и заметил, что она от его взгляда улыбнулась, а что мой дерзкий лорнет рассердил её не на шутку. И как, в самом деле, смеет кавказский армеец наводить стёклышко на московскую княжну?...

Нынче поутру зашёл ко мне доктор; его имя Вернер, но он русский. Что тут удивительного? Я знал одного Иванова, который был немец.

Вернер человек замечательный по многим причинам. Он скептик и матерьялист, как все почти медики, а вместе с этим и поэт, и не на шутку, — поэт на деле всегда и часто на словах, хотя в жизнь свою не написал двух стихов. Он изучал все живые струны сердца человеческого, как изучают жилы трупа, но никогда не умел он воспользоваться своим знанием; так иногда отличный анатомик не умеет вылечить от лихорадки! Обыкновенно Вернер исподтишка насмехался над своими больными; но я раз видел, как он плакал над умирающим солдатом... Он был беден, мечтал о миллионах, а для денег не сделал бы лишнего шага: он мне раз говорил, что скорее сделает одолжение врагу, чем другу, потому что это значило бы продавать свою благотворительность, тогда как ненависть только усилится соразмерно великодушию противника. У него был злой язык: под вывескою его эпиграммы не один добряк прослыл пошлым дураком; его соперники, завистливые водяные медики, распустили слух, будто он рисует карикатуры на своих больных, — больные взбеленились, почти все ему отказали. Его приятели, то есть все истинно порядочные люди, служившие на Кавказе, напрасно старались восстановить его упадший кредит.

Его наружность была из тех, которые с первого взгляда поражают неприятно, но которые нравятся впоследствии, когда глаз выучится читать в неправильных чертах отпечаток души испытанной и высокой. Бывали примеры, что женщины влюблялись в таких людей до безумия и не променяли бы их безобразия на красоту самых свежих и розовых эндимионов; надобно отдать справедливость женщинам: они имеют инстинкт красоты́ душе́вной; оттого́-то, мо́жет быть, лю́ди, подо́бные Ве́рнеру, так стра́стно лю́бят же́нщин.

Ве́рнер был мал ро́стом, и худ, и слаб как ребёнок; одна́ нога́ была́ у него́ коро́че друго́й, как у Ба́йрона; в сравне́нии с ту́ловищем голова́ его́ каза́лась огро́мна: он стриг во́лосы под гребёнку, и неро́вности его́ че́репа, обнажённые таки́м о́бразом, порази́ли бы френо́лога стра́нным сплете́нием противополо́жных накло́нностей. Его́ ма́ленькие чёрные глаза́, всегда́ беспоко́йные, стара́лись прони́кнуть в ва́ши мы́сли. В его́ оде́жде заме́тны бы́ли вкус и опря́тность; его́ худоща́вые, жи́листые и ма́ленькие ру́ки красова́лись в све́тло-жёлтых перча́тках. Его́ сюрту́к, га́лстук и жиле́т бы́ли постоя́нно чёрного цве́та. Молодёжь прозвала́ его́ Мефисто́фелем; он пока́зывал, бу́дто серди́лся за э́то прозва́ние, но в са́мом де́ле оно́ льсти́ло его́ самолю́бию. Мы друг дру́га ско́ро по́няли и сде́лались прия́телями, потому́ что я к дру́жбе не спосо́бен: из двух друзе́й всегда́ оди́н раб друго́го, хотя́ ча́сто ни оди́н из них в э́том себе́ не признаётся; рабо́м я быть не могу́, а повелева́ть в э́том слу́чае — труд утоми́тельный, потому́ что на́до вме́сте с э́тим и обма́нывать; да прито́м у меня́ есть лаке́и и де́ньги! Вот как мы сде́лались прия́телями: я встре́тил Ве́рнера в С... среди́ многочи́сленного и шу́много кру́га молодёжи; разгово́р при́нял под коне́ц ве́чера филосо́фско-метафизи́ческое направле́ние; толкова́ли об убежде́ниях: ка́ждый был убеждён в ра́зных ра́зностях.

— Что до меня́ каса́ется, то я убеждён то́лько в одно́м... — сказа́л до́ктор.

— В чём э́то? — спроси́л я, жела́я узна́ть мне́ние челове́ка, кото́рый до сих пор молча́л.

— В том, — отвеча́л он, — что ра́но и́ли по́здно, в одно́ прекра́сное у́тро я умру́.

— Я бога́че вас, — сказа́л я, — у меня́, кро́ме э́того, есть ещё убежде́ние — и́менно то, что я в оди́н прега́дкий ве́чер име́л несча́стие роди́ться.

Все нашли́, что мы говори́м вздор, а пра́во, из них никто́ ничего́ умне́е э́того не сказа́л. С э́той мину́ты мы отличи́ли в толпе́ друг дру́га. Мы ча́сто сходи́лись вме́сте и толкова́ли вдвоём об отвлечённых предме́тах о́чень серьёзно, пока́ не замечали оба, что мы взаимно друг друга морочим. Тогда посмотрев значительно друг другу в глаза, как делали римские авгуры, по словам Цицерона, мы начинали хохотать и, нахохотавшись, расходились довольные своим вечером.

Я лежал на диване, устремив глаза в потолок и заложив руки под затылок, когда Вернер вошёл в мою комнату. Он сел в кресла, поставил трость в угол, зевнул и объявил, что на дворе становится жарко. Я отвечал, что меня беспокоят мухи, — и мы оба замолчали.

— Заметьте, любезный доктор, — сказал я, — что без дураков было бы на свете очень скучно... Посмотрите, вот нас двое умных людей; мы знаем заранее, что обо всём можно спорить до бесконечности, и потому не спорим; мы знаем почти все сокровенные мысли друг друга; одно слово — для нас целая история; видим зерно каждого нашего чувства сквозь тройную оболочку. Печальное нам смешно, смешное грустно, а вообще, по правде, мы ко всему довольно равнодушны, кроме самих себя. Итак, размена чувств и мыслей между нами не может быть: мы знаем один о другом всё, что хотим знать, и знать больше не хотим; остаётся одно средство: рассказывать новости. Скажите же мне какую-нибудь новость?

Утомлённый долгою речью, я закрыл глаза и зевнул...

Он отвечал, подумавши:

— В вашей галиматье, однако ж, есть идея.

— Две! — отвечал я.

— Скажите мне одну, я вам скажу другую.

— Хорошо, начинайте! — сказал я, продолжая рассматривать потолок и внутренно улыбаясь.

— Вам хочется знать какие-нибудь подробности насчёт кого-нибудь из приехавших на воды, и я уж догадываюсь, о ком вы это заботитесь, потому что об вас там уже спрашивали.

— Доктор! решительно нам нельзя разговаривать: мы читаем в душе друг у друга.

— Теперь другая...

— Другая идея вот: мне хотелось вас заставить рассказать что-нибудь; во-первых, потому, что слушать менее утомительно; во-вторых, нельзя проговориться; в-третьих, можно узнать чужую тайну; в-четвёртых, потому, что такие умные люди, как вы, лу́чше лю́бят слу́шателей, чем расска́зчиков. Тепе́рь к де́лу: что вам сказа́ла княги́ня Лиго́вска́я обо мне?

— Вы о́чень уве́рены, что э́то княги́ня... а не княжна́?...

— Соверше́нно убеждён.

— Почему́?

— Потому́ что княжна́ спра́шивала о Грушни́цком.

— У вас большо́й дар соображе́ния. Княжна́ сказа́ла, что она́ уве́рена, что э́тот молодо́й челове́к в солда́тской шине́ли разжа́лован в солда́ты за дуэ́ль...

— Наде́юсь, вы её оста́вили в этом прия́тном заблужде́нии...

— Разуме́ется!

— Завя́зка есть! — закрича́л я в восхище́нии, — об развя́зке э́той коме́дии мы похлопо́чем. Я́вно судьба́ забо́тится о том, чтоб мне не́ было ску́чно.

— Я предчу́вствую, — сказа́л до́ктор, — что бе́дный Грушни́цкий бу́дет ва́шей же́ртвой...

— Да́льше, до́ктор...

— Княги́ня сказа́ла, что ва́ше лицо́ ей знако́мо. Я ей заме́тил, что, ве́рно, она́ вас встреча́ла в Петербу́рге, где́-нибудь в све́те... я сказа́л ва́ше и́мя... Оно́ бы́ло ей изве́стно. Ка́жется, ва́ша исто́рия там наде́лала мно́го шу́ма... Княги́ня ста́ла расска́зывать о ва́ших похожде́ниях, прибавля́я, вероя́тно, к све́тским спле́тням свои замеча́ния... До́чка слу́шала с любопы́тством. В её воображе́нии вы сде́лались геро́ем рома́на в но́вом вку́се... Я не противоре́чил княги́не, хотя́ знал, что она́ говори́т вздор.

— Досто́йный друг! — сказа́л я, протяну́в ему́ ру́ку.

До́ктор пожа́л её с чу́вством и продолжа́л:

— Если хоти́те, я вас предста́влю...

— Поми́луйте! — сказа́л я, всплесну́в рука́ми, — ра́зве геро́ев представля́ют? Они́ не ина́че знако́мятся, как спаса́я от ве́рной сме́рти свою́ любе́зную...

— И вы в са́мом де́ле хоти́те волочи́ться за княжно́й?...

— Напро́тив, совсе́м напро́тив!... До́ктор, наконе́ц я торже́ствую: вы меня́ не понима́ете!... Это меня́, впро́чем, огорча́ет, до́ктор, — продолжа́л я по́сле мину́ты молча́ния, — я никогда́ сам не открыва́ю мои́х тайн, а ужа́сно люблю́, чтоб их отга́дывали, потому́ что таки́м о́бразом я всегда́ могу́ при слу́чае от них отпере́ться. Одна́ко ж вы мне должны́ описа́ть ма́меньку с до́чкой. Что они́ за лю́ди?

— Во-пе́рвых, княги́ня — же́нщина 45 лет, — отвеча́л Ве́рнер, — у неё прекра́сный желу́док, но кровь испо́рчена; на щека́х кра́сные пя́тна. После́днюю полови́ну свое́й жи́зни она́ провела́ в Москве́ и тут на поко́е растолсте́ла. Она́ лю́бит соблазни́тельные анекдо́ты и сама́ говори́т иногда́ неприли́чные ве́щи, когда́ до́чери нет в ко́мнате. Она́ мне объяви́ла, что дочь её неви́нна как го́лубь. Како́е мне де́ло?... Я хоте́л ей отвеча́ть, чтоб она́ была́ споко́йна, что я никому́ э́того не скажу́! Княги́ня ле́чится от ревмати́зма, а дочь Бог зна́ет от чего́; я веле́л обе́им пить по два стака́на в день кислосе́рной воды́ и купа́ться два ра́за в неде́лю в разводно́й ва́нне. Княги́ня, ка́жется, не привы́кла повелева́ть; она́ пита́ет уваже́ние к уму́ и зна́ниям до́чки, кото́рая чита́ла Ба́йрона по-англи́йски и зна́ет а́лгебру: в Москве́, ви́дно, ба́рышни пусти́лись в учёность и хорошо́ де́лают, пра́во! На́ши мужчи́ны так нелюбе́зны вообще́, что с ни́ми коке́тничать, должно́ быть, для у́мной же́нщины несно́сно. Княги́ня о́чень лю́бит молоды́х люде́й; княжна́ смо́трит на них с не́которым презре́нием: моско́вская привы́чка! Они́ в Москве́ то́лько и пита́ются, что сорокале́тними остряка́ми.

— А вы бы́ли в Москве́, до́ктор?

— Да, я име́л там не́которую пра́ктику.

— Продолжа́йте.

— Да я, ка́жется, всё сказа́л... Да! вот ещё: княжна́, ка́жется, лю́бит рассужда́ть о чу́вствах, страстя́х и проч... она́ была́ одну́ зи́му в Петербу́рге, и он ей не понра́вился, осо́бенно о́бщество: её, ве́рно, хо́лодно при́няли.

— Вы никого́ у них не вида́ли сего́дня?

— Напро́тив: был оди́н адъюта́нт, оди́н натя́нутый гварде́ец и кака́я-то да́ма из новоприе́зжих, ро́дственница княги́ни по му́жу, о́чень хоро́шенькая, но о́чень, ка́жется, больна́я... Не встре́тили ль вы её у колодца? — она́ сре́днего ро́ста, блонди́нка, с пра́вильными черта́ми, цвет лица́ чахо́точный, а на пра́вой щеке́ чёрная ро́динка: её лицо́ меня́ порази́ло свое́ю вырази́тельнсстию.

71

— Ро́динка! — пробормота́л я сквозь зу́бы. — Неуже́ли?
До́ктор посмотре́л на меня́ и сказа́л торже́ственно, положи́в мне ру́ку на се́рдце:

— Она́ вам знако́ма!...

Моё се́рдце, то́чно, би́лось сильне́е обыкнове́нного.

— Тепе́рь ва́ша о́чередь торжествова́ть! — сказа́л я, — то́лько я на вас наде́юсь: вы мне не изме́ните. Я её не вида́л ещё, но уве́рен, узна́ю в ва́шем портре́те одну́ же́нщину, кото́рую люби́л в старину́... Не говори́те ей обо мне ни сло́ва; е́сли она́ спро́сит, отнеси́тесь обо мне ду́рно.

— Пожа́луй! — сказа́л Ве́рнер, пожа́в плеча́ми.

Когда́ он ушёл, ужа́сная грусть стесни́ла моё се́рдце. Судьба́ ли нас свела́ опя́ть на Кавка́зе, и́ли она́ наро́чно сюда́ прие́хала, зна́я, что меня́ встре́тит?... и как мы встре́тимся?... и пото́м, она́ ли э́то?... Мои́ предчу́вствия меня́ никогда́ не обма́нывали. Нет в ми́ре челове́ка, над кото́рым проше́дшее приобрета́ло бы таку́ю власть, как надо мно́ю. Вся́кое напомина́ние о мину́вшей печа́ли и́ли ра́дости боле́зненно ударя́ет в мою́ ду́шу и извлека́ет из неё всё те же зву́ки... Я глу́по со́здан: ничего́ не забыва́ю, — ничего́!

По́сле обе́да часо́в в шесть я пошёл на бульва́р: там была́ толпа́; княги́ня с княжно́ю сиде́ли на скамье́, окружённые молодёжью, кото́рая любе́зничала напереры́в. Я помести́лся в не́котором расстоя́нии на друго́й ла́вке, останови́л двух знако́мых Д... офице́ров и на́чал им что́-то расска́зывать; ви́дно, бы́ло смешно́, потому́ что они́ на́чали хохота́ть, как сумасше́дшие. Любопы́тство привлекло́ ко мне не́которых из окружа́вших княжну́; ма́ло-пома́лу и все её поки́нули и присоедини́лись к моему́ кружку́. Я не умолка́л: мои́ анекдо́ты бы́ли умны́ до глу́пости, мои́ насме́шки над проходя́щими ми́мо оригина́лами бы́ли злы до неи́стовства... Я продолжа́л увеселя́ть пу́блику до захожде́ния со́лнца. Не́сколько раз княжна́ под ру́чку с ма́терью проходи́ла ми́мо меня́, сопровожда́емая каки́м-то хромы́м старичко́м; не́сколько раз её взгляд, упада́я на меня́, выража́л доса́ду, стара́ясь вы́разить равноду́шие...

— Что он вам расска́зывал? — спроси́ла она́ у одного́ из молоды́х люде́й, возврати́вшихся к ней из ве́жливости, — ве́рно, о́чень занима́тельную исто́рию — свои́ по́двиги в сраже́-

ниях?... — Она сказала это довольно громко и, вероятно, с намерением кольнуть меня. «А-га! — подумал я, — вы не на шутку сердитесь, милая княжна; погодите, то ли ещё будет!»

Грушницкий следил за нею, как хищный зверь, и не спускал её с глаз: бьюсь об заклад, что завтра он будет просить, чтоб его кто-нибудь представил княгине. Она будет очень рада, потому что ей скучно.

16-го мая

В продолжение двух дней мои дела ужасно подвинулись. Княжна меня решительно ненавидит; мне уже пересказывали две-три эпиграммы на мой счёт, довольно колкие, но вместе очень лестные. Ей ужасно странно, что я, который привык к хорошему обществу, который так короток с её петербургскими кузинами и тётушками, не стараюсь познакомиться с нею. Мы встречаемся каждый день у колодца, на бульваре; я употребляю все свои силы на то, чтоб отвлекать её обожателей, блестящих адьютантов, бледных москвичей и других, — и мне почти всегда удаётся. Я всегда ненавидел гостей и себя: теперь у меня каждый день полон дом, обедают, ужинают, играют — и, увы, моё шампанское торжествует над силою магнетических её глазок!

Вчера я её встретил в магазине Челахова; она торговала чудесный персидский ковёр. Княжна упрашивала свою маменьку не скупиться: этот ковёр так украсил бы её кабинет!... Я дал 40 рублей лишних и перекупил его; за это я был вознаграждён взглядом, где блистало самое восхитительное бешенство. Около обеда я велел нарочно провести мимо её окон мою черкесскую лошадь, покрытую этим ковром. Вернер был у них в это время и говорил мне, что эффект этой сцены был самый драматический. Княжна хочет проповедовать против меня ополчение; я даже заметил, что уж два адьютанта при ней со мною очень сухо кланяются, однако всякий день у меня обедают.

Грушницкий принял таинственный вид: ходит, закинув руки за спину, и никого не узнаёт; нога его вдруг выздоровела: он едва хромает. Он нашёл случай вступить в разговор с княгиней и сказать какой-то комплимент княжне; она, видно, не очень разборчива, ибо с тех пор отвечает на его поклон самой милой улыбкою.

73

— Ты реши́тельно не хо́чешь познако́миться с Лиго́вски-
ми? — сказа́л он мне вчера́.

— Реши́тельно.

— Поми́луй! са́мый прия́тный дом на во́дах! Всё зде́шнее
лу́чшее о́бщество...

— Мой друг, мне и не зде́шнее ужа́сно надое́ло. А ты у них
быва́ешь?

— Нет ещё; я говори́л ра́за два с княжно́й, не бо́лее, но
зна́ешь, ка́к-то напра́шиваться в дом нело́вко, хотя́ здесь э́то
и во́дится... Друго́е де́ло, е́сли бы я носи́л эполе́ты...

— Поми́луй! да э́так ты гора́здо интере́снее! Ты про́сто не
уме́ешь по́льзоваться свои́м вы́годным положе́нием... Да сол-
да́тская шине́ль в глаза́х вся́кой чувстви́тельной ба́рышни тебя́
де́лает геро́ем и страда́льцем.

Грушни́цкий самодово́льно улыбну́лся.

— Како́й вздор! — сказа́л он.

— Я уве́рен, — продолжа́л я, — что княжна́ в тебя́ уж
влюблена́.

Он покрасне́л до уше́й и наду́лся.

О самолю́бие! ты рыча́г, кото́рым Архиме́д хоте́л приподня́ть
земно́й шар!...

— У тебя́ всё шу́тки! — сказа́л он, пока́зывая, бу́дто сер-
дится, — во пе́рвых, она́ меня́ ещё так ма́ло зна́ет...

— Же́нщины лю́бят то́лько тех, кото́рых не зна́ют.

— Да я во́все не име́ю прете́нзий ей нра́виться: я про́сто
хочу́ познако́миться с прия́тным до́мом, и бы́ло бы о́чень смеш-
но́, е́сли б я име́л каки́е-нибудь наде́жды... Вот вы, наприме́р,
друго́е де́ло! — вы, победи́тели петербу́ргские: то́лько посмот-
ри́те, так же́нщины та́ют... А зна́ешь ли, Печо́рин, что княжна́
о тебе́ говори́ла?...

— Как? она́ тебе́ уж говори́ла обо мне?...

— Не ра́дуйся, одна́ко. Я ка́к-то вступи́л с не́ю в разгово́р
у коло́дца, случа́йно; тре́тье сло́во её бы́ло: «Кто э́тот госпо-
ди́н, у кото́рого тако́й неприя́тный, тяжёлый взгляд? он был с
ва́ми, тогда́...» Она́ покрасне́ла и не хоте́ла назва́ть дня, вспо́м-
нив свою́ ми́лую вы́ходку. «Вам не ну́жно ска́зывать дня, —
отвеча́л я ей, — он ве́чно бу́дет мне па́мятен...» Мой друг, Пе-

чо́рин! я тебя́ не поздравля́ю; ты у неё на дурно́м замеча́нии…
А, пра́во, жаль! потому́ что Ме́ри о́чень мила́!…

На́добно заме́тить, что Грушни́цкий из тех люде́й, кото́рые, говоря́ о же́нщине, с кото́рой они́ едва́ знако́мы, называ́ют её *моя Ме́ри, моя Sophie*, е́сли она́ име́ла сча́стие им понра́виться.

Я при́нял серьёзный вид и отвеча́л ему́:

— Да, она́ недурна́… То́лько береги́сь, Грушни́цкий! Ру́сские ба́рышни бо́льшею ча́стью пита́ются то́лько платони́ческою любо́вью, не приме́шивая к ней мы́сли о заму́жестве; а платони́ческая любо́вь са́мая беспоко́йная. Княжна́, ка́жется, из тех же́нщин, кото́рые хотя́т, чтоб их забавля́ли; е́сли две мину́ты сря́ду ей бу́дет во́зле тебя́ ску́чно, ты поги́б невозвра́тно: твоё молча́ние должно́ возбужда́ть её любопы́тство, твой разгово́р — никогда́ не удовлетворя́ть его́ вполне́; ты до́лжен её трево́жить ежемину́тно; она́ де́сять раз публи́чно для тебя́ пренебрежёт мне́нием и назовёт э́то же́ртвой, и, чтоб вознаради́ть себя́ за э́то, ста́нет тебя́ му́чить, а пото́м про́сто ска́жет, что она́ тебя́ терпе́ть не мо́жет. Е́сли ты над не́ю не приобретёшь вла́сти, то да́же её пе́рвый поцелу́й не даст тебе́ пра́ва на второ́й; она́ с тобо́й накоке́тничается вдо́воль, а го́да через два вы́йдет за́муж за уро́да, из поко́рности к ма́меньке, и ста́нет себя́ уверя́ть, что она́ несча́стна, что она́ одного́ то́лько челове́ка и люби́ла, то есть тебя́, но что не́бо не хоте́ло соедини́ть её с ним, потому́ что на нём была́ солда́тская шине́ль, хотя́ под э́той то́лстой, се́рой шине́лью би́лось се́рдце стра́стное и благоро́дное…

Грушни́цкий уда́рил по́ столу кулако́м и стал ходи́ть взад и вперёд по ко́мнате.

Я вну́тренно хохота́л и да́же ра́за два улыбну́лся, но он, к сча́стию, э́того не заме́тил. Я́вно, что он влюблён, потому́ что стал ещё дове́рчивее пре́жнего; у него́ да́же появи́лось сере́бряное кольцо́ с че́рнью, зде́шней рабо́ты; оно́ мне показа́лось подозри́тельным… Я стал его́ рассма́тривать, и что же?… ме́лкими бу́квами и́мя *Ме́ри* бы́ло вы́резано на вну́тренней стороне́, и ря́дом — число́ того́ дня, когда́ она́ подняла́ знамени́тый стака́н. Я утаи́л своё откры́тие; я не хочу́ вынужда́ть у него́ призна́ний; я хочу́, чтобы он сам вы́брал меня́ в свои́ пове́ренные, — и тут-то я бу́ду наслажда́ться…

. . . .

Сегодня я встал поздно; прихожу к колодцу — никого уже нет. Становилось жарко; белые мохнатые тучки быстро бежали от снеговых гор, обещая грозу; голова Машука дымилась, как загашенный факел; кругом его вились и ползали, как змеи, серые клочки облаков, задержанные в своём стремлении и будто зацепившиеся за колючий его кустарник. Воздух был напоён электричеством. Я углубился в виноградную аллею, ведущую в грот; мне было грустно. Я думал о той молодой женщине с родинкой на щеке, про которую говорил мне доктор... Зачем она здесь? И она ли? И почему я думаю, что это она? и почему я даже так в этом уверен? Мало ли женщин с родинками на щеках? Размышляя таким образом, я подошёл к самому гроту. Смотрю: в прохладной тени его свода, на каменной скамье сидит женщина, в соломенной шляпке, окутанная чёрной шалью, опустив голову на грудь; шляпка закрывала её лицо. Я хотел уже вернуться, чтоб не нарушить её мечтаний, когда она на меня взглянула.

— Вера! — вскрикнул я невольно.

Она вздрогнула и побледнела.

— Я знала, что вы здесь, — сказала она.

Я сел возле неё и взял её за руки. Давно забытый трепет пробежал по моим жилам при звуке этого милого голоса; она посмотрела мне в глаза своими глубокими и спокойными глазами; в них выражалась недоверчивость и что-то похожее на упрёк.

— Мы давно не видались, — сказал я.

— Давно, и переменились оба во многом!

— Стало быть, уж ты меня не любишь?...

— Я замужем!... — сказала она.

— Опять? Однако несколько лет тому назад эта причина также существовала, но между тем...

Она выдернула свою руку из моей, и щёки её запылали.

— Может быть, ты любишь своего второго мужа?...

Она не отвечала и отвернулась.

— Или он очень ревнив?

Молчание.

— Что ж? Он молод, хорош, особенно, верно, богат, и ты

бойшься... — Я взглянул на неё и испугался: её лицо выража́-
ло глубо́кое отча́яние, на глаза́х сверка́ли слёзы.

— Скажи́ мне, — наконе́ц прошепта́ла она́, — тебе́ о́чень
ве́село меня́ му́чить?... Я бы тебя́ должна́ ненави́деть. С тех
пор как мы зна́ем друг дру́га, ты ничего́ мне не дал, кро́ме
страда́ний... — Её го́лос задрожа́л, она́ склони́лась ко мне и
опусти́ла го́лову на грудь мою́.

«Мо́жет быть, — поду́мал я, — ты оттого́-то и́менно меня́ и
люби́ла: ра́дости забыва́ются, а печа́ли никогда́...»

Я её кре́пко о́бнял, и так мы остава́лись до́лго. Наконе́ц,
гу́бы на́ши сбли́зились и слили́сь в жа́ркий, упои́тельный поце-
лу́й; её ру́ки бы́ли хо́лодны, как лёд, голова́ горе́ла. Тут ме́ж-
ду на́ми начался́ оди́н из тех разгово́ров, кото́рые на бума́ге не
име́ют смы́сла, кото́рых повтори́ть нельзя́ и нельзя́ да́же за-
по́мнить: значе́ние зву́ков заменя́ет и дополня́ет значе́ние слов,
как в италья́нской о́пере.

Она́ реши́тельно не хо́чет, чтоб я познако́мился с её му́-
жем — тем хромы́м старичко́м, кото́рого я ви́дел ме́льком на
бульва́ре: она́ вы́шла за него́ для сы́на. Он бога́т и страда́ет
ревмати́змами. Я не позво́лил себе́ над ним ни одно́й насме́ш-
ки: она́ его́ уважа́ет, как отца́, — и бу́дет обма́нывать, как му́-
жа... Стра́нная вещь се́рдце челове́ческое вообще́ и же́нское в
осо́бенности!

Муж Ве́ры, Семён Васи́льевич Г...в, да́льний ро́дственник
княги́ни Лиговско́й. Он живёт с не́ю ря́дом; Ве́ра ча́сто быва́ет
у княги́ни; я ей дал сло́во познако́миться с Лиговски́ми и во-
лочи́ться за княжно́й, чтобы отвле́чь от неё внима́ние. Таки́м
о́бразом мои́ пла́ны нима́ло не расстро́ились, и мне бу́дет
ве́село...

Ве́село!... Да, я уже́ прошёл тот пери́од жи́зни душе́вной,
когда́ и́щут то́лько сча́стия, когда́ се́рдце чу́вствует необходи́-
мость люби́ть си́льно и стра́стно кого́-нибудь, — тепе́рь я то́ль-
ко хочу́ быть люби́мым, и то о́чень немно́гими; да́же, мне ка́-
жется, одно́й постоя́нной привя́занности мне бы́ло бы дово́льно:
жа́лкая привы́чка се́рдца!...

Одно́ мне всегда́ бы́ло стра́нно: я никогда́ не де́лался ра-
бо́м люби́мой же́нщины; напро́тив, я всегда́ приобрета́л над
их во́лей и се́рдцем непобеди́мую власть, во́все об э́том не

77

стараясь. Отчего это? — оттого ли, что я никогда ничем очень не дорожу и что они ежеминутно боялись выпустить меня из рук? или это — магнетическое влияние сильного организма? или мне просто не удавалось встретить женщину с упорным характером?

Надо признаться, что я точно не люблю женщин с характером: их ли это дело!...

Правда, теперь вспомнил: один раз, один только раз я любил женщину с твёрдою волей, которую никогда не мог победить... Мы расстались врагами, — и то, может быть, если б я её встретил пятью годами позже, мы расстались бы иначе...

Вера больна, очень больна, хотя в этом и не признаётся; я боюсь, чтобы не было у неё чахотки или той болезни, которую называют *fièvre lente* — болезнь не русская вовсе, и ей на нашем языке нет названия.

Гроза застала нас в гроте и удержала лишних полчаса. Она не заставляла меня клясться в верности, не спрашивала, любил ли я других с тех пор, как мы расстались... Она вверилась мне снова с прежней беспечностью, — и я её не обману: она единственная женщина в мире, которую я не в силах был бы обмануть. Я знаю, мы скоро разлучимся опять и, может быть, навеки: оба пойдём разными путями до гроба; но воспоминание об ней останется неприкосновенным в душе моей; я ей это повторял всегда, и она мне верит, хотя говорит противное.

Наконец, мы расстались; я долго следил за нею взором, пока её шляпка не скрылась за кустарниками и скалами. Сердце моё болезненно сжалось, как после первого расставания. О, как я обрадовался этому чувству! Уж не молодость ли со своими благотворными бурями хочет вернуться ко мне опять, или это только её прощальный взгляд, последний подарок — на память?... А смешно подумать, что на вид я ещё мальчик: лицо хотя бледно, но ещё свежо; члены гибки и стройны; густые кудри вьются, глаза горят, кровь кипит...

Возвратясь домой, я сел верхом и поскакал в степь; я люблю скакать на горячей лошади по высокой траве, против пустынного ветра; с жадностью глотаю я благовонный воздух и устремляю взоры в синюю даль, стараясь уловить туманные

78

очерки предметов, которые ежеминутно становятся всё яснее и яснее. Какая бы горесть ни лежала на сердце, какое бы беспокойство ни томило мысль, всё в минуту рассеется; на душе станет легко, усталость тела победит тревогу ума. Нет женского взора, которого бы я не забыл при виде кудрявых гор, озарённых южным солнцем, при виде голубого неба или внимая шуму потока, падающего с утёса на утёс.

Я думаю, казаки, зевающие на своих *вышках*, видя меня скачущего без нужды и цели, долго мучились этою загадкой, ибо, верно, по одежде приняли меня за черкеса. Мне в самом деле говорили, что в черкесском костюме верхом я больше похож на кабардинца, чем многие кабардинцы. И точно, что касается до этой благородной боевой одежды, я совершенный денди: ни одного галуна лишнего; оружие ценное в простой отделке, мех на шапке не слишком длинный, не слишком короткий; ноговицы и черевики пригнаны со всевозможной точностью; бешмет белый, черкеска тёмно-бурая. Я долго изучал горскую посадку: ничем нельзя так польстить моему самолюбию, как признавая моё искусство в верховой езде на кавказский лад. Я держу четырёх лошадей: одну для себя, трёх для приятелей, чтоб не скучно было одному таскаться по полям; они берут моих лошадей с удовольствием и никогда со мной не ездят вместе. Было уже шесть часов пополудни, когда вспомнил я, что пора обедать; лошадь моя была измучена; я выехал на дорогу, ведущую из Пятигорска в немецкую колонию, куда часто водяное общество ездит en piquenique. Дорога идёт, извиваясь между кустарниками, опускаясь в небольшие овраги, где протекают шумные ручьи под сенью высоких трав; кругом амфитеатром возвышаются синие громады Бешту, Змейной, Железной и Лысой горы. Спустясь в один из таких оврагов, называемых на здешнем наречии *балками*, я остановился, чтоб напоить лошадь; в это время показалась на дороге шумная и блестящая кавалькада: дамы в чёрных и голубых амазонках, кавалеры в костюмах, составляющих смесь *черкесского с нижегородским;* впереди ехал Грушницкий с княжною Мери.

Дамы на водах ещё верят нападениям черкесов среди белого дня; вероятно, поэтому Грушницкий сверх солдатской шинели повесил шашку и пару пистолетов: он был довольно смешо́н в э́том геро́йском облаче́нии. Высо́кий куст закрыва́л меня́ от них, но сквозь ли́стья его́ я мог ви́деть всё и отгада́ть по выраже́ниям их лиц, что разгово́р был сентимента́льный. Наконе́ц, они́ прибли́зились к спу́ску; Грушни́цкий взял за по́вод ло́шадь княжны́; и тогда́ я услы́шал коне́ц их разгово́ра:

— И вы це́лую жизнь хоти́те оста́ться на Кавка́зе? — говори́ла княжна́.

— Что для меня́ Росси́я? — отвеча́л её кавале́р, — страна́, где ты́сячи люде́й, потому́ что они́ бога́че меня́, бу́дут смотре́ть на меня́ с презре́нием, тогда́ как здесь — здесь э́та то́лстая шине́ль не помеша́ла моему́ знако́мству с ва́ми...

— Напро́тив... — сказа́ла княжна́, покрасне́в.

Лицо́ Грушни́цкого изобрази́ло удово́льствие. Он продолжа́л:

— Здесь моя́ жизнь протечёт шу́мно, незаме́тно и бы́стро, под пу́лями дикаре́й, и е́сли бы Бог мне ка́ждый год посыла́л оди́н све́тлый же́нский взгляд, оди́н подо́бный тому́...

В э́то вре́мя они́ поравня́лись со мной: я уда́рил пле́тью по ло́шади и вы́ехал из-за куста́...

— Mon dieu, un circassien!... — вскри́кнула княжна́ в у́жасе.

Чтоб её соверше́нно разуве́рить, я отвеча́л по-францу́зски, слегка́ наклоня́сь:

— Ne craignez rien, madame, — je ne suis pas plus dangereux que votre cavalier.

Она́ смути́лась, — но отчего́? от свое́й оши́бки и́ли оттого́, что мой отве́т ей показа́лся де́рзким? Я жела́л бы, чтоб после́днее моё предположе́ние бы́ло справедли́во. Грушни́цкий бро́сил на меня́ недово́льный взгляд.

По́здно ве́чером, то есть часо́в в оди́ннадцать, я пошёл гуля́ть по ли́повой алле́е бульва́ра. Го́род спал, то́лько в не́которых о́кнах мелька́ли огни́. С трёх сторо́н черне́ли гре́бни утёсов, о́трасли Машука́, на верши́не кото́рого лежа́ло злове́щее о́блачко; ме́сяц подыма́лся на восто́ке; вдали́ сере́бряной бахромо́й сверка́ли снеговы́е го́ры. Окли́ки часовы́х перемежа́лись с шу́мом горя́чих ключе́й, спу́щенных на́ ночь. Поро́ю зву́чный то́пот коня́ раздава́лся по у́лице, сопровожда́емый скри́пом нага́йской арбы́ и зауны́вным тата́рским припе́вом. Я сел наскамью и задумался... Я чувствовал необходимость излить свои мысли в дружеском разговоре... но с кем?... «Что делает теперь Вера?» — думал я... Я бы дорого дал, чтоб в эту минуту пожать её руку.

Вдруг слышу быстрые и неровные шаги... Верно, Грушницкий... Так и есть!

— Откуда?

— От княгини Лиговской, — сказал он очень важно. — Как Мери поёт!...

— Знаешь ли что? — сказал я ему, — я пари держу, что она не знает, что ты юнкер; она думает, что ты разжалованный...

— Может быть! Какое мне дело!... — сказал он рассеянно.

— Нет, я только так это говорю...

— А знаешь ли, что ты нынче её ужасно рассердил? Она нашла, что это неслыханная дерзость; я насилу мог её уверить, что ты так хорошо воспитан и так хорошо знаешь свет, что не мог иметь намерение её оскорбить; она говорит, что у тебя наглый взгляд, что ты, верно, о себе самого высокого мнения.

— Она не ошибается... А ты не хочешь ли за неё вступиться?

— Мне жаль, что я не имею ещё этого права...

«О-го! — подумал я, — у него, видно, есть уже надежды...»

— Впрочем, для тебя же хуже, — продолжал Грушницкий, — теперь тебе трудно познакомиться с ними, — а жаль! это один из самых приятных домов, какие я только знаю...

Я внутренно улыбнулся.

— Самый приятный дом для меня теперь мой, — сказал я, зевая, и встал, чтоб идти.

— Однако признайся, ты раскаиваешься?..

— Какой вздор! если я захочу, то завтра же буду вечером у княгини...

— Посмотрим...

— Даже, чтоб тебе сделать удовольствие, стану волочиться за княжной...

— Да, если она захочет говорить с тобой...

— Я подожду только той минуты, когда твой разговор ей наскучит... Прощай!...

— А я пойду́ шата́ться, — я ни за что тепе́рь не засну́...
Послу́шай, пойдём лу́чше в рестора́цию, там игра́... мне нужны́ ны́нче си́льные ощуще́ния...

— Жела́ю тебе́ проигра́ться...

Я пошёл домо́й.

21-го ма́я

Прошла́ почти́ неде́ля, а я ещё не познако́мился с Лигов-
ски́ми. Жду удо́бного слу́чая. Грушни́цкий, как тень, сле́дует
за княжно́й везде́; их разгово́ры бесконе́чны: когда́ же он ей
наску́чит?... Мать не обраща́ет на э́то внима́ния, потому́ что он
не жени́х. Вот ло́гика матере́й! Я подме́тил два, три не́жные
взгля́да, — на́до э́тому положи́ть коне́ц.

Вчера́ у коло́дца в пе́рвый раз яви́лась Ве́ра... Она́ с тех
пор, как мы встре́тились в гро́те, не выходи́ла из до́ма. Мы в
одно́ вре́мя опусти́ли стака́ны, и, наклоня́сь, она́ мне сказа́ла
шёпотом:

— Ты не хо́чешь познако́миться с Лиговски́ми!... Мы то́лько
там мо́жем ви́деться...

Упрёк!... ску́чно! Но я его́ заслужи́л...

Кста́ти: за́втра бал по подпи́ске в за́ле рестора́ции, и я бу́ду
танцева́ть с княжно́й мазу́рку.

22-го ма́я

За́ла рестора́ции преврати́лась в за́лу благоро́дного собра́-
ния. В 9 часо́в все съе́хались. Княги́ня с до́черью яви́лась из
после́дних; мно́гие да́мы посмотре́ли на неё с за́вистью и недо-
брожела́тельством, потому́ что княжна́ Ме́ри одева́ется со вку́-
сом. Те, кото́рые почита́ют себя́ зде́шними аристокра́тками,
утаи́в за́висть, примкну́лись к ней. Как быть? Где есть о́бщест-
во же́нщин, там сейча́с я́вится вы́сший и ни́зший круг. Под
окно́м, в толпе́ наро́да, стоя́л Грушни́цкий, прижа́в лицо́ к
стеклу́, и не спуска́л глаз с свое́й боги́ни; она́, проходя́ ми́мо,
едва́ приме́тно кивну́ла ему́ голово́й. Он проси́ял, как со́лнце...
Та́нцы начали́сь по́льским; пото́м заигра́ли вальс. Шпо́ры за-
звене́ли, фа́лды подняли́сь и закружи́лись.

Я стоя́л сза́ди одно́й то́лстой да́мы, осенённой ро́зовыми
пе́рьями; пы́шность её пла́тья напомина́ла времена́ фи́жм, а
пестрота́ её негла́дкой ко́жи — счастли́вую эпо́ху му́шек из

82

чёрной тафты́. Са́мая больша́я борода́вка на её ше́е прикры́-
та была́ фермуа́ром. Она́ говори́ла своему́ кавале́ру, драгу́н-
скому капита́ну:

— Эта княжна́ Лиго́вска́я пренесно́сная девчо́нка! Вообра-
зи́те, толкну́ла меня́ и не извини́лась, да ещё оберну́лась и по-
смотре́ла на меня́ в лорне́т... C'est impayable!... И чем она́ гор-
ди́тся? Уж её на́до бы проучи́ть...

— За э́тим де́ло не ста́нет! — отвеча́л услу́жливый капи-
та́н и отпра́вился в другу́ю ко́мнату.

Я то́тчас подошёл к княжне́, приглаша́я её вальси́ровать,
по́льзуясь свобо́дой зде́шних обы́чаев, позволя́ющих танцева́ть
с незнако́мыми да́мами.

Она́ едва́ могла́ прину́дить себя́ не улыбну́ться и скрыть
своё торжество́; ей удало́сь, одна́ко, дово́льно ско́ро приня́ть
соверше́нно равноду́шный и да́же стро́гий вид. Она́ небре́жно
опусти́ла ру́ку на моё плечо́, наклони́ла слегка́ голо́вку на́бок,
и мы пусти́лись. Я не зна́ю та́лии бо́лее сладостра́стной и ги́б-
кой! Её све́жее дыха́ние каса́лось моего́ лица́; иногда́ ло́кон,
отдели́вшийся в ви́хре ва́льса от свои́х това́рищей, скользи́л по
горя́щей щеке́ мое́й... Я сде́лал три ту́ра. (Она́ вальси́рует уди-
ви́тельно хорошо́.) Она́ запыха́лась, глаза́ её помути́лись, по-
лураскры́тые гу́бки едва́ могли́ прошепта́ть необходи́мое:
«Merci, monsieur».

По́сле не́скольких мину́т молча́ния я сказа́л ей, приня́в са́-
мый поко́рный вид:

— Я слы́шал, княжна́, что, бу́дучи вам во́все незнако́м, я
име́л уже́ несча́стие заслужи́ть ва́шу неми́лость... что вы меня́
нашли́ де́рзким... неуже́ли э́то пра́вда?

— И вам бы хоте́лось тепе́рь меня́ утверди́ть в э́том мне́-
нии? — отвеча́ла она́ с ирони́ческой грима́ской, кото́рая, впро́-
чем, о́чень идёт к её подвижно́й физионо́мии.

— Е́сли я име́л де́рзость вас чём-нибудь оскорби́ть, то по-
зво́льте мне име́ть ещё бо́льшую де́рзость проси́ть у вас про-
ще́ния... И, пра́во, я бы о́чень жела́л доказа́ть вам, что вы насчёт меня́ ошиба́лись...

— Вам э́то бу́дет дово́льно тру́дно...

— Отчего́ же?...

— Оттого́, что вы у нас не быва́ете, а э́ти балы́, вероя́тно, не ча́сто бу́дут повторя́ться.

«Э́то зна́чит, — поду́мал я, — что их две́ри для меня́ наве́ки закры́ты».

— Зна́ете, княжна́, — сказа́л я с не́которой доса́дой, — никогда́ не до́лжно отверга́ть ка́ющегося престу́пника: с отча́яния он мо́жет сде́латься ещё вдво́е престу́пнее... и тогда́...

Хо́хот и шушу́канье нас окружа́ющих заста́вили меня́ оберну́ться и прерва́ть мою́ фра́зу. В не́скольких шага́х от меня́ стоя́ла гру́ппа мужчи́н, и в их числе́ драгу́нский капита́н, изъяви́вший вражде́бные наме́рения про́тив ми́лой княжны́; он осо́бенно был чем-то о́чень дово́лен, потира́л ру́ки, хохота́л и переми́гивался с това́рищами. Вдруг из среды́ их отдели́лся господи́н во фра́ке с дли́нными уса́ми и кра́сной ро́жей и напра́вил неве́рные шаги́ свои́ пря́мо к княжне́: он был пьян. Останови́сь про́тив смути́вшейся княжны́ и заложи́в ру́ки за́ спину, он уста́вил на неё му́тно-се́рые глаза́ и произнёс хри́плым ди́шкантом:

— Пермете́... ну, да что тут!... про́сто ангажи́рую вас на мазу́рку...

— Что вам уго́дно? — произнесла́ она́ дрожа́щим го́лосом, броса́я круго́м умоля́ющий взгляд. Увы́! её мать была́ далеко́, и во́зле никого́ из знако́мых ей кавале́ров не́ было; оди́н адъюта́нт, ка́жется, всё э́то ви́дел, да спря́тался за толпо́й, чтоб не быть заме́шану в исто́рию.

— Что же? — сказа́л пья́ный господи́н, мигну́в драгу́нскому капита́ну, кото́рый ободря́л его́ зна́ками, — ра́зве вам не уго́дно?... Я таки́ опя́ть име́ю честь вас ангажи́ровать pour mazure... Вы, мо́жет, ду́маете, что я пьян? Это ничего́!... Гора́здо свобо́днее, могу́ вас уве́рить..

Я ви́дел, что она́ гото́ва упа́сть в о́бморок от стра́ха и негодова́ния.

Я подошёл к пья́ному господи́ну, взял его́ дово́льно кре́пко за́ руку и, посмотре́в ему́ при́стально в глаза́, попроси́л удали́ться, — потому́, приба́вил я, что княжна́ давно́ уж обеща́лась танцева́ть мазу́рку со мно́ю.

— Ну, не́чего де́лать!... в друго́й раз! — сказа́л он, засмея́вшись, и удалился к своим пристыжённым товарищам, которые тотчас увели его в другую комнату.

Я был вознаграждён глубоким, чудесным взглядом.

Княжна подошла к своей матери и рассказала ей всё; та отыскала меня в толпе и благодарила. Она объявила мне, что знала мою мать и была дружна с полдюжиной моих тётушек.

— Я не знаю, как случилось, что мы до сих пор с вами незнакомы, — прибавила она, — но признайтесь, вы этому одни виною: вы дичитесь всех так, что ни на что не похоже. Я надеюсь, что воздух моей гостиной разгонит ваш сплин... Не правда ли?

Я сказал ей одну из тех фраз, которые у всякого должны быть заготовлены на подобный случай.

Кадрили тянулись ужасно долго.

Наконец, с хор загремела мазурка; мы с княжной уселись.

Я не намекал ни разу ни о пьяном господине, ни о прежнем моём поведении, ни о Грушницком. Впечатление, произведённое на неё неприятною сценою, мало-помалу рассеялось; личико её расцвело; она шутила очень мило; её разговор был остёр, без притязания на остроту, жив и свободен; её замечания иногда глубоки... Я дал ей почувствовать очень запутанной фразой, что она мне давно нравится. Она наклонила головку и слегка покраснела.

— Вы странный человек! — сказала она потом, подняв на меня свои бархатные глаза и принуждённо засмеявшись.

— Я не хотел с вами знакомиться, — продолжал я, — потому что вас окружает слишком густая толпа поклонников, и я боялся в ней исчезнуть совершенно.

— Вы напрасно боялись! Они все прескучные...

— Все! Неужели все?

Она посмотрела на меня пристально, стараясь будто припомнить что-то, потом опять слегка покраснела и, наконец, произнесла решительно: *все!*

— Даже мой друг Грушницкий?

— А он ваш друг? — сказала она, показывая некоторое сомнение.

— Да.

— Он, конечно, не входит в разряд скучных...

— Но в разряд несчастных, — сказал я, смеясь.

— Конечно! А вам смешно? Я б желала, чтоб вы были на его месте...

— Что ж? я был сам некогда юнкером, и, право, это самое лучшее время моей жизни!

— А разве он юнкер?... — сказала она быстро и потом прибавила: — А я думала...

— Что вы думали?...

— Ничего!... Кто эта дама?

Тут разговор переменил направление и к этому уж более не возвращался.

Вот мазурка кончилась, и мы распростились — до свидания. Дамы разъехались... Я пошёл ужинать и встретил Вернера.

— А-га! — сказал он, — так-то вы! А ещё хотели не иначе знакомиться с княжной, как спасши её от верной смерти.

— Я сделал лучше, — отвечал я ему, — спас её от обморока на бале!...

— Как это? Расскажите!...

— Нет, отгадайте, — о вы, отгадывающий всё на свете!

Около семи часов вечера я гулял на бульваре. Грушницкий, увидев меня издали, подошёл ко мне: какой-то смешной восторг блистал в его глазах. Он крепко пожал мне руку и сказал трагическим голосом:

— Благодарю тебя, Печорин... Ты понимаешь меня?...

— Нет; но во всяком случае не стоит благодарности, — отвечал я, не имея точно на совести никакого благодеяния.

— Как? А вчера? ты разве забыл?... Мери мне всё рассказала...

— А что? разве у вас уж нынче всё общее? и благодарность?...

— Послушай, — сказал Грушницкий очень важно, — пожалуйста, не подшучивай над моей любовью, если хочешь остаться моим приятелем... Видишь: я её люблю до безумия... и я думаю, я надеюсь, она также меня любит... У меня есть до тебя просьба: ты будешь нынче у них вечером; обещай мне замечать всё: я знаю, ты опытен в этих вещах, ты лучше меня знаешь женщин... Женщины! женщины! кто их поймёт? Их улыбки противоречат их взорам, их слова обещают и манят, а звук их голоса отталкивает... То они в минуту постигают и угадывают самую потаённую нашу мысль, то не понимают самых ясных намёков... Вот хоть княжна: вчера её глаза пылали страстью, останавливаясь на мне, нынче они тусклы и холодны...

— Это, может быть, следствие действия вод, — отвечал я.

— Ты во всём видишь худую сторону... материалист! — прибавил он презрительно. — Впрочем, переменим материю, — и, довольный плохим каламбуром, он развеселился.

В девятом часу мы вместе пошли к княгине.

Проходя мимо окон Веры, я видел её у окна. Мы кинули друг другу беглый взгляд. Она вскоре после нас вошла в гостиную Лиговских. Княгиня меня ей представила, как своей родственнице. Пили чай; гостей было много; разговор был общий. Я старался понравиться княгине, шутил, заставлял её несколько раз смеяться от души; княжне также не раз хотелось похохотать, но она удерживалась, чтоб не выйти из принятой роли: она находит, что томность к ней идёт, — и, может быть, не ошибается. Грушницкий, кажется, очень рад, что моя весёлость её не заражает.

После чая все пошли в залу.

— Довольна ль ты моим послушанием, Вера? — сказал я, проходя мимо её.

Она мне кинула взгляд, исполненный любви и благодарности. Я привык к этим взглядам; но некогда они составляли моё блаженство. Княгиня усадила дочь за фортепьяно; все просили её спеть что-нибудь, — я молчал и, пользуясь суматохой, отошёл к окну с Верой, которая мне хотела сказать что-то очень важное для нас обоих... Вышло — вздор...

Между тем княжне моё равнодушие было досадно, как я мог догадаться по одному сердитому, блестящему взгляду... О, я удивительно понимаю этот разговор, немой, но выразительный, краткий, но сильный!...

Она запела: её голос недурён, но поёт она плохо... впрочем, я не слушал. Зато Грушницкий, облокотясь на рояль против неё, пожира́л её глаза́ми и помину́тно говори́л вполго́лоса: «charmant! délicieux!»

— Послу́шай, — говори́ла мне Ве́ра, — я не хочу́, чтоб ты знако́мился с мои́м му́жем, но ты до́лжен непреме́нно понра́виться княги́не; тебе́ э́то легко́: ты мо́жешь всё, что захо́чешь. Мы здесь то́лько бу́дем ви́деться...

— То́лько?...

Она́ покрасне́ла и продолжа́ла:

— Ты зна́ешь, что я твоя́ раба́; я никогда́ не уме́ла тебе́ проти́виться... и я бу́ду за э́то нака́зана: ты меня́ разлю́бишь! По кра́йней ме́ре я хочу́ сбере́чь свою́ репута́цию... не для себя́: ты э́то зна́ешь о́чень хорошо́!... О, я прошу́ тебя́: не мучь меня́ по-пре́жнему пусты́ми сомне́ньями и притво́рной хо́лодностью: я, мо́жет быть, ско́ро умру́, я чу́вствую, что слабе́ю со дня на́ день... и, несмотря́ на э́то, я не могу́ ду́мать о бу́дущей жи́зни, я ду́маю то́лько о тебе́... Вы, мужчи́ны, не понима́ете наслажде́ний взо́ра, пожа́тия руки́... а я, кляну́сь тебе́, я, прислу́шиваясь к твоему́ го́лосу, чу́вствую тако́е глубо́кое, стра́нное блаже́нство, что са́мые жа́ркие поцелу́и не мо́гут замени́ть его́.

Ме́жду тем княжна́ Ме́ри переста́ла петь. Ро́пот похва́л разда́лся вокру́г неё; я подошёл к ней по́сле всех и сказа́л ей что́-то насчёт её го́лоса дово́льно небре́жно.

Она́ сде́лала грима́ску, вы́двинув ни́жнюю губу́, и присе́ла о́чень насме́шливо.

— Мне э́то тем бо́лее ле́стно, — сказа́ла она́, — что вы меня́ во́все не слу́шали; но вы, мо́жет быть, не лю́бите му́зыки?...

— Напро́тив... по́сле обе́да осо́бенно.

— Грушни́цкий прав, говоря́, что у вас са́мые прозаи́ческие вку́сы... и я ви́жу, что вы лю́бите му́зыку в гастрономи́ческом отноше́нии...

— Вы ошиба́етесь опя́ть: я во́все не гастроно́м: у меня́ прескве́рный желу́док. Но му́зыка по́сле обе́да усыпля́ет, а спать по́сле обе́да здоро́во: сле́довательно, я люблю́ му́зыку в медици́нском отноше́нии. Ве́чером же она́, напро́тив, сли́шком раздража́ет мои́ не́рвы: мне де́лается и́ли сли́шком гру́стно, и́ли сли́шком ве́село. То и друго́е утоми́тельно, когда́ нет положи́тельной причи́ны грусти́ть и́ли ра́доваться, и прито́м грусть в обществе смешна, а слишком большая весёлость неприлична...

Она не дослушала, отошла прочь, села возле Грушницкого, и между ними начался какой-то сентиментальный разговор: кажется, княжна отвечала на его мудрые фразы довольно рассеянно и неудачно, хотя старалась показать, что слушает его со вниманием, потому что он иногда смотрел на неё с удивлением, стараясь угадать причину внутреннего волнения, изображавшегося иногда в её беспокойном взгляде...

Но я вас отгадал, милая княжна, берегитесь! Вы хотите мне отплатить тою же монетою, кольнуть моё самолюбие, – вам не удастся! и если вы мне объявите войну, то я буду беспощаден.

В продолжении вечера я несколько раз нарочно старался вмешаться в их разговор, но она довольно сухо встречала мои замечания, и я с притворною досадой, наконец, удалился. Княжна торжествовала; Грушницкий тоже. Торжествуйте, друзья мои, торопитесь... вам недолго торжествовать!... Как быть? у меня есть предчувствие... Знакомясь с женщиной, я всегда безошибочно отгадывал, будет ли она меня любить или нет...

Остальную часть вечера я провёл возле Веры и досыта наговорился о старине... За что она меня так любит, право, не знаю! Тем более, что это одна женщина, которая меня поняла совершенно, со всеми моими мелкими слабостями, дурными страстями... Неужели зло так привлекательно?...

Мы вышли вместе с Грушницким; на улице он взял меня под руку и после долгого молчания сказал:

— Ну, что?

«Ты глуп», — хотел я ему ответить, но удержался и только пожал плечами.

29-го мая

Все эти дни я ни разу не отступил от своей системы. Княжне начинает нравиться мой разговор; я рассказал ей некоторые из странных случаев моей жизни, и она начинает видеть во мне человека необыкновенного. Я смеюсь над всем на свете, особенно над чувствами: это начинает её пугать. Она при мне не смеет пускаться с Грушницким в сентиментальные прения и уже несколько раз отвечала на его выходки насмешливой улыбкой, но я всякий раз, как Грушницкий подходит к ней, принимаю смиренный вид и оставляю их вдвоём; в первый раз была она этому рада, или старалась показать; во второй рассердилась на меня; в третий — на Грушницкого.

— У вас очень мало самолюбия! — сказала она мне вчера. — Отчего вы думаете, что мне веселее с Грушницким?

Я отвечал, что жертвую счастию приятеля своим удовольствием...

— И моим, — прибавила она.

Я пристально посмотрел на неё и принял серьёзный вид. Потом целый день не говорил с ней ни слова... Вечером она была задумчива, нынче поутру у колодца ещё задумчивее. Когда я подошёл к ней, она рассеянно слушала Грушницкого, который, кажется, восхищался природой, но только что завидела меня, она стала хохотать (очень некстати), показывая, будто меня не примечает. Я отошёл подальше и украдкой стал наблюдать за ней: она отвернулась от своего собеседника и зевнула два раза. Решительно, Грушницкий ей надоел. Ещё два дня не буду с ней говорить.

3-го июня

Я часто себя спрашиваю, зачем я так упорно добиваюсь любви молоденькой девочки, которую обольстить я не хочу и на которой никогда не женюсь? К чему это женское кокетство? Вера меня любит больше, чем княжна Мери будет любить когда-нибудь; если б она мне казалась непобедимой красавицей, то, может быть, я бы завлёкся трудностью предприятия...

Но ничуть не бывало! Следовательно, это не та беспокойная потребность любви, которая нас мучит в первые годы молодости, бросает нас от одной женщины к другой, пока мы найдём такую, которая нас терпеть не может: тут начинается наше постоянство — истинная бесконечная страсть, которую математически можно выразить линией, падающей из точки в пространство; секрет этой бесконечности — только в невозможности достигнуть цели, то есть конца.

Из чего же я хлопочу? Из зависти к Грушницкому? Бедняжка! он вовсе её не заслуживает. Или это следствие того скверного, но непобедимого чувства, которое заставляет нас уничтожать сладкие заблуждения ближнего, чтоб иметь мелкое удовольствие сказать ему, когда он в отчаянии будет спрашивать, чему он должен верить:

— Мой друг, со мною было то же самое! и ты видишь, однако, я обедаю, ужинаю и сплю преспокойно и, надеюсь, сумею умереть без крика и слёз!

А ведь есть необъятное наслаждение в обладании молодой, едва распустившейся души! Она как цветок, которого лучший аромат испаряется навстречу первому лучу солнца; его надо сорвать в эту минуту и, подышав им досыта, бросить на дороге: авось кто-нибудь поднимет! Я чувствую в себе эту ненасытную жадность, поглощающую всё, что встречается на пути; я смотрю на страдания и радости других только в отношении к себе, как на пищу, поддерживающую мои душевные силы. Сам я больше не способен безумствовать под влиянием страсти; честолюбие у меня подавлено обстоятельствами, но оно проявилось в другом виде, ибо честолюбие есть не что иное, как жажда власти, а первое моё удовольствие — подчинять моей воле всё, что меня окружает; возбуждать к себе чувство любви, преданности и страха — не есть ли первый признак и величайшее торжество власти? Быть для кого-нибудь причиною страданий и радостей, не имея на то никакого положительного права, — не самая ли это сладкая пища нашей гордости? А что такое счастие? Насыщенная гордость. Если б я почитал себя лучше, могущественнее всех на свете, я был бы счастлив; если б все меня любили, я в себе нашёл бы бесконечные источники любви. Зло порождает зло: первое страдание даёт понятие о удовольствии мучить другого; идея зла не может войти в голову человека без того, чтоб он не захотел приложить её к действительности: идеи — создания органические, сказал кто-то: их рождение даёт уже им форму, и эта форма есть действие; тот, в чьей голове родилось больше идей, тот больше других действует; от этого гений, прикованный к чиновническому столу, должен умереть или сойти с ума, точно так же, как человек с могучим телосложением, при

сидя́чей жи́зни и скро́мном поведе́нии, умира́ет от апоплекси́-
ческого уда́ра.

Стра́сти не что ино́е, как иде́и при пе́рвом своём разви́тии:
они́ принадле́жность ю́ности се́рдца, и глупе́ц тот, кто ду́мает
це́лую жизнь и́ми волнова́ться: мно́гие споко́йные ре́ки начи-
на́ются шу́мными водопа́дами, а ни одна́ не ска́чет и не пе́нится
до са́мого мо́ря. Но э́то споко́йствие ча́сто при́знак вели́кой,
хотя́ скры́той си́лы; полнота́ и глубина́ чувств и мы́слей не до-
пуска́ет бе́шеных поры́вов: душа́, страда́я и наслажда́ясь, даёт
во всём себе́ стро́гий отчёт и убежда́ется в том, что так до́лжно;
она́ зна́ет, что без гроз постоя́нный зной со́лнца её иссу́шит;
она́ проника́ется свое́й со́бственной жи́знью, — леле́ет и на-
ка́зывает себя́, как люби́мого ребёнка. То́лько в э́том вы́с-
шем состоя́нии самопозна́ния челове́к мо́жет оцени́ть правосу́-
дие Бо́жие.

Перечи́тывая э́ту страни́цу, я замеча́ю, что далеко́ отвлёкся
от своего́ предме́та... Но что за нужда́?... Ведь э́тот жур-
на́л пишу́ я для себя́, и, сле́довательно, всё, что я в него́ ни бро́шу,
бу́дет со вре́менем для меня́ драгоце́нным воспомина́нием.

. . . .

Пришёл Грушни́цкий и бро́сился мне на ше́ю, — он произ-
ведён в офице́ры. Мы вы́пили шампа́нского. До́ктор Ве́рнер
вошёл вслед за ним.

— Я вас не поздравля́ю, — сказа́л он Грушни́цкому.

— Отчего́?

— Оттого́, что солда́тская шине́ль к вам о́чень идёт, и при-
зна́йтесь, что арме́йский пехо́тный мунди́р, сши́тый здесь, на
во́дах, не прида́ст вам ничего́ интере́сного... Ви́дите ли, вы до
сих пор бы́ли исключе́нием, а тепе́рь подойдёте под о́бщее пра́-
вило.

— Толку́йте, толку́йте, до́ктор! вы мне не помеша́ете ра́до-
ваться. Он не зна́ет, — приба́вил Грушни́цкий мне на́ ухо, —
ско́лько наде́жд прида́ли мне э́ти эполе́ты... О, эполе́ты, эполе́-
ты! ва́ши звёздочки, путеводи́тельные звёздочки... Нет! я те-
пе́рь соверше́нно сча́стлив.

— Ты идёшь с на́ми гуля́ть к прова́лу? — спроси́л я его́.

— Я? ни за что не покажу́сь княжне́, пока́ не гото́в бу́дет
мунди́р.

— Прика́жешь ей объяви́ть о твое́й ра́дости?...

— Нет, пожа́луйста, не говори́... Я хочу́ её удиви́ть...

— Скажи́ мне, одна́ко, как твои́ дела́ с не́ю?

Он смути́лся и заду́мался: ему́ хоте́лось похва́статься, со-
лга́ть — и бы́ло со́вестно, а вме́сте с э́тим бы́ло сты́дно при-
зна́ться в и́стине.

— Как ты ду́маешь, лю́бит ли она́ тебя́?

— Лю́бит ли? Поми́луй, Печо́рин, каки́е у тебя́ поня́тия!...
как мо́жно так ско́ро?... Да е́сли да́же она́ и лю́бит, то поря́доч-
ная же́нщина э́того не ска́жет...

— Хорошо́! И, вероя́тно, по-тво́ему, поря́дочный челове́к
до́лжен то́же молча́ть о свое́й стра́сти?...

— Эх, бра́тец! на всё есть мане́ра; мно́гое не говори́тся, а
отга́дывается...

— Это пра́вда... То́лько любо́вь, кото́рую мы чита́ем в гла-
за́х, ни к чему́ же́нщину не обя́зывает, тогда́ как слова́... Бе-
реги́сь, Грушни́цкий, она́ тебя́ надува́ет...

— Она́?... — отвеча́л он, подня́в глаза́ к не́бу и самодово́льно
улыбну́вшись, — мне жаль тебя́, Печо́рин!...

Он ушёл.

Ве́чером многочи́сленное о́бщество отпра́вилось пешко́м к
прова́лу.

По мне́нию зде́шних учёных, э́тот прова́л не что ино́е, как
уга́сший кра́тер, он нахо́дится на отло́гости Машука́, в версте́
от го́рода. К нему́ ведёт у́зкая тропи́нка ме́жду куста́рников и
скал; взбира́ясь на го́ру, я по́дал ру́ку княжне́, и она́ её не по-
кида́ла в продолже́ние це́лой прогу́лки.

Разгово́р наш начался́ злосло́вием: я стал перебира́ть при-
су́ствующих и отсу́тсвующих на́ших знако́мых, снача́ла вы-
ка́зывал смешны́е, а по́сле дурны́е их сто́роны. Жёлчь моя́
взволнова́лась. Я на́чал шутя́ — и ко́нчил и́скренней зло́стью.
Спе́рва э́то её забавля́ло, а пото́м испуга́ло.

— Вы опа́сный челове́к! — сказа́ла она́ мне, — я бы лу́чше
жела́ла попа́сться в лесу́ под нож уби́йцы, чем вам на язы-
чо́к... Я вас прошу́ не шутя́: когда́ вам взду́мается обо мне го-
вори́ть ду́рно, возьми́те лу́чше нож и заре́жьте меня́, — я ду́-
маю, э́то вам не бу́дет о́чень тру́дно.

— Ра́зве я похо́ж на уби́йцу?...

— Вы хуже...

Я задумался на минуту и потом сказал, приняв глубоко тронутый вид:

— Да, такова была моя участь с самого детства! Все читали на моём лице признаки дурных свойств, которых не было; но их предполагали — и они родились. Я был скромен — меня обвиняли в лукавстве: я стал скрытен. Я глубоко чувствовал добро и зло; никто меня не ласкал, все оскорбляли: я стал злопамятен; я был угрюм, — другие дети веселы и болтливы; я чувствовал себя выше их, — меня ставили ниже. Я сделался завистлив. Я был готов любить весь мир, — меня никто не понял: и я выучился ненавидеть. Моя бесцветная молодость протекла в борьбе с собой и светом; лучшие мои чувства, боясь насмешки, я хоронил в глубине сердца: они там и умерли. Я говорил правду — мне не верили: я начал обманывать; узнав хорошо свет и пружины общества, я стал искусен в науке жизни и видел, как другие без искусства счастливы, пользуясь даром теми выгодами, которых я так неутомимо добивался. И тогда в груди моей родилось отчаяние — не то отчаяние, которое лечат дулом пистолета, но холодное, бессильное отчаяние, прикрытое любезностью и добродушной улыбкой. Я сделался нравственным калекой: одна половина души моей не существовала, она высохла, испарилась, умерла, я её отрезал и бросил, — тогда как другая шевелилась и жила к услугам каждого, и этого никто не заметил, потому что никто не знал о существовании погибшей её половины; но вы теперь во мне разбудили воспоминание о ней, и я вам прочёл её эпитафию. Многим все вообще эпитафии кажутся смешными, но мне нет, особенно когда вспомню о том, что под ними покоится. Впрочем, я не прошу вас разделять моё мнение: если моя выходка вам кажется смешна — пожалуйста, смейтесь: предупреждаю вас, что это меня не огорчит нимало.

В эту минуту я встретил её глаза: в них бегали слёзы; рука её, опираясь на мою, дрожала; щёки пылали; ей было жаль меня! Сострадание — чувство, которому покоряются так легко все женщины, впустило свои когти в её неопытное сердце. Во всё время прогулки она была рассеянна, ни с кем не кокетничала, — а это великий признак!

Мы пришли к провалу; дамы оставили своих кавалеров, но она не покидала руки моей. Остроты здешних денди её не смешили; крутизна обрыва, у которого она стояла, её не пугала, тогда как другие барышни пищали и закрывали глаза.

На возвратном пути я не возобновлял нашего печального разговора; но на пустые мои вопросы и шутки она отвечала коротко и рассеянно.

— Любили ли вы? — спросил я её, наконец.

Она посмотрела на меня пристально, покачала головой — и опять впала в задумчивость: явно было, что ей хотелось что-то сказать, но она не знала, с чего начать, её грудь волновалась... Как быть! кисейный рукав слабая защита, и электрическая искра пробежала из моей руки в её руку; все почти страсти начинаются так, и мы часто себя очень обманываем, думая, что нас женщина любит за наши физические или нравственные достоинства; конечно, они приготовляют, располагают её сердце к принятию священного огня, а всё-таки первое прикосновение решает дело.

— Не правда ли, я была очень любезна сегодня? — сказала мне княжна с принуждённой улыбкой, когда мы возвратились с гулянья.

Мы расстались.

Она недовольна собой; она себя обвиняет в холодности... О, это первое, главное торжество! Завтра она захочет вознаградить меня. Я всё это уж знаю наизусть — вот что скучно!

4-го июня

Нынче я видел Веру. Она замучила меня своею ревностью. Княжна вздумала, кажется, ей поверять свои сердечные тайны: надо признаться, удачный выбор!

— Я отгадываю, к чему всё это клонится, — говорила мне Вера, — лучше скажи мне просто теперь, что ты её любишь.

— Но если я её не люблю?

— То зачем же её преследовать, тревожить, волновать её воображение?... О, я тебя хорошо знаю! Послушай, если ты хочешь, чтоб я тебе верила, то приезжай через неделю в Кисловодск; послезавтра мы переезжаем туда. Княгиня остаётся здесь дольше. Найми квартиру рядом; мы будем жить в большом доме близ источника, в мезонине; внизу княгиня Лиговская, а рядом есть дом того же хозяина, который ещё не занят... Приедешь?...

Я обещал — и тот же день послал занять эту квартиру.

Грушницкий пришёл ко мне в шесть часов вечера и объявил, что завтра будет готов его мундир, как раз к балу.

— Наконец я буду с нею танцевать целый вечер... Вот наговорюсь! — прибавил он.

— Когда же бал?

— Да завтра! Разве не знаешь? Большой праздник, и здешнее начальство взялось его устроить...

— Пойдём на бульвар...

— Ни за что, в этой гадкой шинели...

— Как, ты её разлюбил?...

Я ушёл один и, встретив княжну Мери, позвал её на мазурку. Она казалась удивлена и обрадована.

— Я думала, что вы танцуете только по необходимости, как прошлый раз, — сказала она, очень мило улыбаясь...

Она кажется, вовсе не замечает отсутствия Грушницкого.

— Вы будете завтра приятно удивлены, — сказал я ей.

— Чем?...

— Это секрет... на бале вы сами догадаетесь.

Я окончил вечер у княгини; гостей не было, кроме Веры и одного презабавного старичка. Я был в духе, импровизировал разные необыкновенные истории; княжна сидела против меня и слушала мой вздор с таким глубоким, напряжённым, даже нежным вниманием. что мне стало совестно. Куда девалась её живость, её кокетство, её капризы, её дерзкая мина, презрительная улыбка, рассеянный взгляд?...

Вера всё это заметила: на её болезненном лице изображалась глубокая грусть; она сидела в тени у окна, погружась в широкие кресла... Мне стало жаль её...

Тогда я рассказал всю драматическую историю нашего знакомства с нею, нашей любви, — разумеется, прикрыв всё это вымышленными именами.

Я так живо изобразил мою нежность, мои беспокойства. восторги; я в таком выгодном свете выставил её поступки,

96

характер, что она поневоле должна была простить мне моё кокетство с княжной.

Она встала, подсела к нам, оживилась... и мы только в два часа ночи вспомнили, что доктора велят ложиться спать в одиннадцать.

5-го июня

За полчаса до бала явился ко мне Грушницкий в полном сиянии армейского пехотного мундира. К третьей пуговице пристёгнута была бронзовая цепочка, на которой висел двойной лорнет; эполеты неимоверной величины были загнуты кверху, в виде крылышек амура; сапоги его скрипели; в левой руке держал он коричневые лайковые перчатки и фуражку, а правою взбивал ежеминутно в мелкие кудри завитой хохол. Самодовольствие и вместе некоторая неуверенность изображались на его лице; его праздничная наружность, его гордая походка заставили бы меня расхохотаться, если б это было согласно с моими намерениями.

Он бросил фуражку с перчатками на стол и начал обтягивать фалды и поправляться перед зеркалом; чёрный огромный платок, навёрнутый на высочайший подгалстушник, которого щетина поддерживала его подбородок, высовывался на полвершка из-за воротника; ему показалось мало; он вытащил его кверху до ушей; от этой трудной работы — ибо воротник мундира был очень узок и беспокоен, — лицо его налилось кровью.

— Ты, говорят, эти дни ужасно волочился за моей княжной? — сказал он довольно небрежно и не глядя на меня.

— Где нам, дуракам, чай пить! — отвечал я ему, повторяя любимую поговорку одного из самых ловких повес прошлого времени, воспетого некогда Пушкиным.

— Скажи-ка, хорошо на мне сидит мундир?... Ох, проклятый жид!... как под мышками режет!... Нет ли у тебя духов?

— Помилуй, чего тебе ещё? от тебя и так уж несёт розовой помадой...

— Ничего. Дай-ка сюда...

Он налил себе полсклянки за галстук, в носовой платок, на рукава.

— Ты бу́дешь танцева́ть? — спроси́л он.

— Не ду́маю.

— Я бою́сь, что мне с княжно́й придётся начина́ть мазу́р-
ку, — я не зна́ю почти́ ни одно́й фигу́ры...

— А ты звал её на мазу́рку?

— Нет ещё...

— Смотри́, чтоб тебя́ не предупреди́ли...

— В са́мом де́ле? — сказа́л он, уда́рив себя́ по́ лбу. —
Проща́й... пойду́ дожида́ться её у подъе́зда. — Он схвати́л фу-
ра́жку и побежа́л.

Че́рез полчаса́ и я отпра́вился. На у́лице бы́ло темно́ и пу́-
сто; вокру́г собра́ния и́ли тракти́ра, как уго́дно, тесни́лся
наро́д; о́кна его́ свети́лись; зву́ки полково́й му́зыки доноси́л ко
мне вече́рний ве́тер. Я шёл ме́дленно; мне бы́ло гру́стно... Не-
уже́ли, ду́мал я, моё еди́нственное назначе́ние на земле́ — раз-
руша́ть чужи́е наде́жды? С тех пор как я живу́ и де́йствую,
судьба́ ка́к-то всегда́ приводи́ла меня́ к развя́зке чужи́х драм,
как бу́дто без меня́ никто́ не мог бы ни умере́ть, ни прийти́ в
отча́яние! Я был необходи́мое лицо́ пя́того а́кта; нево́льно я
разы́грывал жа́лкую роль палача́ и́ли преда́теля. Каку́ю цель
име́ла на э́то судьба́?... Уж не назна́чен ли я е́ю в сочини́тели
меща́нских траге́дий и семе́йных рома́нов — и́ли в сотру́дники
поставщику́ повесте́й, наприме́р, для «Библиоте́ки для чте́-
ния»?... Почему́ знать?... Ма́ло ли люде́й, начина́я жизнь, ду́-
мают ко́нчить её, как Алекса́ндр Вели́кий и́ли лорд Ба́йрон, а
ме́жду тем це́лый век остаю́тся титуля́рными сове́тниками?...

Войдя́ в за́лу, я спря́тался в толпе́ мужчи́н и на́чал де́лать
свои́ наблюде́ния. Грушни́цкий стоя́л во́зле княжны́ и что́-то
говори́л с больши́м жа́ром; она́ его́ рассе́янно слу́шала, смо-
тре́ла по сторона́м, приложи́в ве́ер к гу́бкам; на лице́ её изо-
бража́лось нетерпе́ние, глаза́ её иска́ли круго́м кого́-то; я ти-
хо́нько подошёл сза́ди, чтоб подслу́шать их разгово́р.

— Вы меня́ му́чите, княжна́! — говори́л Грушни́цкий, — вы
ужа́сно перемени́лись с тех пор, как я вас не вида́л...

— Вы та́кже перемени́лись, — отвеча́ла она́, бро́сив на него́
бы́стрый взгляд, в кото́ром он не уме́л разобра́ть та́йной нас-
ме́шки.

— Я? я перемени́лся?... О, никогда́! Вы зна́ете, что э́то невозмо́жно! Кто ви́дел вас одна́жды, тот наве́ки унесёт с собо́ю ваш Боже́ственный о́браз.

— Переста́ньте...

— Отчего́ же вы тепе́рь не хоти́те слу́шать того́, чему́ ещё неда́вно, и так ча́сто, внима́ли благоскло́нно?...

— Потому́ что я не люблю́ повторе́ний, — отвеча́ла она́, смея́сь...

— О, я го́рько оши́бся!... Я ду́мал, безу́мный, что по кра́йней ме́ре э́ти эполе́ты даду́т мне пра́во наде́яться... Нет, лу́чше бы мне век оста́ться в э́той презре́нной солда́тской шине́ли, кото́рой, мо́жет быть, я обя́зан ва́шим внима́нием...

— В са́мом де́ле, вам шине́ль гора́здо бо́лее к лицу́...

В э́то вре́мя я подошёл и поклони́лся княжне́; она́ немно́жко покрасне́ла и бы́стро проговори́ла:

— Не пра́вда ли, мсье Печо́рин, что се́рая шине́ль гора́здо бо́льше идёт к мсье Грушни́цкому?...

— Я с ва́ми не согла́сен, — отвеча́л я, — в мунди́ре он ещё моложа́вее.

Грушни́цкий не вы́нес э́того уда́ра: как все ма́льчики, он име́ет прете́нзию быть старико́м; он ду́мает, что на его́ лице́ глубо́кие следы́ страсте́й заменя́ют отпеча́ток лет. Он на меня́ бро́сил бе́шеный взгляд, то́пнул ного́ю и отошёл прочь.

— А призна́йтесь, — сказа́л я княжне́, — что хотя́ он всегда́ был о́чень смешо́н, но ещё неда́вно он вам каза́лся интере́сен... в се́рой шине́ли?...

Она́ поту́пила глаза́ и не отвеча́ла.

Грушни́цкий це́лый ве́чер пресле́довал княжну́, танцева́л и́ли с не́ю, и́ли vis-à-vis; он пожира́л её глаза́ми, вздыха́л и надоеда́л ей мольба́ми и упрёками. По́сле тре́тьей кадри́ли она́ его́ уж ненави́дела.

— Я э́того не ожида́л от тебя́, — сказа́л он, подойдя́ ко мне и взяв меня́ за́ руку.

— Чего́?

— Ты с не́ю танцу́ешь мазу́рку? — спроси́л он торже́ственным го́лосом. — Она́ мне призна́лась...

— Ну, так что ж?... А ра́зве э́то секре́т?

— Разуме́ется... Я до́лжен был э́того ожида́ть от девчо́нки... от коке́тки... Уж я отомщу́!

99

— Пеня́й на свою́ шине́ль и́ли на свои́ эполе́ты, а заче́м же обвиня́ть её? Чем она́ винова́та, что ты ей бо́льше не нра́вишься?...

— Заче́м же подава́ть наде́жды?

— Заче́м же ты наде́ялся? Жела́ть и добива́ться чего́-нибудь — понима́ю, а кто ж наде́ется?

— Ты вы́играл пари́ — то́лько не совсе́м, — сказа́л он, зло́бно улыба́ясь.

Мазу́рка начала́сь. Грушни́цкий выбира́л одну́ то́лько княжну́, други́е кавале́ры помину́тно её выбира́ли: э́то я́вно был за́говор про́тив меня́; тем лу́чше: ей хо́чется говори́ть со мно́ю, ей меша́ют, — ей захо́чется вдво́е бо́лее.

Я ра́за два пожа́л её ру́ку; во второ́й раз она́ её вы́дернула, не говоря́ ни сло́ва.

— Я ду́рно бу́ду спать э́ту ночь, — сказа́ла она́ мне, когда́ мазу́рка ко́нчилась.

— Э́тому винова́т Грушни́цкий.

— О, нет! — И лицо́ её ста́ло так заду́мчиво, так гру́стно, что я дал себе́ сло́во в э́тот ве́чер непреме́нно поцелова́ть её ру́ку.

Ста́ли разъезжа́ться. Сажа́я княжну́ в каре́ту, я бы́стро прижа́л её ма́ленькую ру́чку к губа́м свои́м. Бы́ло темно́, и никто́ не мог э́того ви́деть.

Я возврати́лся в за́лу о́чень дово́лен собо́ю.

За больши́м столо́м у́жинала молодёжь, и ме́жду ни́ми Грушни́цкий. Когда́ я вошёл, все замолча́ли: ви́дно, говори́ли обо мне. Мно́гие с проше́дшего ба́ла на меня́ ду́ются, осо́бенно драгу́нский капита́н, а тепе́рь, ка́жется, реши́тельно составля́ется про́тив меня́ вражде́бная ша́йка под кома́ндой Грушни́цкого. У него́ тако́й го́рдый и хра́брый вид...

О́чень рад; я люблю́ враго́в, хотя́ не по-христиа́нски. Они́ меня́ забавля́ют, волну́ют мне кровь. Быть всегда́ на стра́же, лови́ть ка́ждый взгляд, значе́ние ка́ждого сло́ва, уга́дывать наме́рение, разруша́ть за́говоры, притворя́ться обма́нутым и вдруг одни́м толчко́м опроки́нуть всё огро́мное и многотру́дное зда́ние из хи́тростей и за́мыслов, — вот что я называ́ю жи́знью.

В продолже́ние у́жина Грушни́цкий шепта́лся и перемиги́вался с драгу́нским капита́ном.

Ны́нче поутру́ Ве́ра уе́хала с му́жем в Кисловодск. Я встре́-
тил их каре́ту, когда́ шёл к княги́не Лиговской. Она́ мне кив-
ну́ла головой: во взгля́де её был упрёк.

Кто ж винова́т? заче́м она́ не хо́чет дать мне слу́чай ви-
де́ться с не́ю наедине́? Любо́вь, как ого́нь, — без пи́щи га́снет.
Аво́сь ре́вность сде́лает то, чего́ не могли́ мои́ про́сьбы.

Я сиде́л у княги́ни би́тый час. Ме́ри не вы́шла, — больна́.
Ве́чером на бульва́ре её не́ было. Вновь соста́вившаяся ша́йка,
вооружённая лорне́тами, приняла́, в са́мом де́ле, гро́зный вид.
Я рад, что княжна́ больна́: они́ сде́лали бы ей каку́ю-нибудь
де́рзость. У Грушни́цкого растрёпанная причёска и отча́янный
вид; он, ка́жется, в са́мом де́ле огорчён, осо́бенно самолю́бие
его́ оскорблено́; но ведь есть же лю́ди, в кото́рых да́же отча́я-
ние заба́вно!..

Возвратя́сь домо́й, я заме́тил, что мне чего́-то недостаёт.
Я не вида́л ее! Она́ больна́! Уж не влюби́лся ли я в са́мом де́ле?...
Како́й вздор!

В оди́ннадцать часо́в утра́, — час, в кото́рый княги́ня Лигов-
ска́я обыкнове́нно поте́ет в Ермо́ловской ва́нне, — я шёл ми́мо
её до́ма. Княжна́ сиде́ла заду́мчиво у окна́; уви́дев меня́, вско-
чи́ла.

Я взошёл в пере́днюю; люде́й никого́ не́ было, и я без до-
кла́да, по́льзуясь свобо́дой зде́шних нра́вов, пробра́лся в го-
сти́ную.

Ту́склая бле́дность покрыва́ла ми́лое лицо́ княжны́. Она́
стоя́ла у фортепья́но, опёршись одно́й руко́й на спи́нку кре́-
сел: э́та рука́ чуть-чу́ть дрожа́ла; я ти́хо подошёл к ней и ска-
за́л:

— Вы на меня́ се́рдитесь?...

Она́ подняла́ на меня́ то́мный, глубо́кий взор и покача́ла
голово́й; её гу́бы хоте́ли проговори́ть что́-то — и не могли́;
глаза́ напо́лнились слеза́ми; она́ опусти́лась в кре́сла и закры́-
ла лицо́ рука́ми.

— Что с ва́ми? — сказа́л я, взяв её ру́ку.

— Вы меня́ не уважа́ете!... О! оста́вьте меня́!...

Я сделал несколько шагов... Она выпрямилась в креслах, глаза её засверкали...

Я остановился, взявшись за ручку двери, и сказал:

— Простите меня, княжна! Я поступил, как безумец... этого в другой раз не случится: я приму свои меры... Зачем вам знать то, что происходило до сих пор в душе моей? Вы этого никогда не узнаете, и тем лучше для вас. Прощайте.

Уходя, мне кажется, я слышал, что она плакала.

Я до вечера бродил пешком по окрестностям Машука, утомился ужасно и, пришедши домой, бросился на постель в совершенном изнеможении.

Ко мне зашёл Вернер.

— Правда, ли — спросил он, — что вы женитесь на княжне Лиговской?

— А что?

— Весь город говорит; все мои больные заняты этой важной новостью, а уж эти больные такой народ: всё знают!

«Это штуки Грушницкого!» — подумал я.

— Чтоб вам доказать, доктор, ложность этих слухов, объявляю вам по секрету, что завтра я переезжаю в Кисловодск...

— И княжна также?...

— Нет, она остаётся ещё на неделю здесь...

— Так вы не женитесь?...

— Доктор, доктор! посмотрите на меня: неужели я похож на жениха или на что-нибудь подобное?

— Я этого не говорю... Но вы знаете, есть случаи... — прибавил он, хитро улыбаясь, — в которых благородный человек обязан жениться, и есть маменьки, которые по крайней мере не предупреждают этих случаев... Итак, я вам советую, как приятель, быть осторожнее. Здесь, на водах, преопасный воздух: сколько я видел прекрасных молодых людей, достойных лучшей участи, и уезжавших отсюда прямо под венец... Даже, поверите ли, меня хотели женить! Именно одна уездная маменька, у которой дочь была очень бледна. Я имел несчастие сказать ей, что цвет лица возвратится после свадьбы; тогда она со слезами благодарности предложила мне руку своей дочери и всё своё состояние — пятьдесят душ, кажется. Но я отвечал, что я к этому не способен...

Вёрнер ушёл в полной уверенности, что он меня предостерёг.

Из слов его я заметил, что про меня и княжну уж распущены в городе разные дурные слухи: это Грушницкому даром не пройдёт!

10-го июня

Вот уж три дни, как я в Кисловодске. Каждый день **вижу** Веру у колодца и на гулянье. Утром, просыпаясь, сажусь у окна и навожу лорнет на её балкон; она давно уж одета и ждёт условного знака; мы встречаемся, будто нечаянно, в саду, который от наших домов спускается к колодцу. Живительный горный воздух возвратил ей цвет лица и силы. Недаром Нарзан называется богатырским ключом. Здешние жители утверждают, что воздух Кисловодска располагает к любви, что здесь бывают развязки всех романов, которые когда-либо начинались у подёшвы Машука. И в самом деле, здесь всё дышит уединением; здесь всё таинственно — и густые сени липовых аллей, склоняющихся над потоком, который с шумом и пеною, падая с плиты на плиту, прорезывает себе путь между зеленеющими горами, и ущелья, полные мглою и молчанием, которых ветви разбегаются отсюда во все стороны, и свежесть ароматического воздуха, отягощённого испарениями высоких южных трав и белой акации, и постоянный, сладостно-усыпительный шум студёных ручьёв, которые, встретясь в конце долины, бегут дружно взапуски и, наконец, кидаются в Подкумок. С этой стороны ущелье шире и превращается в зелёную лощину; по ней вьётся пыльная дорога. Всякий раз, как я на неё взгляну, мне всё кажется, что едет карета , а из окна кареты выглядывает розовое личико. Уж много карет проехало по этой дороге, — а той всё нет. Слободка, которая за крепостью, населилась; в ресторации, построенной на холме, в нескольких шагах от моей квартиры, начинают мелькать вечером огни сквозь двойной ряд тополей; шум и звон стаканов раздаются до поздней ночи.

Нигде так много не пьют кахетинского вина и минеральной воды, как здесь.

> Но смешивать два эти ремесла
> Есть тьма охотников — я не из их числа.

Грушни́цкий с свое́й ша́йкой бушу́ет ка́ждый день в трак-
ти́ре и со мной почти́ не кла́няется.

Он то́лько вчера́ прие́хал, а успе́л уже́ поссо́риться с тремя́
старика́ми, кото́рые хоте́ли пре́жде его́ сесть в ва́нну: реши́-
тельно — несча́стия развива́ют в нём во́инственный дух.

11-го ию́ня

Наконе́ц, они́ прие́хали. Я сиде́л у окна́, когда́ услы́шал
стук их каре́ты: у меня́ се́рдце вздро́гнуло... Что же э́то тако́е?
Неу́жто я влюблён?... Я так глу́по со́здан, что э́того мо́жно от
меня́ ожида́ть.

Я у них обе́дал. Княги́ня на меня́ смотре́ла о́чень не́жно и
не отхо́дит от до́чери... пло́хо! Зато́ Ве́ра ревну́ет меня́ к княж-
не́: доби́лся же я э́того благополу́чия! Чего́ же́нщина не сде́-
лает, чтоб огорчи́ть сопе́рницу? Я по́мню, одна́ меня́ полюби́ла
за то, что я люби́л другу́ю. Нет ничего́ парадокса́льнее же́н-
ского ума́: же́нщин тру́дно убеди́ть в чём-нибудь, на́до их до-
вести́ до того́, чтобы они́ убеди́ли себя́ са́ми; поря́док доказа́-
тельств, кото́рыми они́ уничтожа́ют свои́ предубежде́ния, о́чень
оригина́лен; чтобы вы́учиться их диале́ктике, на́до опроки́нуть
в уме́ своём все шко́льные пра́вила ло́гики. Наприме́р, спо́соб
обыкнове́нный:

Этот челове́к лю́бит меня́; но я за́мужем: сле́довательно, не
должна́ его́ люби́ть.

Спо́соб же́нский:

Я не должна́ его́ люби́ть, и́бо я за́мужем; но он меня́ лю́-
бит, — сле́довательно...

Тут не́сколько то́чек, и́бо рассу́док уж ничего́ не говори́т, а
говоря́т бо́льшею ча́стью: язы́к, глаза́ и вслед за ни́ми се́рдце,
е́сли о́ное име́ется.

Что, е́сли когда́-нибудь э́ти запи́ски попаду́тся на глаза́
же́нщине? «Клевета́!» — закричи́т она́ с негодова́нием.

С тех пор как поэ́ты пи́шут и же́нщины их чита́ют (за что
им глубоча́йшая благода́рность), их сто́лько раз называ́ли а́н-
гелами, что они́ в са́мом де́ле, в простоте́ душе́вной, пове́рили
э́тому комплиме́нту, забыва́я, что те же поэ́ты за де́ньги вели-
ча́ли Неро́на полубо́гом...

104

Некстати было бы мне говорить о них с такой злостью, — мне, который, кроме их, на свете ничего не любит, — мне, который всегда готов был им жертвовать спокойствием, честолюбием, жизнью... Но ведь я не в припадке досады и оскорблённого самолюбия стараюсь сдёрнуть с них то волшебное покрывало, сквозь которое лишь привычный взор проникает. Нет, всё, что я говорю о них, есть только следствие...

> Ума холодных наблюдений
> И сердца горестных замет.

Женщины должны бы желать, чтоб все мужчины их так же хорошо знали, как я, потому что я люблю их во сто раз больше с тех пор, как их не боюсь и постиг их мелкие слабости.

Кстати: Вернер намедни сравнил женщин с заколдованным лесом, о котором рассказывает Тасс в своём «Освобождённом Иерусалиме». «Только приступи, — говорил он, — на тебя полетят со всех сторон такие страхи, что Боже упаси: долг, гордость, приличие, общее мнение, насмешка, презрение... Надо только не смотреть, а идти прямо; мало-помалу чудовища исчезают, и открывается перед тобой тихая и светлая поляна, среди которой цветёт зелёный мирт. Зато беда, если на первых шагах сердце дрогнет и обернёшься назад!»

12-го июня

Сегодняшний вечер обилен происшествиями. Верстах в трёх от Кисловодска, в ущелье, где протекает Подкумок, есть скала, называемая *Кольцом;* это — ворота, образованные природой; они подымаются на высоком холме, и заходящее солнце сквозь них бросает на мир свой последний, пламенный взгляд. Многочисленная кавалькада отправилась туда посмотреть на закат солнца сквозь каменное окошко. Никто из нас, по правде сказать, не думал о солнце. Я ехал возле княжны; возвращаясь домой, надо было переезжать Подкумок вброд. Горные речки, самые мелкие, опасны, особенно тем, что дно их — совершенный калейдоскоп: каждый день от напора волн оно изменяется; где был вчера камень, там нынче яма. Я взял под уздцы лошадь княжны и свёл её в воду, которая не была вы-

ше колён; мы тихо́нько ста́ли подвига́ться на́искось про́тив
тече́ния. Изве́стно, что, переезжа́я бы́стрые ре́чки, не до́лжно
смотре́ть на во́ду, и́бо то́тчас голова́ закру́жится. Я забы́л об
э́том предвари́ть княжну́ Ме́ри.

Мы бы́ли уже́ на среди́не, в са́мой быстрине́, когда́ она́
вдруг на седле́ покачну́лась. «Мне ду́рно!» — проговори́ла она́
сла́бым го́лосом... Я бы́стро наклони́лся к ней, обви́л руко́ю её
ги́бкую та́лию.

«Смотри́те наве́рх! — шепну́л я ей, — э́то ничего́, то́лько не
бо́йтесь; я с ва́ми».

Ей ста́ло лу́чше; она́ хоте́ла освободи́ться от мое́й руки́, но
я ещё кре́пче обви́л её не́жный, мя́гкий стан: моя́ щека́ почти́
каса́лась её щеки́; от неё ве́яло пла́менем.

— Что вы со мно́ю де́лаете?... Бо́же мой!...

Я не обраща́л внима́ния на её тре́пет и смуще́ние, и гу́бы
мои́ косну́лись её не́жной щёчки; она́ вздро́гнула, но ничего́ не
сказа́ла; мы е́хали сза́ди: никто́ не вида́л. Когда́ мы вы́брались
на бе́рег, то все пусти́лись ры́сью. Княжна́ удержа́ла свою́
ло́шадь; я оста́лся во́зле неё; ви́дно бы́ло, что её беспоко́ило
моё молча́ние, но я покля́лся не говори́ть ни сло́ва — из любо-
пы́тства. Мне хоте́лось ви́деть, как она́ вы́путается из э́того
затрудни́тельного положе́ния.

— И́ли вы меня́ презира́ете, и́ли о́чень лю́бите! — сказа́-
ла она́, наконе́ц, го́лосом, в кото́ром бы́ли слёзы. — Мо́жет
быть, вы хоти́те посмея́ться надо мной, возмути́ть мою́ ду́шу
и пото́м оста́вить... Это бы́ло бы так по́дло, так ни́зко, что одно́
предположе́ние... О, нет! не пра́вда ли, — приба́вила она́ го́ло-
сом нежной дове́ренности, — не пра́вда ли, во мне нет ничего́
тако́го, что бы исключа́ло уваже́ние? Ваш де́рзкий посту́пок...
я должна́, я должна́ вам его́ прости́ть, потому́ что позво́лила...
Отвеча́йте, говори́те же, я хочу́ слы́шать ваш го́лос!... — В
после́дних слова́х бы́ло тако́е же́нское нетерпе́ние, что я не-
во́льно улыбну́лся; к сча́стию, начина́ло смерка́ться... Я ни-
чего́ не отвеча́л.

— Вы молчи́те? — продолжа́ла она́, — вы, мо́жет быть, хо-
ти́те, чтоб я пе́рвая вам сказа́ла, что я вас люблю́?...

Я молча́л...

— Хоти́те ли э́того? — продолжа́ла она́, бы́стро обратя́сь

ко мне... В реши́тельности её взо́ра и го́лоса бы́ло что́-то стра́ш-
ное...

— Заче́м? — отвеча́л я, пожа́в плеча́ми.

Она́ уда́рила хлысто́м свою́ ло́шадь и пусти́лась во весь
дух по у́зкой, опа́сной доро́ге; э́то произошло́ так ско́ро, что
я едва́ мог её догна́ть, и то, когда́ уж она́ присоедини́лась к
остально́му о́бществу. До са́мого до́ма она́ говори́ла и смея́лась
помину́тно. В её движе́ниях бы́ло что́-то лихора́дочное; на меня́
не взгляну́ла ни ра́зу. Все заме́тили э́ту необыкнове́нную весёлость. И княги́ня вну́тренно ра́довалась, гля́дя на свою́ до́чку;
а у до́чки про́сто нерви́ческий припа́док: она́ проведёт ночь без
сна и бу́дет пла́кать. Эта мысль мне доставля́ет необъя́тное
наслажде́ние: есть мину́ты, когда́ я понима́ю Вампи́ра... А
ещё слыву́ до́брым ма́лым и добива́юсь э́того назва́ния!

Сле́зши с лошаде́й, да́мы вошли́ к княги́не; я был взволно́-
ван и поскака́л в го́ры разве́ять мы́сли, толпи́вшиеся в голове́
мое́й. Роси́стый ве́чер дыша́л упои́тельной прохла́дой. Луна́
подыма́лась из-за тёмных верши́н. Ка́ждый шаг мое́й некова́н-
ной ло́шади глу́хо раздава́лся в молча́нии уще́лий; у водопа́да
я напои́л коня́, жа́дно вдохну́л в себя́ ра́за два све́жий во́здух
ю́жной но́чи и пусти́лся в обра́тный путь. Я е́хал через слобо́дку.
Огни́ начина́ли угаса́ть в о́кнах; часовы́е на валу́ кре́пости и
казаки́ на окре́стных пике́тах протя́жно переклика́лись...

В одно́м из домо́в слобо́дки, постро́енном на краю́ овра́га,
заме́тил я чрезвыча́йное освеще́ние; по времена́м раздава́лся
нестро́йный го́вор и кри́ки, изоблича́вшие вое́нную пиру́шку.
Я слез и подкра́лся к окну́; непло́тно притво́ренный ста́вень
позво́лил мне ви́деть пиру́ющих и рассл́ушать их слова́. Гово-
ри́ли обо мне.

Драгу́нский капита́н, разгорячённый вино́м, уда́рил по́ столу кулако́м, тре́буя внима́ния.

— Господа́! — сказа́л он, — э́то ни на что не похо́же. Пе-
чо́рина на́до проучи́ть! Эти петербу́ргские слётки всегда́ за-
зна́ются, пока́ их не уда́ришь по́ носу! Он ду́мает, что он то́ль-
ко оди́н и жил в све́те, оттого́ что но́сит всегда́ чи́стые перча́т-
ки и вы́чищенные сапоги́.

— И что за надме́нная улы́бка! А я уве́рен ме́жду тем, что
он трус, — да, трус!

107

— Я ду́маю то же, — сказа́л Грушни́цкий. — Он лю́бит от-
шу́чиваться. Я раз ему́ таки́х веще́й наговори́л, что друго́й бы
меня́ изруби́л на ме́сте, а Печо́рин всё обрати́л в смешну́ю
сто́рону. Я, разуме́ется, его́ не вы́звал, потому́ что э́то бы́ло
его́ де́ло; да не хоте́л и свя́зываться...

— Грушни́цкий на него́ зол за то, что он отби́л у него́ княж-
ну́, — сказа́л кто́-то.

— Вот ещё что взду́мали! Я, пра́вда, немно́жко волочи́лся
за княжно́й, да и то́тчас отста́л, потому́ что не хочу́ жени́ться,
а компромети́ровать де́вушку не в мои́х пра́вилах.

— Да я вас уверя́ю, что он перве́йший трус, то есть Печо́-
рин, а не Грушни́цкий, — а Грушни́цкий молоде́ц, и прито́м он
мой и́стинный друг! — сказа́л опя́ть драгу́нский капита́н. —
Господа́! никто́ здесь его́ не защища́ет? Никто́? тем лу́чше! Хо-
ти́те испыта́ть его́ хра́брость? Э́то нас позаба́вит...

— Хоти́м; то́лько как?

— А вот слу́шайте: Грушни́цкий на него́ осо́бенно серди́т —
ему́ пе́рвая роль! Он придерётся к како́й-нибудь глу́пости и
вы́зовет Печо́рина на дуэ́ль... Погоди́те; вот в э́том-то и шту́-
ка... Вы́зовет на дуэ́ль: хорошо́! Всё э́то — вы́зов, приготовле́-
ния, усло́вия — бу́дет как мо́жно торже́ственнее и ужа́снее, —
я за э́то беру́сь; я бу́ду твои́м секунда́нтом, мой бе́дный друг!
Хорошо́! То́лько вот где закорю́чка; в пистоле́ты мы не поло́-
жим пуль. Уж я вам отвеча́ю, что Печо́рин стру́сит — на шести́
шага́х их поста́влю, чёрт возьми́! Согла́сны ли, господа́?

— Сла́вно приду́мано! согла́сны! почему́ же нет? — разда-
ло́сь со всех сторо́н.

— А ты, Грушни́цкий?

Я с тре́петом ждал отве́та Грушни́цкого; холо́дная злость
овладе́ла мно́ю при мы́сли, что е́сли б не слу́чай, то я мог бы
сде́латься посме́шищем э́тих дурако́в. Е́сли б Грушни́цкий не
согласи́лся, я бро́сился б ему́ на ше́ю. Но по́сле не́которого
молча́ния он встал с своего́ ме́ста, протяну́л ру́ку капита́ну,
сказа́л о́чень ва́жно: «Хорошо́, я согла́сен».

Тру́дно описа́ть восто́рг всей честно́й компа́нии.

Я верну́лся домо́й, волну́емый двумя́ разли́чными чу́вства-
ми. Пе́рвое бы́ло грусть. «За что они́ все меня́ ненави́дят? —
ду́мал я. — За что? Оби́дел ли я кого́-нибудь? Нет. Неуже́ли

я принадлежу́ к числу́ тех люде́й, кото́рых оди́н вид уже́ по-
рожда́ет недоброжела́тельство?» И я чу́вствовал, что ядови́тая
злость ма́ло-пома́лу наполня́ла мою́ ду́шу. «Береги́тесь, госпо-
ди́н Грушни́цкий! — говори́л я, проха́живаясь взад и вперёд по
ко́мнате. — Со мной э́так не шу́тят. Вы до́рого мо́жете запла-
ти́ть за одобре́ние ва́ших глу́пых това́рищей. Я вам не игру́ш-
ка!...»

Я не спал всю ночь. К утру́ я был жёлт, как помера́нец.

Поутру́ я встре́тил княжну́ у коло́дца.

— Вы больны́? — сказа́ла она́, при́стально посмотре́в на
меня́.

— Я не спал ночь.

— И я та́кже... я вас обвиня́ла... мо́жет быть, напра́сно?
Но объясни́тесь, я могу́ вам прости́ть всё...

— Всё ли?...

— Всё... то́лько говори́те пра́вду... то́лько скоре́е... Ви́дите
ли, я мно́го ду́мала, стара́ясь объясни́ть, оправда́ть ва́ше пове-
де́ние; мо́жет быть, вы бои́тесь препя́тствий со стороны́ мои́х
родны́х... э́то ничего́... когда́ они́ узна́ют... (её го́лос задро-
жа́л) я их упрошу́. Или ва́ше со́бственное положе́ние... но зна́й-
те, что я всем могу́ пожертвовать для того́, кото́рого люблю́...
О, отвеча́йте скоре́е, сжа́льтесь... Вы меня́ не презира́ете, не
пра́вда ли?

Она́ схвати́ла меня́ за́ руку.

Княги́ня шла впереди́ нас с му́жем Ве́ры и ничего́ не вида́-
ла; но нас могли́ ви́деть гуля́ющие больны́е, са́мые любопы́т-
ные спле́тники из всех любопы́тных, и я бы́стро освободи́л свою́
ру́ку от её стра́стного пожа́тия.

— Я вам скажу́ всю и́стину, — отвеча́л я княжне́, — не бу́-
ду опра́вдываться, ни объясня́ть свои́х посту́пков; я вас не
люблю́.

Её гу́бы слегка́ побледне́ли...

— Оста́вьте меня́, — сказа́ла она́. едва́ вня́тно.

Я пожа́л плеча́ми, поверну́лся и ушёл.

14-го ию́ня

Я иногда́ себя́ презира́ю... не оттого́ ли я презира́ю и дру-
ги́х?... Я стал не спосо́бен к благоро́дным поры́вам; я бою́сь

109

показа́ться смешны́м самому́ себе́. Друго́й бы на моём ме́сте предложи́л княжне́ son coeur et sa fortune; но над мно́ю сло́во *жени́ться* име́ет каку́ю-то волше́бную власть: как бы стра́стно я ни люби́л же́нщину, е́сли она́ мне даст то́лько почу́вствовать, что я до́лжен на ней жени́ться, — прости́ любо́вь! моё се́рдце превраща́ется в ка́мень, и ничто́ его́ не разогре́ет сно́ва. Я гото́в на все же́ртвы, кро́ме э́той; два́дцать раз жизнь свою́, да́же честь поста́влю на ка́рту... но свобо́ды мое́й не прода́м. Отчего́ я так дорожу́ е́ю? что мне в ней?... куда́ я себя́ гото́влю? чего́ я жду от бу́душего?... Пра́во, ро́вно ничего́. Это како́й-то врождённый страх, неизъясни́мое предчу́вствие... Ведь есть лю́ди, кото́рые безотчётно боя́тся пауко́в, тарака́нов, мыше́й... Призна́ться ли?... Когда́ я был ещё ребёнком, одна́ стару́ха гада́ла про меня́ мое́й ма́тери; она́ предсказа́ла мне *смерть от злой жены́;* э́то меня́ тогда́ глубоко́ порази́ло: в душе́ мое́й роди́лось непреодоли́мое отвраще́ние к жени́тьбе... Ме́жду тем, что́-то мне говори́т, что её предсказа́ние сбу́дется; по кра́йней ме́ре бу́ду стара́ться, чтоб оно́ сбыло́сь как мо́жно по́зже.

15-го ию́ня

Вчера́ прие́хал сюда́ фо́кусник *Апфельба́ум.* На дверя́х ресто́рации яви́лась дли́нная афи́ша, извеща́ющая почте́ннейшую пу́блику о том, что вышеимено́ванный удиви́тельный фо́кусник, акроба́т, хи́мик и о́птик бу́дет име́ть честь дать великоле́пное представле́ние сего́дняшнего числа́ в во́семь часо́в ве́чера, в за́ле благоро́дного собра́ния (ина́че — в рестора́ции); биле́ты по два рубля́ с полти́ной.

Все собира́ются идти́ смотре́ть удиви́тельного фо́кусника; да́же княги́ня Лиго́вская, несмотря́ на то, что дочь её больна́, взяла́ для себя́ биле́т.

Ны́нче по́сле обе́да я шёл ми́мо о́кон Ве́ры; она́ сиде́ла на балко́не одна́; к нога́м мои́м упа́ла запи́ска:

«Сего́дня в деся́том часу́ ве́чера приходи́ ко мне по большо́й ле́стнице; муж мой уе́хал в Пятиго́рск и за́втра у́тром то́лько вернётся. Мои́х люде́й и го́рничных не бу́дет до́ма: я им всем раздала́ биле́ты, та́кже и лю́дям княги́ни. Я жду тебя́; приходи́ непреме́нно».

«А-га́! — поду́мал я, — наконе́ц-таки вы́шло по-мо́ему».

В восемь часов пошёл я смотреть фокусника. Публика собралась в исходе девятого; представление началось. В задних рядах стульев узнал я лакеев и горничных Веры и княгини. Все были тут наперечёт. Грушницкий сидел в первом ряду с лорнетом. Фокусник обращался к нему всякий раз, как ему нужен был носовой платок, часы, кольцо и проч.

Грушницкий мне не кланяется уж несколько времени, а нынче раза два посмотрел на меня довольно дерзко. Всё это ему припомнится, когда нам придётся расплачиваться.

В исходе десятого я встал и вышел.

На дворе было темно, хоть глаз выколи. Тяжёлые, холодные тучи лежали на вершинах окрестных гор: лишь изредка умирающий ветер шумел вершинами тополей, окружающих ресторацию; у окон её толпился народ. Я спустился с горы и, повернув в ворота, прибавил шагу. Вдруг мне показалось, что кто-то идёт за мною. Я остановился и осмотрелся. В темноте ничего нельзя было разобрать; однако я из осторожности обошёл, будто гуляя, вокруг дома. Проходя мимо окон княжны, я услышал снова шаги за собою, и человек, завёрнутый в шинель, пробежал мимо меня. Это меня встревожило; однако я подкрался к крыльцу и поспешно взбежал на тёмную лестницу. Дверь отворилась; маленькая ручка схватила мою руку...

— Никто тебя не видал? — сказала шёпотом Вера, прижавшись ко мне.

— Никто!

— Теперь ты веришь ли, что я тебя люблю? О, я долго колебалась, долго мучилась... но ты из меня делаешь всё, что хочешь.

Её сердце сильно билось, руки были холодны, как лёд. Начались упрёки ревности, жалобы, — она требовала от меня, чтоб я ей во всём признался, говоря, что она с покорностью перенесёт мою измену, потому что хочет единственно моего счастия. Я этому не совсем верил, но успокоил её клятвами, обещаниями и прочее.

— Так ты не женишься на Мери? не любишь её?... А она думает... знаешь ли, она влюблена в тебя до безумия, бедняжка!...

. . . .

111

Около двух часов пополуночи я отворил окно и, связав две шали, спустился с верхнего балкона на нижний, придерживаясь за колонну. У княжны ещё горел огонь. Что-то меня толкнуло к этому окну. Занавес был не совсем задёрнут, и я мог бросить любопытный взгляд во внутренность комнаты. Мери сидела на своей постели, скрестив на коленях руки; её густые волосы были собраны под ночным чепчиком, обшитым кружевами; большой пунцовый платок покрывал её белые плечики, и маленькая ножка пряталась в пёстрых персидских туфлях. Она сидела неподвижно, опустив голову на грудь; перед нею на столике была раскрыта книга, но глаза её, неподвижные и полные неизъяснимой грусти, казалось, в сотый раз пробегали одну и ту же страницу, тогда как мысли её были далеко...

В эту минуту кто-то шевельнулся за кустом. Я спрыгнул с балкона на дёрн. Невидимая рука схватила меня за плечо.

— А-га! — сказал грубый голос, — попался!... будешь у меня к княжнам ходить ночью!...

— Держи его крепче! — закричал другой, выскочивший из-за угла.

Это были Грушницкий и драгунский капитан.

Я ударил последнего по голове кулаком, сшиб его с ног и бросился в кусты. Все тропинки сада, покрывавшего отлогость против наших домов, были мне известны.

— Воры! караул!... — кричали они; раздался ружейный выстрел; дымящийся пыж упал почти к моим ногам.

Через минуту я был уже в своей комнате, разделся и лёг. Едва мой лакей запер дверь на замок, как ко мне начали стучаться Грушницкий и капитан.

— Печорин! вы спите? здесь вы?... кричал капитан.

— Сплю, — отвечал я сердито.

— Вставайте! воры... черкесы.

— У меня насморк, — отвечал я, — боюсь простудиться.

Они ушли. Напрасно я им откликнулся: они б ещё с час проискали меня в саду. Тревога между тем сделалась ужасная. Из крепости прискакал казак. Всё зашевелилось; стали искать черкесов во всех кустах — и, разумеется, ничего не нашли. Но многие, вероятно, остались в твёрдом убеждении,

112

что если б гарнизон показал более храбрости и поспешности, то по крайней мере десятка два хищников остались бы на месте.

16-го июня

Нынче поутру у колодца только и было толков, что о ночном нападении черкесов. Выпивши положенное число стаканов нарзана, пройдясь раз десять по длинной липовой аллее, я встретил мужа Веры, который только что приехал из Пятигорска. Он взял меня под руку, и мы пошли в ресторацию завтракать; он ужасно беспокоился о жене. «Как она перепугалась нынче ночью! — говорил он, — ведь надобно ж, чтоб это случилось именно тогда, как я в оступтствии». Мы уселись завтракать возле двери, ведущей в угловую комнату, где находилось человек десять молодёжи, в числе которой был и Грушницкий. Судьба вторично доставила мне случай подслушать разговор, который должен был решить его участь. Он меня не видал, и следственно, я не мог подозревать умысла; но это только увеличивало его вину в моих глазах.

— Да неужели в самом деле это были черкесы? — сказал кто-то, — видел ли их кто-нибудь?

— Я вам расскажу всю истину, — отвечал Грушницкий, — только, пожалуйста, не выдавайте меня; вот как это было: вчера один человек, которого я вам не назову, приходит ко мне и рассказывает, что видел в десятом часу вечера, как кто-то прокрался в дом к Лиговским. Надо вам заметить, что княгиня была здесь, а княжна дома. Вот мы с ним и отправились под окна, чтоб подстеречь счастливца.

Признаюсь, я испугался, хотя мой собеседник очень был занят своим завтраком: он мог услышать вещи для себя довольно неприятные, если б неравно Грушницкий отгадал истину; но, ослеплённый ревностью, он и не подозревал её.

— Вот видите ли, — продолжал Грушницкий, — мы и отправились, взявши с собой ружьё, заряжённое холостым патроном, только так, чтоб попугать. До двух часов ждали в саду. Наконец — уж Бог знает откуда он явился, только не из окна, потому что оно не отворялось, а должно быть, он вышел в стеклянную дверь, что за колонной, — наконец, говорю я, ви-

113

дим мы, сходит кто́-то с балко́на… Какова́ княжна́? а? Ну, уж признаю́сь, моско́вские ба́рышни! По́сле э́того чему́ же мо́жно ве́рить? Мы хоте́ли его́ схвати́ть, то́лько он вы́рвался и, как за́яц, бро́сился в кусты́; тут я по нём вы́стрелил.

Вокру́г Грушни́цкого разда́лся ро́пот недове́рчивости.

— Вы не ве́рите? — продолжа́л он, — даю́ вам че́стное, благоро́дное сло́во, что всё э́то су́щая пра́вда, и в доказа́тельство я вам, пожа́луй, назову́ э́того господи́на.

— Скажи́, скажи́, кто ж он! — раздало́сь со всех сторо́н.

— Печо́рин, — отвеча́л Грушни́цкий.

В э́ту мину́ту он по́днял глаза́ — я стоя́л в дверя́х про́тив него́; он ужа́сно покрасне́л. Я подошёл к нему́ и сказа́л ме́дленно и вня́тно:

— Мне о́чень жаль, что я вошёл по́сле того́, как вы уж да́ли че́стное сло́во в **подтвержде́ние** са́мой отврати́тельной клеветы́. Моё прису́тствие изба́вило бы вас от ли́шней по́длости.

Грушни́цкий вскочи́л с своего́ ме́ста и хоте́л разгорячи́ться.

— Прошу́ вас, — продолжа́л я тем же то́ном, — прошу́ вас сейча́с же отказа́ться от ва́ших слов; вы о́чень хорошо́ зна́ете, что э́то вы́думка. Я не ду́маю, что́бы равноду́шие же́нщины к ва́шим блестя́щим досто́инствам заслу́живало тако́е ужа́сное мще́ние. Поду́майте хороше́нько: подде́рживая ва́ше мне́ние, вы теря́ете пра́во на и́мя благоро́дного челове́ка и риску́ете жи́знью.

Грушни́цкий стоя́л передо мно́ю, опусти́в глаза́, в си́льном волне́нии. Но борьба́ со́вести с самолю́бием была́ непродолжи́тельна. Драгу́нский капита́н, сиде́вший во́зле него́, толкну́л его́ ло́ктем; он вздро́гнул и бы́стро отвеча́л мне, не подыма́я глаз:

— Ми́лостивый госуда́рь, когда́ я что говорю́, так я э́то ду́маю и гото́в повтори́ть… Я не бою́сь ва́ших угро́з и гото́в на всё.

— После́днее вы уж доказа́ли, — отвеча́л я ему́ хо́лодно и, взяв под ру́ку драгу́нского капита́на, вы́шел из ко́мнаты.

— Что вам уго́дно? — спроси́л капита́н.

— Вы прия́тель Грушни́цкого — и, вероя́тно, бу́дете его́ секунда́нтом?

Капита́н поклони́лся о́чень ва́жно.

Вы отгадали, — отвечал он, — я даже обязан быть его секундантом, потому что обида, нанесённая ему, относится и ко мне: я был с ним вчера ночью, — прибавил он, выпрямляя свой сутуловатый стан.

— А! так это вас ударил я так неловко по голове?...

Он пожелтел, посинел; скрытая злоба изобразилась на лице его.

— Я буду иметь честь прислать к вам нынче моего секунданта, — прибавил я, раскланявшись очень вежливо и показывая вид, будто не обращаю внимания на его бешенство.

На крыльце ресторации я встретил мужа Веры. Кажется, он меня дожидался.

Он схватил мою руку с чувством, похожим на восторг.

— Благородный молодой человек! — сказал он, с слезами на глазах. — Я всё слышал. Экой мерзавец! неблагодарный!... Принимай их после этого в порядочный дом! Слава Богу, у меня нет дочерей! Но вас наградит та, для которой вы рискуете жизнью. Будьте уверены в моей скромности до поры до времени, — продолжал он. — Я сам был молод и служил в военной службе: знаю, что в эти дела не должно вмешиваться. Прощайте.

Бедняжка! радуется, что у него нет дочерей...

Я пошёл прямо к Вернеру, застал его дома и рассказал ему всё — отношения мои к Вере и княжне и разговор, подслушанный мною, из которого я узнал намерение этих господ подурачить меня, заставив стреляться холостыми зарядами. Но теперь дело выходило из границ шутки: они, вероятно, не ожидали такой развязки.

Доктор согласился быть моим секундантом; я дал ему несколько наставлений насчёт условий поединка; он должен был настоять на том, чтобы дело обошлось как можно секретнее, потому что хотя я когда угодно готов подвергать себя смерти, но нимало не расположен испортить навсегда свою будущность в здешнем мире.

После этого я пошёл домой. Через час доктор вернулся из своей экспедиции.

— Против вас точно есть заговор, — сказал он. — Я нашёл у Грушницкого драгунского капитана и ещё одного господина, которого фамилии не помню. Я на минуту остановился в передней, чтоб снять галоши. У них был ужасный шум и спор... «Ни за что не соглашусь! — говорил Грушницкий, — он меня оскорбил публично; тогда было совсем другое...» — «Какое тебе дело? — отвечал капитан, — я всё беру на себя. Я был секундантом на пяти дуэлях и уж знаю, как это устроить. Я всё придумал. Пожалуйста, только мне не мешай. Постращать не худо. А зачем подвергать себя опасности, если можно избавиться?...» В эту минуту я вошёл. Они вдруг замолчали. Переговоры наши продолжались довольно долго; наконец, мы решили дело вот как: верстах в пяти отсюда есть глухое ущелье; они туда поедут завтра в четыре часа утра, а мы выедем полчаса после них; стреляться будете на шести шагах — этого требовал сам Грушницкий. Убитого — на счёт черкесов. Теперь вот какие у меня подозрения: они, то есть секунданты, должно быть, несколько переменили свой прежний план и хотят зарядить пулею один пистолет Грушницкого. Это немножко похоже на убийство, но в военное время, и особенно в азиатской войне, хитрости позволяются; только Грушницкий, кажется, поблагороднее своих товарищей. Как вы думаете? должны ли мы показать им, что догадались?

— Ни за что на свете, доктор! будьте спокойны; я им не поддамся.

— Что же вы хотите делать?

— Это моя тайна.

— Смотрите, не попадитесь... ведь на шести шагах!

— Доктор, я вас жду завтра в четыре часа; лошади будут готовы... Прощайте.

Я до вечера просидел дома, запершись в своей комнате. Приходил лакей звать меня к княгине, — я велел сказать, что болен.

. . . .

Два часа ночи... не спится... А надо бы заснуть, чтоб завтра рука не дрожала. Впрочем, на шести шагах промахнуться трудно. А! господин Грушницкий! ваша мистификация вам не удастся... мы поменяемся ролями: теперь мне придётся отыскивать на вашем бледном лице признаки тайного страха. Зачем

116

вы сами назначили эти роковые шесть шагов? Вы думаете, что я вам без спора подставлю свой лоб... но мы бросим жребий! и тогда... тогда... что, если его счастье перетянет? если моя звезда, наконец, мне изменит?... И не мудрено: она так долго служила верно моим прихотям; на небесах не более постоянства, чем на земле.

Что ж? умереть так умереть! потеря для мира небольшая; да и мне самому порядочно уж скучно. Я — как человек, зевающий на бале, который не едет спать только потому, что ещё нет его кареты. Но карета готова... прощайте!...

Пробегаю в памяти всё моё прошедшее и спрашиваю себя невольно: зачем я жил? для какой цели я родился?... А, верно, она существовала, и, верно, было мне назначение высокое, потому что я чувствую в душе моей силы необъятные... Но я не угадал этого назначения, я увлёкся приманками страстей пустых и неблагодарных; из горнила их я вышел твёрд и холоден как железо, но утратил навеки пыл благородных стремлений — лучший цвет жизни. И с той поры сколько раз уже я играл роль топора в руках судьбы! Как орудие казни, я упадал на голову обречённых жертв, часто без злобы, всегда без сожаления... Моя любовь никому не принесла счастья, потому что я ничем не жертвовал для тех, кого любил: я любил для себя, для собственного удовольствия; я только удовлетворял странную потребность сердца, с жадностью поглощая их чувства, их нежность, их радости и страданья — и никогда не мог насытиться. Так томимый голодом в изнеможении засыпает и видит пред собою роскошные кушанья и шипучие вина; он пожирает с восторгом воздушные дары воображения, и ему кажется легче; но только проснулся — мечта исчезает... остаётся удвоенный голод и отчаяние!

И, может быть, я завтра умру!... и не останется на земле ни одного существа, которое бы поняло меня совершенно. Одни почитают меня хуже, другие лучше, чем я в самом деле... Одни скажут: он был добрый малый, другие — мерзавец. И то и другое будет ложно. После этого стоит ли труда жить? а всё живёшь — из любопытства: ожидаешь чего-то нового... Смешно и досадно.

* * *

117

Вот уже полтора месяца, как я в крепости N; Максим Максимыч ушёл на охоту... я один; сижу у окна; серые тучи закрыли горы до подошвы; солнце сквозь туман кажется жёлтым пятном. Холодно; ветер свищет и колеблет ставни... Скучно! Стану продолжать свой журнал, прерванный столькими странными событиями.

Перечитываю последнюю страницу: смешно! Я думал умереть; это было невозможно: я ещё не осушил чаши страданий, и теперь чувствую, что мне ещё долго жить.

Как всё прошедшее ясно и резко отлилось в моей памяти! Ни одной черты, ни одного оттенка не стёрло время!

Я помню, что в продолжение ночи, предшествовавшей поединку, я не спал ни минуты. Писать я не мог долго: тайное беспокойство мною овладело. С час я ходил по комнате; потом сел и открыл роман Вальтера Скотта, лежавший у меня на столе: то были «Шотландские Пуритане»; я читал сначала с усилием, потом забылся, увлечённый волшебным вымыслом... Неужели шотландскому барду на том свете не платят за каждую отрадную минуту, которую дарит его книга?...

Наконец, рассвело. Нервы мои успокоились. Я посмотрелся в зеркало; тусклая бледность покрывала лицо моё, хранившее следы мучительной бессонницы; но глаза, хотя окружённые коричневою тенью, блистали гордо и неумолимо. Я остался доволен собою.

Велев седлать лошадей, я оделся и сбежал к купальне. Погружаясь в холодный кипяток нарзана, я чувствовал, как телесные и душевные силы мои возвращались. Я вышел из ванны свеж и бодр, как будто собирался на бал. После этого говорите, что душа не зависит от тела!...

Возвратясь, я нашёл у себя доктора. На нём были серые рейтузы, архалук и черкесская шапка. Я расхохотался, увидев эту маленькую фигурку под огромной косматой шапкой: у него лицо вовсе не воинственное, а в этот раз оно было ещё длиннее обыкновенного.

— Отчего вы так печальны, доктор? — сказал я ему. — Разве вы сто раз не провожали людей на тот свет с величайшим равнодушием? Вообразите, что у меня жёлчная горячка; я могу выздороветь, могу и умереть; то и другое в порядке

118

вещей; старайтесь смотреть на меня, как на пациента, одержимого болезнью, вам ещё неизвестной, — и тогда ваше любопытство возбудится до высшей степени; вы можете над мною сделать теперь несколько важных физиологических наблюдений... Ожидание насильственной смерти не есть ли уже настоящая болезнь?

Эта мысль поразила доктора, и он развеселился.

Мы сели верхом; Вернер уцепился за поводья обеими руками, и мы пустились, — мигом проскакали мимо крепости через слободку и въехали в ущелье, по которому вилась дорога, полузаросшая высокой травой и ежеминутно пересекаемая шумным ручьём, через который нужно было переправляться вброд, к великому отчаянию доктора, потому что лошадь его каждый раз в воде останавливалась.

Я не помню утра более голубого и свежего! Солнце едва выказалось из-за зелёных вершин, и слияние первой теплоты его лучей с умирающей прохладой ночи наводило на все чувства какое-то сладкое томление; в ущелье не проникал ещё радостный луч молодого дня; он золотил только верхи утёсов, висящих с обеих сторон над нами; густолиственные кусты, растущие в их глубоких трещинах, при малейшем дыхании ветра осыпали нас серебряным дождём. Я помню — в этот раз, больше чем когда-нибудь прежде, я любил природу. Как любопытно всматривался я в каждую росинку, трепещущую на широком листке виноградном и отражавшую миллионы радужных лучей! как жадно взор мой старался проникнуть в дымную даль! Там путь всё становился уже, утёсы синее и страшнее, и, наконец, они, казалось, сходились непроницаемой стеной. Мы ехали молча.

— Написали ли вы своё завещание? — вдруг спросил Вернер.

— Нет.

— А если будете убиты?...

— Наследники отыщутся сами.

— Неужели у вас нет друзей, которым бы вы хотели послать своё последнее прости?...

Я покачал головой.

— Неужели нет на свете женщины, которой вы хотели бы оставить что-нибудь на память?...

— Хотите ли, доктор, — отвечал я ему, — чтоб я раскрыл вам мою душу?... Видите ли, я выжил из тех лет, когда умирают, произнося имя своей любезной и завещая другу клочок напомаженных или ненапомаженных волос. Думая о близкой и возможной смерти, я думаю об одном себе: иные не делают и этого. Друзья, которые завтра меня забудут или, хуже, взведут на мой счёт Бог знает какие небылицы; женщины, которые, обнимая другого, будут смеяться надо мною, чтоб не возбудить в нём ревности к усопшему, — Бог с ними! Из жизненной бури я вынес только несколько идей — и ни одного чувства. Я давно уж живу не сердцем, а головою. Я взвешиваю, разбираю свои собственные страсти и поступки с строгим любопытством, но без участия. Во мне два человека: один живёт в полном смысле этого слова, другой мыслит и судит его; первый, быть может, через час простится с вами и миром навеки, а второй... второй?... Посмотрите, доктор: видите ли вы на скале направо чернеются три фигуры? Это, кажется, наши противники?...

Мы пустились рысью.

У подошвы скалы в кустах были привязаны три лошади; мы своих привязали тут же, а сами по узкой тропинке взобрались на площадку, где ожидал нас Грушницкий с драгунским капитаном и другим своим секундантом, которого звали Иваном Игнатьевичем; фамилии его я никогда не слыхал.

— Мы давно уж вас ожидаем, — сказал драгунский капитан с иронической улыбкой.

Я вынул часы и показал ему.

Он извинился, говоря, что его часы уходят.

Несколько минут продолжалось затруднительное молчание; наконец, доктор прервал его, обратясь к Грушницкому.

— Мне кажется, — сказал он, — что, показав оба готовность драться и заплатив этим долг условиям чести, вы бы могли, господа, объясниться и кончить это дело полюбовно.

— Я готов, — сказал я.

Капитан мигнул Грушницкому, и этот, думая, что я трушу, принял гордый вид, хотя до сей минуты тусклая бледность покрывала его щёки. С тех пор как мы приехали, он в первый

раз по́днял на меня́ глаза́; но во взгля́де его́ бы́ло нако́е-то бес-
поко́йство, изоблича́вшее вну́треннюю борьбу́.

— Объясни́те ва́ши усло́вия, — сказа́л он, — и всё, что я
могу́ для вас сде́лать, то бу́дьте уве́рены...

— Вот мои́ усло́вия: вы ны́нче же публи́чно отка́жетесь от
свое́й клеветы́ и бу́дете проси́ть у меня́ извине́ния...

— Ми́лостивый госуда́рь, я удивля́юсь, как вы сме́ете мне
предлага́ть таки́е ве́щи?...

— Что ж я вам мог предложи́ть, кро́ме э́того?...

— Мы бу́дем стреля́ться.

Я пожа́л плеча́ми.

— Пожа́луй; то́лько поду́майте, что оди́н из нас непреме́нно
бу́дет уби́т.

— Я жела́ю, чтобы э́то бы́ли вы...

— А я так уве́рен в проти́вном...

Он смути́лся, покрасне́л, пото́м принуждённо захохота́л.

Капита́н взял его́ по́д руку и отвёл в сто́рону; они́ до́лго
шепта́лись. Я прие́хал в дово́льно миролюби́вом расположе́нии
ду́ха, но всё э́то начина́ло меня́ беси́ть.

Ко мне подошёл до́ктор.

— Послу́шайте, — сказа́л он с я́вным беспоко́йством, — вы,
ве́рно, забы́ли про их за́говор?... Я не уме́ю заряди́ть пистоле́та,
но в э́том слу́чае... Вы стра́нный челове́к! Скажи́те им, что вы
зна́ете их наме́рение, и они́ не посме́ют... Что за охо́та! под-
стре́лят вас, как пти́цу...

— Пожа́луйста, не беспоко́йтесь, до́ктор, и погоди́те...
Я всё так устро́ю, что на их стороне́ не бу́дет никако́й вы́годы.
Да́йте им пошепта́ться...

— Господа́! э́то стано́вится ску́чно! — сказа́л я им гро́мко, —
дра́ться так дра́ться; вы име́ли вре́мя вчера́ наговори́ться...

— Мы гото́вы, — отвеча́л капита́н. — Станови́тесь, госпо-
да́!... До́ктор, изво́льте отме́рить шесть шаго́в...

— Станови́тесь! — повтори́л Ива́н Игна́тьич пискли́вым го́-
лосом.

— Позво́льте! — сказа́л я, — ещё одно́ усло́вие; так как мы
бу́дем дра́ться на́ смерть, то мы обя́заны сде́лать всё возмо́ж-
ное, чтоб э́то оста́лось та́йною и чтоб секунда́нты на́ши не́
были в отве́тственности. Согла́сны ли вы?...

— Совершéнно соглáсны.

— Итáк, вот что я придýмал. Вѝдите ли на вершѝне э́той отвéсной скалы́, напрáво, у́зенькую площáдку? оттýда дó низу бýдет сáжен трѝдцать, éсли не бóльше; внизý óстрые кáмни. Кáждый из нас стáнет на сáмом краю́ площáдки; такѝм о́бразом дáже лёгкая рáна бýдет смертéльна: э́то должнó быть соглáсно с вáшим желáнием, потомý что вы сáми назнáчили шесть шагóв. Тот, кто бýдет рáнен, полетѝт непремéнно вниз и разобьётся вдрéбезги: пýлю дóктор вы́нет, и тогдá мóжно бýдет óчень легкó объяснѝть э́ту скоропостѝжную смерть неудáчным прыжкóм. Мы брóсим жрéбий, комý пéрвому стрелять. Объявляю вам в заключéние, что инáче я не бýду дрáться.

— Пожáлуй! — сказáл капитáн, посмотрéв вырази́тельно на Грушнѝцкого, котóрый кивнýл головóй в знак соглáсия. Лицó егó ежеминýтно менялось. Я его постáвил в затруднѝтельное положéние. Стреляясь при обыкновéнных услóвиях, он мог цéлить мне в нóгу, легкó меня рáнить и удовлетворѝть такѝм о́бразом свою́ месть, не отягощáя слѝшком своéй сóвести; но тепéрь он дóлжен был вы́стрелить на вóздух, ѝли сдéлаться убѝйцей, ѝли, наконéц, остáвить свой пóдлый зáмысел и подвéргнуться одинáковой со мнóю опáсности. В э́ту минýту я не желáл бы быть на его мéсте. Он отвёл капитáна в стóрону и стал говорѝть емý чтó-то с больши́м жáром; я вѝдел, как посинéвшие гýбы его дрожáли; но капитáн от него отвернýлся с презрѝтельной улы́бкой. «Ты дурáк! — сказáл он Грушнѝцкому довóльно грóмко, — ничегó не понимáешь! Отпрáвимтесь же, господá!»

Узкая тропѝнка велá мéжду кустáми на крутизнý; облóмки скал составляли шáткие ступéни э́той прирóдной лéстницы; цепляясь за кусты́, мы стáли карáбкаться. Грушнѝцкий шёл впередѝ, за ним его секундáнты, а потóм мы с дóктором.

— Я вам удивляюсь, — сказáл дóктор, пожáв мне крéпко рýку. — Дáйте пощýпать пульс!...О-гó! лихорáдочный!... но на лицé ничегó не замéтно... тóлько глазá у вас блестят я́рче обыкновéнного.

Вдруг мéлкие кáмни с шýмом покатѝлись нам пóд ноги. Что э́то? Грушнѝцкий споткнýлся; вéтка, за котóрую он уценился, изломилась, и он скатился бы вниз на спине, если б его секунданты не поддержали.

Берегитесь! — закричал я ему, — не падайте заранее; это дурная примета. Вспомните Юлия Цезаря!

Вот мы взобрались на вершину выдавшейся скалы; площадка была покрыта мелким песком, будто нарочно для поединка. Кругом, теряясь в золотом тумане утра, теснились вершины гор, как бесчисленное стадо, и Эльборус на юге вставал белою громадой, замыкая цепь льдистых вершин, между которых уж бродили волокнистые облака, набежавшие с востока. Я подошёл к краю площадки и посмотрел вниз, голова чуть-чуть у меня не закружилась: там внизу казалось темно и холодно, как в гробе; мшистые зубцы скал, сброшенных грозою и временем, ожидали своей добычи.

Площадка, на которой мы должны были драться, изображала почти правильный треугольник. От выдавшегося угла отмерили шесть шагов и решили, что тот, кому придётся первому встретить неприятельский огонь, станет на самом углу, спиною к пропасти; если он не будет убит, то противники поменяются местами.

Я решился предоставить все выгоды Грушницкому; я хотел испытать его; в душе его могла проснуться искра великодушия, и тогда всё устроилось бы к лучшему; но самолюбие и слабость характера должны были торжествовать... Я хотел дать себе полное право не щадить его, если бы судьба меня помиловала. Кто не заключал таких условий с своею совестью?...

— Бросьте жребий, доктор! — сказал капитан.

Доктор вынул из кармана серебряную монету и поднял её кверху.

— Решётка! — закричал Грушницкий поспешно, как человек, которого вдруг разбудил дружеский толчок.

— Орёл! — сказал я.

Монета взвилась и упала звеня; все бросились к ней.

— Вы счастливы, — сказал я Грушницкому, — вам стрелять первому! Но помните, что если вы меня не убьёте, то я не промахнусь — даю вам честное слово.

Он покраснел; ему было стыдно убить человека безоружного; я глядел на него пристально; с минуту мне казалось, что он бросится к ногам моим, умоляя о прощении; но как признаться в таком подлом умысле?... Ему оставалось одно средство — выстрелить на воздух; я был уверен, что он выстрелит на воздух! Одно могло этому помешать: мысль, что я потребую вторичного поединка.

— Пора! — шепнул мне доктор, дёргая за рукав, — если вы теперь не скажете, что мы знаем их намерения, то всё пропало. Посмотрите, он уже заряжает... если вы ничего не скажете, то я сам...

— Ни за что на свете, доктор! — отвечал я, удерживая его за руку, — вы всё испортите; вы мне дали слово не мешать... Какое вам дело? Может быть, я хочу быть убит...

Он посмотрел на меня с удивлением.

— О, это другое!... только на меня на том свете не жалуйтесь...

Капитан между тем зарядил свои пистолеты, подал один Грушницкому, с улыбкою шепнув ему что-то, другой мне.

Я стал на углу площадки, крепко упершись левой ногою в камень и наклонясь немного наперёд, чтобы в случае лёгкой раны не опрокинуться назад.

Грушницкий стал против меня и по данному знаку начал поднимать пистолет. Колени его дрожали. Он целил мне прямо в лоб...

Неизъяснимое бешенство закипело в груди моей.

Вдруг он опустил дуло пистолета и, побледнев как полотно, повернулся к своему секунданту.

— Не могу, — сказал он глухим голосом.

— Трус! — отвечал капитан.

Выстрел раздался. Пуля оцарапала мне колено. Я невольно сделал несколько шагов вперёд, чтоб поскорей удалиться от края.

— Ну, брат Грушницкий, — жаль, что промахнулся! — сказал капитан, — теперь твоя очередь, становись! Обними меня прежде: мы уж не увидимся! — Они обнялись; капитан едва мог удержаться от смеха, — не бойся, — прибавил он, хитро взглянув на Грушницкого, — всё вздор на свете!... Натура — дура, судьба — индейка, а жизнь — копейка!

После этой трагической фразы, сказанной с приличною важностью, он отошёл на своё место; Иван Игнатьич со слезами обнял также Грушницкого, и вот он остался один против меня. Я до сих пор стараюсь объяснить себе, какого рода чувство кипело тогда в груди моей: то было и досада оскорблённого самолюбия, и презрение, и злоба, рождавшаяся при мысли, что этот человек, теперь с такою уверенностью, с такой спокойной дерзостью на меня глядящий, две минуты тому назад, не подвергая себя никакой опасности, хотел меня убить как собаку, ибо, раненный в ногу немного сильнее, я бы непременно свалился с утёса.

Я несколько минут смотрел ему пристально в лицо, стараясь заметить хоть лёгкий след раскаяния. Но мне показалось, что он удерживал улыбку.

— Я вам советую перед смертью помолиться Богу, — сказал я ему тогда.

— Не заботьтесь о моей душе больше, чем о своей собственной. Об одном вас прошу: стреляйте скорее.

— И вы не отказываетесь от своей клеветы? не просите у меня прощения?... Подумайте хорошенько: не говорит ли вам чего-нибудь совесть?

— Господин Печорин! — закричал драгунский капитан, — вы здесь не для того, чтобы исповедовать, позвольте вам заметить... Кончимте скорее; неравно кто-нибудь проедет по ущелью — и нас увидят.

— Хорошо. Доктор, подойдите ко мне.

Доктор подошёл. Бедный доктор! он был бледнее, чем Грушницкий десять минут тому назад.

Следующие слова я произнёс нарочно с расстановкой, громко и внятно, как произносят смертный приговор:

— Доктор, эти господа, вероятно второпях, забыли положить пулю в мой пистолет: прошу вас зарядить его снова, — и хорошенько!

— Не может быть! — кричал капитан, — не может быть! я зарядил оба пистолета; разве что из вашего пуля выкатилась... Это не моя вина! А вы не имеете права переряжать... никакого права... это совершенно против правил; я не позволю...

— Хорошо! — сказал я капитану, — если так, то мы будем с вами стреляться на тех же условиях...

Он замялся.

Грушницкий стоял, опустив голову на грудь, смущённый и мрачный.

— Оставь их! — сказал он, наконец, капитану, который хотел вырвать пистолет мой из рук доктора... — Ведь ты сам знаешь, что они правы.

Напрасно капитан делал ему разные знаки, — Грушницкий не хотел и смотреть.

Между тем доктор зарядил пистолет и подал мне.

Увидев это, капитан плюнул и топнул ногой.

— Дурак же ты, братец, — сказал он, — пошлый дурак!... Уж положился на меня, так слушайся во всём... Поделом же тебе! околевай себе, как муха... — Он отвернулся и, отходя, пробормотал: — А всё-таки это совершенно противу правил.

— Грушницкий! — сказал я, — ещё есть время; откажись от своей клеветы, и я тебе прощу всё. Тебе не удалось меня подурачить, и моё самолюбие удовлетворено; вспомни — мы были когда-то друзьями...

Лицо у него вспыхнуло, глаза засверкали.

— Стреляйте! — отвечал он, — я себя презираю, а вас ненавижу. Если вы меня не убьёте, я вас зарежу ночью из-за угла. Нам на земле вдвоём нет места...

Я выстрелил...

Когда дым рассеялся, Грушницкого на площадке не было. Только прах лёгким столбом ещё вился на краю обрыва.

Все в один голос вскрикнули.

— Finita la comedia! — сказал я доктору.

Он не отвечал и с ужасом отвернулся.

Я пожал плечами и раскланялся с секундантами Грушницкого.

Спускаясь по тропинке вниз, я заметил между расселинами скал окровавленный труп Грушницкого. Я невольно закрыл глаза...

Отвязав лошадь, я шагом пустился домой. У меня на сердце был камень. Солнце казалось мне тускло, лучи его меня не грели.

126

Не доезжая слободки, я повернул направо по ущелью. Вид человека был бы мне тягостен: я хотел быть один. Бросив поводья и опустив голову на грудь, я ехал долго, наконец очутился в месте, мне вовсе не знакомом; я повернул коня назад и стал отыскивать дорогу; уж солнце садилось, когда я подъехал к Кисловодску, измученный, на измученной лошади.

Лакей мой сказал мне, что заходил Вернер, и подал мне две записки: одну от него, другую... от Веры.

Я распечатал первую, она была следующего содержания:

«Всё устроено как можно лучше: тело привезено обезображенное, пуля из груди вынута. Все уверены, что причиною его смерти несчастный случай; только комендант, которому, вероятно, известна ваша ссора, покачал головой, но ничего не сказал. Доказательств против вас нет никаких, и вы можете спать спокойно... если можете... Прощайте...»

Я долго не решался открыть вторую записку... Что могла она мне писать?... Тяжёлое предчувствие волновало мою душу.

Вот оно, это письмо, которого каждое слово неизгладимо врезалось в моей памяти:

«Я пишу к тебе в полной уверенности, что мы никогда более не увидимся. Несколько лет тому назад, расставаясь с тобою, я думала то же самое; но небу было угодно испытать меня вторично; я не вынесла этого испытания, моё слабое сердце покорилось снова знакомому голосу... ты не будешь презирать меня за это, не правда ли? Это письмо будет вместе прощаньем и исповедью: я обязана сказать тебе всё, что накопилось на моём сердце с тех пор, как оно тебя любит. Я не стану обвинять тебя — ты поступил со мною, как поступил бы всякий другой мужчина: ты любил меня как собственность, как источник радостей, тревог и печалей, сменявшихся взаимно, без которых жизнь скучна и однообразна. Я это поняла сначала... Но ты был несчастлив, и я пожертвовала собою, надеясь, что когда-нибудь ты оценишь мою жертву, что когда-нибудь ты поймёшь мою глубокую нежность, не зависящую ни от каких условий. Прошло с тех пор много времени: я проникла во все тайны души твоей... и убедилась, что то была надежда напрасная. Горько мне было! Но моя любовь срослась с душой моей: она потемнела, но не угасла.

127

Мы расстаёмся навеки; однако ты можешь быть уверен, что я никогда не буду любить другого: моя душа истощила на тебя все свои сокровища, свои слёзы и надежды. Любившая раз тебя не может смотреть без некоторого презрения на прочих мужчин, не потому, чтоб ты был лучше их, о нет! но в твоей природе есть что-то особенное, тебе одному свойственное, что-то гордое и таинственное; в твоём голосе, что бы ты ни говорил, есть власть непобедимая; никто не умеет так постоянно хотеть быть любимым; ни в ком зло не бывает так привлекательно; ничей взор не обещает столько блаженства; никто не умеет лучше пользоваться своими преимуществами и никто не может быть так истинно несчастлив, как ты, потому что никто столько не старается уверить себя в противном.

Теперь я должна тебе объяснить причину моего поспешного отъезда; она тебе покажется маловажна, потому что касается до одной меня.

Нынче поутру мой муж вошёл ко мне и рассказал про твою ссору с Грушницким. Видно, я очень переменилась в лице, потому что он долго и пристально смотрел мне в глаза; я едва не упала без памяти при мысли, что ты нынче должен драться и что я этому причиной; мне казалось, что я сойду с ума... Но теперь, когда я могу рассуждать, я уверена, что ты останешься жив: невозможно, чтоб ты умер без меня, невозможно! Мой муж долго ходил по комнате; я не знаю, что он мне говорил, не помню, что я ему отвечала... верно, я ему сказала, что я тебя люблю... Помню только, что под конец нашего разговора он оскорбил меня ужасным словом и вышел. Я слышала, как он велел закладывать карету... Вот уж три часа, как я сижу у окна и жду твоего возврата... Но ты жив, ты не можешь умереть!... Карета почти готова... Прощай, прощай... Я погибла, — но что за нужда?... Если б я могла быть уверена, что ты всегда меня будешь помнить, — не говорю уж любить, нет, только помнить... Прощай; идут... я должна спрятать письмо...

Не правда ли, ты не любишь Мери? ты не женишься на ней? Послушай, ты должен мне принести эту жертву: я для тебя потеряла всё на свете...»

Я, как безумный, выскочил на крыльцо, прыгнул на своего

Черкеса, которого водили по двору, и пустился во весь дух, по дороге в Пятигорск. Я беспощадно погонял измученного коня, который, храпя и весь в пене, мчал меня по каменистой дороге.

Солнце уже спряталось в чёрной туче, отдыхавшей на хребте западных гор; в ущелье стало темно и сыро. Подкумок, пробираясь по камням, ревел глухо и однообразно. Я скакал, задыхаясь от нетерпенья. Мысль не застать её в Пятигорске молотком ударяла мне в сердце. Одну минуту, ещё одну минуту видеть её, проститься, пожать её руку... Я молился, проклинал, плакал, смеялся... нет, ничто не выразит моего беспокойства, отчаяния!... При возможности потерять её навеки Вера стала для меня дороже всего на свете, — дороже жизни, чести, счастья! Бог знает, какие странные, какие бешеные замыслы роились в голове моей... И между тем я всё скакал, погоняя беспощадно. И вот, я стал замечать, что конь мой тяжелее дышит; он раза два уже споткнулся на ровном месте... Оставалось пять вёрст до Ессентуков — казачьей станицы, где я мог пересесть на другую лошадь.

Всё было бы спасено, если б у моего коня достало сил ещё на десять минут. Но вдруг, поднимаясь из небольшого оврага, при выезде из гор, на крутом повороте, он грянулся о землю. Я проворно соскочил, хочу поднять его, дёргаю за повод — напрасно; едва слышный стон вырвался сквозь стиснутые его зубы; чрез несколько минут он издох; я остался в степи один, потеряв последнюю надежду; попробовал идти пешком — ноги мои подкосились; изнурённый тревогами дня и бессонницей, я упал на мокрую траву и как ребёнок заплакал.

И долго я лежал неподвижно и плакал горько, не стараясь удерживать слёз и рыданий; я думал, грудь моя разорвётся; вся моя твёрдость, всё моё хладнокровие исчезли, как дым; душа обессилела, рассудок замолк, и если б в эту минуту кто-нибудь меня увидел, он бы с презрением отвернулся.

Когда ночная роса и горный ветер освежили мою горящую голову и мысли пришли в обычный порядок, то я понял, что гнаться за погибшим счастием бесполезно и безрассудно. Чего мне ещё надобно? — её видеть? — зачем? не всё ли кончено между нами? Один горький прощальный поцелуй не обогатит моих воспоминаний: после него нам только труднее будет расставаться.

Мне, однако, приятно, что я могу плакать! Впрочем, может быть, этому причиной расстроенные нервы, ночь, проведённая без сна, две минуты против дула пистолета и пустой желудок.

Всё к лучшему! это новое страдание, говоря военным слогом, сделало во мне счастливую диверсию. Плакать здорово, и потом, вероятно, если б я не проехался верхом и не был принуждён на обратном пути пройти пятнадцать вёрст, то и эту ночь сон не сомкнул бы глаз моих.

Я возвратился в Кисловодск в пять часов утра, бросился на постель и заснул сном Наполеона после Ватерлоо.

Когда я проснулся, на дворе уж было темно. Я сел у отворенного окна, расстегнул архалук, — и горный ветер освежил грудь мою, ещё не успокоенную тяжёлым сном усталости. Вдали за рекою, сквозь верхи густых лип, её осеняющих, мелькали огни в строеньях крепости и слободки. На дворе у нас всё было тихо, в доме княгини было темно.

Взошёл доктор: лоб у него был нахмурен; он против обыкновения не протянул мне руки.

— Откуда вы, доктор?

— От княгини Лиговской; дочь её болна — расслабление нервов... Да не в этом дело, а вот что: начальство догадывается, и хотя ничего нельзя доказать положительно, однако я вам советую быть осторожнее. Княгиня мне говорила нынче, что она знает, что вы стрелялись за её дочь. Ей всё этот старичок рассказал... как бишь его? Он был свидетелем вашей стычки с Грушницким в ресторации. Я пришёл вас предупредить. Прощайте. Может быть, мы больше не увидимся: вас ушлют куда-нибудь.

Он на пороге остановился: ему хотелось пожать мне руку... и если б я показал ему малейшее на это желание, то он бросился бы мне на шею; но я остался холоден, как камень, — и он вышел.

Вот люди! все они таковы: знают заранее все дурные стороны поступка, помогают, советуют, даже одобряют его, видя невозможность другого средства, а потом умывают руки и отворачиваются с негодованием от того, кто имел смелость

130

взять на себя всю тягость ответственности. Все они таковы, даже самые добрые, самые умные!..

На другой день утром, получив приказание от высшего начальства отправиться в крепость И., я зашёл к княгине проститься.

Она была удивлена, когда на вопрос её: имею ли я ей сказать что-нибудь особенно важное? — я отвечал, что желаю ей быть счастливой и проч.

— А мне нужно с вами поговорить очень серьёзно.

Я сел молча.

Явно было, что она не знала, с чего начать; лицо её побагровело, пухлые её пальцы стучали по столу; наконец, она начала так, прерывистым голосом:

— Послушайте, мсье Печорин; я думаю, что вы благородный человек.

Я поклонился.

— Я даже в этом уверена, — продолжала она, — хотя ваше поведение несколько сомнительно; но у вас могут быть причины, которых я не знаю, и их-то вы должны теперь мне поверить. Вы защитили дочь мою от клеветы, стрелялись за неё, — следственно, рисковали жизнью... Не отвечайте, я знаю, что вы в этом не признаетесь, потому что Грушницкий убит (она перекрестилась). Бог ему простит — и, надеюсь, вам также!... Это до меня не касается... я не смею осуждать вас, потому что дочь моя, хотя невинно, но была этому причиной. Она мне всё сказала... я думаю, всё: вы изъяснялись ей в любви... она вам призналась в своей (тут княгиня тяжело вздохнула). Но она больна, и я уверена, что это не простая болезнь! Печаль тайная её убивает; она не признаётся, но я уверена, что вы этому причиной... Послушайте: вы, может быть, думаете, что я ищу чинов, огромного богатства, — разуверьтесь: я хочу только счастья дочери. Ваше теперешнее положение незавидно, но оно может поправиться: вы имеете состояние; вас любит дочь моя, она воспитана так, что составит счастие мужа. Я богата, она у меня одна... Говорите, что вас удерживает?... Видите, я не должна бы была вам всего этого говорить, но я полагаюсь на ваше сердце, на вашу честь; вспомните, у меня одна дочь... одна...

131

Она заплакала.

— Княгиня, — сказал я, — мне невозможно отвечать вам; позвольте мне поговорить с вашей дочерью наедине...

— Никогда! — воскликнула она, встав со стула в сильном волнении.

— Как хотите, — отвечал я, приготовляясь уйти.

Она задумалась, сделала мне знак рукою, чтоб я подождал, и вышла.

Прошло минут пять; сердце моё сильно билось, но мысли были спокойны, голова холодна; как я ни искал в груди моей хоть искры любви к милой Мери, но старания мои были напрасны.

Вот двери отворились, и вошла она. Боже! как переменилась с тех пор, как я не видал её, — а давно ли?

Дойдя до середины комнаты, она пошатнулась; я вскочил, подал ей руку и довёл её до кресел.

Я стоял против неё. Мы долго молчали; её большие глаза, исполненные неизъяснимой грусти, казалось, искали в моих что-нибудь похожее на надежду; её бледные губы напрасно старались улыбнуться; её нежные руки, сложенные на коленях, были так худы и прозрачны, что мне стало жаль её.

— Княжна, — сказал я, — вы знаете, что я над вами смеялся?.. Вы должны презирать меня.

На её щеках показался болезненный румянец.

Я продолжал:

— Следственно, вы меня любить не можете...

Она отвернулась, облокотилась на стол, закрыла глаза рукою, и мне показалось, что в них блеснули слёзы.

— Боже мой! — произнесла она едва внятно.

Это становилось невыносимо: ещё минута, и я бы упал к ногам её.

— Итак, вы сами видите, — сказал я сколько мог твёрдым голосом и с принуждённой усмешкою, — вы сами видите, что я не могу на вас жениться. Если б вы даже этого теперь хотели, то скоро бы раскаялись. Мой разговор с вашей матушкой принудил меня объясниться с вами так откровенно и так грубо; я надеюсь, что она в заблуждении: вам легко её разуверить. Вы видите, я играю в ваших глазах самую жалкую и гадкую роль, и даже в этом признаюсь; вот всё, что я могу́ для вас сделать. Какое бы вы дурно́е мне́ние обо мне ни имели, я ему́ покоря́юсь... Ви́дите ли, я перед ва́ми ни́зок... Не пра́вда ли, если даже вы меня́ и люби́ли, то с этой мину́ты презира́ете?...

Она́ оберну́лась ко мне бле́дная, как мра́мор, то́лько глаза́ её чуде́сно сверка́ли.

— Я вас ненави́жу... — сказа́ла она́.

Я поблагодари́л, поклони́лся почти́тельно и вы́шел.

Через час курье́рская тро́йка мча́ла меня́ из Кислово́дска. За не́сколько вёрст от Ессентуко́в я узна́л близ доро́ги труп моего́ лихо́го коня́; седло́ бы́ло сня́то — вероя́тно, прое́зжим казако́м, — и, вме́сто седла́, на спине́ его́ сиде́ли два во́рона. Я вздохну́л и отверну́лся...

И тепе́рь, здесь, в этой ску́чной кре́пости, я ча́сто, пробега́я мы́слию проше́дшее, спра́шиваю себя́: отчего́ я не хоте́л ступи́ть на этот путь, откры́тый мне судьбо́ю, где меня́ ожида́ли ти́хие ра́дости и споко́йствие душе́вное?... Нет, я бы не ужи́лся с этой до́лею! Я, как матро́с, рождённый и вы́росший на па́лубе разбо́йничьего бри́га: его́ душа́ сжила́сь с бу́рями и би́твами, и, вы́брошенный на бе́рег, он скуча́ет и томи́тся, как ни мани́ его́ тени́стая ро́ща, как ни свети́ ему́ ми́рное со́лнце; он хо́дит себе́ це́лый день по прибре́жному песку́, прислу́шивается к однообра́зному ро́поту набега́ющих волн и всма́тривается в тума́нную даль: не мелькнёт ли там на бле́дной черте́, отделя́ющей си́нюю пучи́ну от се́рых ту́чек, жела́нный па́рус, снача́ла подо́бный крылу́ морско́й ча́йки, но ма́ло-пома́лу отделя́ющийся от пе́ны валуно́в и ро́вным бе́гом приближа́ющийся к пусты́нной при́стани...

III

ФАТАЛИСТ

Мне ка́к-то раз случи́лось прожи́ть две неде́ли в каза́чьей стани́це на ле́вом фла́нге; тут же стоя́л батальо́н пехо́ты; офице́ры собира́лись друг у дру́га поочерёдно, по вечера́м игра́ли в ка́рты.

Одна́жды, наску́чив босто́ном и бро́сив ка́рты под стол, мы засиде́лись у майо́ра С*** о́чень до́лго; разгово́р, про́тив обыкнове́ния, был занима́телен. Рассужда́ли о том, что мусульма́нское пове́рье, бу́дто судьба́ челове́ка напи́сана на небеса́х, нахо́дит и ме́жду на́ми, христиа́нами, мно́гих покло́нников; ка́ждый расска́зывал ра́зные необыкнове́нные слу́чаи pro и́ли contra.

— Всё э́то, господа́, ничего́ не дока́зывает, — сказа́л ста́рый майо́р, — ведь никто́ из вас не́ был свиде́телем тех стра́нных слу́чаев, кото́рыми вы подтвержда́ете свои мне́ния?

— Конче́чно, никто́, — сказа́ли мно́гие, — но мы слы́шали от ве́рных люде́й...

— Всё э́то вздор! — сказа́л кто́-то. — Где э́ти ве́рные лю́ди, ви́девшие спи́сок, на кото́ром назна́чен час на́шей сме́рти?... И е́сли то́чно есть предопределе́ние, то заче́м же нам дана́ во́ля, рассу́док? почему́ мы должны́ дава́ть отчёт в на́ших посту́пках?

В э́то вре́мя оди́н офице́р, сиде́вший в углу́ ко́мнаты, встал и, ме́дленно подойдя́ к столу́, оки́нул всех споко́йным и торже́ственным взгля́дом. Он был ро́дом серб, как ви́дно бы́ло из его́ и́мени.

Нару́жность пору́чика Ву́лича отвеча́ла вполне́ его́ хара́ктеру. Высо́кий рост и сму́глый цвет лица́, чёрные во́лосы, чёр-

ные проницательные глаза, большой, но правильный нос, принадлежность его нации, печальная и холодная улыбка, вечно
блуждавшая на губах его, — всё это будто согласовалось для
того, чтобы придать ему вид существа особенного, не способного делиться мыслями и страстями с теми, которых судьба
дала ему в товарищи.

Он был храбр, говорил мало, но резко; никому не поверял
своих душевных и семейных тайн; вина почти вовсе не пил, за
молодыми казачками, — которых прелесть трудно постигнуть,
не видав их, — он никогда не волочился. Говорили, однако, что
жена полковника была неравнодушна к его выразительным
глазам; но он не шутя сердился, когда об этом намекали.

Была только одна страсть, которой он не таил, — страсть к
игре. За зелёным столом он забывал всё и обыкновенно проигрывал; но постоянные неудачи только раздражали его упрямство. Рассказывали, что раз, во время экспедиции, ночью, он
на подушке метал банк, ему ужасно везло. Вдруг раздались
выстрелы, ударили тревогу, все вскочили и бросились к оружию. «Поставь ва-банк!» — кричал Вулич, не подымаясь, одному из самых горячих понтёров. «Идёт семёрка», — отвечал
тот, убегая. Несмотря на всеобщую суматоху, Вулич докинул
талью; карта была дана.

Когда он явился в цепь, там была уж сильная перестрелка.
Вулич не заботился ни о пулях, ни о шашках чеченских: он
отыскивал своего счастливого понтёра.

«Семёрка дана!» — закричал он, увидев его, наконец, в цепи застрельщиков, которые начинали вытеснять из лесу неприятеля, и, подойдя ближе, он вынул свой кошелёк и бумажник и отдал их счастливцу, несмотря на возражения о неуместности платежа. Исполнив этот неприятный долг, он бросился
вперёд, увлёк за собою солдат и до самого конца дела прехладнокровно перестреливался с чеченцами.

Когда поручик Вулич подошёл к столу, то все замолчали,
ожидая от него какой-нибудь оригинальной выходки.

— Господа! — сказал он (голос его был спокоен, хотя тоном ниже обыкновенного), — господа, к чему пустые споры?
Вы хотите доказательств: я вам предлагаю испробовать на себе, может ли человек своевольно располагать своею жизнью,

135

или каждому из нас заранее назначена роковая минута… Кому угодно?

— Не мне, не мне! — раздалось со всех сторон, — вот чудак! придёт же в голову!…

— Предлагаю пари, — сказал я шутя.

— Какое?

— Утверждаю, что нет предопределения, — сказал я, высыпая на стол десятка два червонцев — всё, что было у меня в кармане.

— Держу, — отвечал Вулич глухим голосом. — Майор, вы будете судьёю; вот пятнадцать червонцев; остальные пять вы мне должны, и сделаете мне дружбу, прибавите их к этим.

— Хорошо, — сказал майор, — только не понимаю, право, в чём дело, и как вы решите спор?..

Вулич молча вышел в спальню майора; мы за ним последовали. Он подошёл к стене, на которой висело оружие, и наудачу снял с гвоздя один из разнокалиберных пистолетов. Мы ещё его не понимали; но когда он взвёл курок и насыпал на полку пороха, то многие, невольно вскрикнув, схватили его за руки.

— Что ты хочешь делать? Послушай, это сумасшествие! — закричали ему.

— Господа! — сказал он медленно, освобождая свои руки, — кому угодно заплатить за меня двадцать червонцев?

Все замолчали и отошли.

Вулич вышел в другую комнату и сел у стола; все последовали за ним. Он знаком пригласил нас сесть кругом. Молча повиновались ему: в эту минуту он приобрёл над нами какую-то таинственную власть. Я пристально посмотрел ему в глаза; но он спокойным и неподвижным взором встретил мой испытующий взгляд, и бледные губы его улыбнулись; но, несмотря на его хладнокровие, мне казалось, я читал печать смерти на бледном лице его. Я замечал, и многие старые воины подтверждали моё замечание, что часто на лице человека, который должен умереть через несколько часов, есть какой-то странный отпечаток неизбежной судьбы, так что привычным глазам трудно ошибиться.

— Вы нынче умрёте! — сказал я ему.

Он быстро ко мне обернулся, но отвечал медленно и спокойно:

— Может быть, да, может быть, и нет...

Потом, обратясь к майору, спросил: заряжен ли пистолет? Майор в замешательстве не помнил хорошенько.

— Да полно, Вулич! — закричал кто-то, — уж верно, заряжен, коли в головах висел; что за охота шутить!...

— Глупая шутка! — подхватил другой.

— Держу пятьдесят рублей против пяти, что пистолет не заряжен! — закричал третий.

Составились новые пари.

Мне надоела эта длинная церемония.

— Послушайте, — сказал я, — или застрелитесь, или повесьте пистолет на прежнее место, и пойдёмте спать.

— Разумеется, — воскликнули многие, — пойдёмте спать.

— Господа, я вас прошу не трогаться с места! — сказал Вулич, приставив дуло пистолета ко лбу. Все будто окаменели.

— Господин Печорин, — прибавил он, — возьмите карту и бросьте вверх.

Я взял со стола, как теперь помню, червонного туза и бросил кверху: дыхание у всех остановилось; все глаза, выражая страх и какое-то неопределённое любопытство, бегали от пистолета к роковому тузу, который трепеща на воздухе, опускался медленно; в ту минуту, как он коснулся стола, Вулич спустил курок... осечка!

— Слава Богу! — вскрикнули многие, — не заряжен...

— Посмотрим, однако же, — сказал Вулич. Он взвёл опять курок, прицелился в фуражку, висевшую над окном; выстрел раздался — дым наполнил комнату; когда он рассеялся, сняли фуражку: она была пробита в самой середине, и пуля глубоко засела в стене.

Минуты три никто не мог слова вымолвить; Вулич преспокойно пересыпал в свой кошелёк мои червонцы.

Пошли толки о том, отчего пистолет в первый раз не выстрелил; иные утверждали, что, вероятно, полка была засорена, другие говорили шёпотом, что прежде порох был сырой и что после Вулич присыпал свежего; но я утверждал, что последнее предположе́ние несправедли́во, потому́ что я во всё вре́мя не спуска́л глаз с пистоле́та.

— Вы сча́стливы в игре́! — сказа́л я Ву́личу.

— В пе́рвый раз о́т роду, — отвеча́л он, самодово́льно улыба́ясь, — э́то лу́чше ба́нка и што́сса.

— Зато́ немно́жко опа́снее.

— А что? вы на́чали ве́рить предопределе́нию?

— Ве́рю; то́лько не понима́ю тепе́рь, отчего́ мне каза́лось, бу́дто вы непреме́нно должны́ ны́нче умере́ть...

Этот же челове́к, кото́рый так неда́вно ме́тил себе́ преспоко́йно в лоб, тепе́рь вдруг вспы́хнул и смути́лся.

— Одна́ко ж дово́льно! — сказа́л он, встава́я, — пари́ на́ше ко́нчилось, и тепе́рь ва́ши замеча́ния, мне ка́жется, неуме́стны... — Он взял ша́пку и ушёл. Это мне показа́лось стра́нным — и неда́ром.

Ско́ро все разошли́сь по дома́м, разли́чно толку́я о причу́дах Ву́лича и, вероя́тно, в оди́н го́лос называ́я меня́ эгои́стом, потому́ что я держа́л пари́ про́тив челове́ка, кото́рый хоте́л застрели́ться; как бу́дто он без меня́ не мог найти́ удо́бного слу́чая!..

Я возвраща́лся домо́й пусты́ми переу́лками стани́цы; ме́сяц, по́лный и кра́сный, как за́рево пожа́ра, на́чал пока́зываться из-за зубча́того горизо́нта домо́в; звёзды споко́йно сия́ли на тёмно-голубо́м сво́де, и мне ста́ло смешно́, когда́ я вспо́мнил, что бы́ли не́когда лю́ди премудрые, ду́мавшие, что свети́ла небе́сные принима́ют уча́стие в на́ших ничто́жных спо́рах за клочо́к земли́ и́ли за каки́е-нибудь вы́мышленные права́. И что ж? э́ти лампа́ды, зажжённые, по их мне́нию, то́лько для того́, чтоб освеща́ть их би́твы и торжества́, горя́т с пре́жним бле́ском, а их стра́сти и наде́жды давно́ уга́сли вме́сте с ни́ми, как огонёк, зажжённый на краю́ ле́са беспе́чным стра́нником! Но зато́ каку́ю си́лу во́ли придава́ла им уве́ренность, что це́лое не́бо с свои́ми бесчи́сленными жи́телями на них смо́трит с уча́стием, хотя́ немы́м, но неизме́нным!... А мы, их жа́лкие пото́мки, скита́ющиеся по земле́ без убежде́ний и го́рдости, без наслажде́ния и стра́ха, кро́ме той нево́льной боя́зни, сжима́ющей се́рдце при мы́сли о неизбе́жном конце́, мы не спосо́бны бо́лее к вели́ким же́ртвам ни для бла́га человечества, ни даже для собственного нашего счастия, потому что знаем его невозможность и равнодушно переходим от сомнения к сомнению, как наши предки бросались от одного заблуждения к другому, не имея, как они, ни надежды, ни даже того неопределённого, хотя и сильного наслаждения, которое встречает душа во всякой борьбе с людьми или с судьбою...

И много других подобных дум проходило в уме моём; я их не удерживал, потому что не люблю останавливаться на какой-нибудь отвлечённой мысли; и к чему это ведёт?... В первой молодости моей я был мечтателем; я любил ласкать попеременно то мрачные, то радужные образы, которые рисовало мне беспокойное и жадное воображение. Но что от этого мне осталось? одна усталость, как после ночной битвы с привидением, и смутное воспоминание, исполненное сожалений. В этой напрасной борьбе я истощил и жар души и постоянство воли, необходимое для действительной жизни; я вступил в эту жизнь, пережив её уже мысленно, и мне стало скучно и гадко, как тому, кто читает дурное подражание давно ему известной книге.

Происшествие этого вечера произвело на меня довольно глубокое впечатление и раздражило мои нервы. Не знаю наверное, верю ли я теперь предопредлению или нет, но в этот вечер я ему твёрдо верил: доказательство было разительно, и я, несмотря на то, что посмеялся над нашими предками и их услужливой астрологией, попал невольно в их колею; но я остановил себя вовремя на этом опасном пути и, имея правило ничего не отвергать решительно и ничему не вверяться слепо, отбросил метафизику в сторону и стал смотреть под ноги. Такая предосторожность была очень кстати: я чуть-чуть не упал, наткнувшись на что-то толстое и мягкое, но, по-видимому, не живое. Наклоняюсь — месяц уж светил прямо на дорогу — и что же? передо мною лежала свинья, разрубленная пополам шашкой... Едва я успел её рассмотреть, как услыхал шум шагов: два казака бежали из переулка; один подошёл ко мне и сиросил: не видал ли я пьяного казака, который гнался за свиньёй. Я объявил им, что не встречал казака, и указал на несчастную жертву его неистовой храбрости.

139

— Экой разбойник! — сказал второй казак, — как напьётся чихиря, так пошёл крошить всё, что ни попало. Пойдём за ним, Еремеич, надо его связать, а то...

Они удалились, а я продолжал свой путь с большей осторожностью, и наконец, счастливо добрался до своей квартиры.

Я жил у одного старого урядника, которого любил за добрый его нрав, а особенно за хорошенькую дочку Настю.

Она, по обыкновению, дожидалась меня у калитки, завернувшись в шубку; луна освещала её милые губки, посиневшие от ночного холода. Узнав меня, она улыбнулась, но мне было не до неё. «Прощай, Настя!» — сказал я, проходя мимо. Она хотела что-то отвечать, но только вздохнула.

Я затворил за собою дверь моей комнаты, засветил свечу и бросился на постель; только сон на этот раз заставил себя ждать более обыкновенного. Уж восток начинал бледнеть, когда я заснул, но — видно, было написано на небесах, что в эту ночь я не высплюсь. В четыре часа утра два кулака застучали ко мне в окно. Я вскочил: что такое?... «Вставай, одевайся!» — кричало мне несколько голосов. Я наскоро оделся и вышел. «Знаешь, что случилось?» — сказали мне в один голос три офицера, пришедшие за мною; они были бледны как смерть.

— Что?

— Вулич убит.

Я остолбенел.

— Да, убит! — продолжали они, пойдём скорее.

— Да куда же?

— Дорогой узнаешь.

Мы пошли. Они рассказали мне всё, что случилось, с примесью разных замечаний насчёт странного предопределения, которое спасло его от неминуемой смерти за полчаса до смерти. Вулич шёл один по тёмной улице; на него наскочил пьяный казак, изрубивший свинью, и, может быть, прошёл мимо, не заметив его, если б Вулич, вдруг остановясь, не сказал: «Кого ты, братец, ищешь?» — «*Тебя!*» — отвечал казак, ударив его шашкой, и разрубил его от плеча почти до сердца... Два казака, встретившие меня и следившие за убийцей, подоспели, подняли раненого, но он был уже при последнем издыхании и сказал только два слова: « Он прав!» Я один понимал тёмное значение этих слов: они относились ко мне; я предсказал невольно бедному его судьбу; мой инстинкт не обманул меня: я точно прочёл на его изменившемся лице печать близкой кончины.

Убийца заперся в пустой хате, на конце станицы: мы шли туда. Множество женщин бежало с плачем в ту же сторону; по временам опоздавший казак выскакивал на улицу, второпях пристёгивая кинжал, и бегом опережал нас. Суматоха была страшная.

Вот, наконец, мы пришли; смотрим: вокруг хаты, которой двери и ставни заперты изнутри, стоит толпа. Офицеры и казаки толкуют горячо между собою; женщины воют, приговаривая и причитывая. Среди их бросилось мне в глаза значительное лицо старухи, выражавшее безумное отчаяние. Она сидела на толстом бревне, облокотясь на свои колени и поддерживая голову руками: то была мать убийцы. Её губы по временам шевелились: молитву они шептали или проклятие?

Между тем надо было на что-нибудь решиться и схватить преступника. Никто, однако, не отваживался броситься первый.

Я подошёл к окну и посмотрел в щель ставня: бледный, он лежал на полу, держа в правой руке пистолет; окровавленная шашка лежала возле него. Выразительные глаза его страшно вращались кругом; порою он вздрагивал и хватал себя за голову, как будто неясно припоминая вчерашнее. Я не прочёл большой решимости в этом беспокойном взгляде и сказал майору, что напрасно он велит выломать дверь и броситься туда казакам, потому что лучше это сделать теперь, нежели после, когда он совсем опомнится.

В это время старый есаул подошёл к двери и назвал его по имени; тот откликнулся.

— Согрешил, брат Ефимыч, — сказал есаул, — так уж нечего делать, покорись!

— Не покорюсь! — отвечал казак.

— Побойся Бога! ведь ты не чеченец окаянный, а честный христианин. Ну, уж коли грех твой тебя попутал, нечего делать: своей судьбы не минуешь!

— Не покорюсь! — закричал казак грозно, и слышно было, как щёлкнул взведённый курок.

— Эй, тётка! — сказал есаул старухе, — поговори сыну, авось тебя послушает... Ведь это только Бога гневить. Да посмотри, вот и господа уж два часа дожидаются.

Старуха посмотрела на него пристально и покачала головой.

— Василий Петрович, — сказал есаул, подойдя к майору, — он не сдастся — я его знаю; а если дверь разломать, то много наших перебьёт. Не прикажете ли лучше его пристрелить? в ставне щель широкая.

В эту минуту у меня в голове промелькнула странная мысль: подобно Вуличу, я вздумал испытать судьбу.

— Погодите, — сказал я майору, — я его возьму живого. — Велев есаулу завести с ним разговор и поставив у дверей трёх казаков, готовых её выбить и броситься мне на помощь при данном знаке, я обошёл хату и приблизился к роковому окну: сердце моё сильно билось.

— Ах, ты окаянный! — кричал есаул, — что ты над нами смеёшься, что ли? али думаешь, что мы с тобой не совладаем? — Он стал стучать в дверь изо всей силы; я, приложив глаз к щели, следил за движениями казака, не ожидавшего с этой стороны нападения, — и вдруг оторвал ставень и бросился в окно головой вниз. Выстрел раздался у меня над самым ухом, пуля сорвала эполет. Но дым, наполнивший комнату, помешал моему противнику найти шашку, лежавшую возле него. Я схватил его за руки, казаки ворвались, и не прошло трёх минут, как преступник был уже связан и отведён под конвоем. Народ разошёлся, офицеры меня поздравляли — и точно, было с чем.

После всего этого как бы, кажется, не сделаться фаталистом? Но кто знает наверное, убеждён ли он в чём или нет?... И как часто мы принимаем за убеждение обман чувств или промах рассудка!... Я люблю сомневаться во всём: это расположение ума не мешает решительности характера; напротив, что до меня касается, то я всегда смелее иду вперёд, когда не знаю, что меня ожидает. Ведь хуже смерти ничего не случится — а смерти не минуешь!

Возвратясь в крепость, я рассказал Максиму Максимычу всё, что случилось со мною и чему был я свидетель, и пожелал узнать его мнение насчёт предопределения. Он сначала не понимал этого слова, но я объяснил его как мог, и тогда он сказал, значительно покачав головою:

— Да-с, конечно-с! Это штука довольно мудрёная!... Впрочем, эти азиатские курки часто осекаются, если дурно смазаны или не довольно крепко прижмёшь пальцем. Признаюсь, не люблю я также винтовок черкесских; они как-то нашему брату неприличны: приклад маленький — того и гляди нос обожжёт... Зато уж шашки у них — просто моё почтение!

Потом он примолвил, несколько подумав:

— Да, жаль беднягу... Чёрт же его дёрнул ночью с пьяным разговаривать!... Впрочем, видно, уж так у него на роду было написано!...

Больше я от него ничего не мог добиться: он вообще не любит метафизических прений.

NOTES

144

North Caucasus and the headquarters of the Russian forces in the region.

4   *Так-с точно* Precisely, sir. -c was an abbreviation of судaрь (sir).

4   *шутя* With no trouble.

4   *запрягите хоть двадцать... с проезжающих* You can harness twenty oxen, but if they shout at them in their language the oxen won't move from the spot. Terrible swindlers! But what can you do with them? They like to make money out of travellers.

4   *Алексей Петрович* Ермолов. (Lermontov's note). A. P. Ermolov (1772—1861) was in 1816 appointed C-in-C of the Russian forces in the Caucasus, but in 1826, suspected of complicity in the Decembrist revolt, he was recalled. Lermontov met Ermolov in January 1841.

4   *Линия* During the Caucasian campaigns of the eighteenth and nineteenth centuries the limits of the Russian advance were marked by линии, consisting of chains of forts and redoubts. Many modern Caucasian towns originated as strong points in the линия. Lermontov served in various forts in the линия of his day and in 1837 travelled right along it from Kizlyar to Taman'.

5   *хоть* at least.

5   *Гуд-Гора* A mountain with a pass through which the Georgian military highway ran.

7   *Чечня* An area in the North East Caucasus, inhabited by the Chechens (чеченцы). (See appendix on the Caucasian tribes).

7   *Каменный Брод* A fort, built in Ermolov's time on the river Aksai in Chechnya.

7   *Как не бывать*! How could there not be!

7   *кавказцы* Here: soldiers serving in the Russian army operating in the Caucasus. Early in 1841 Lermontov wrote a short essay, entitled *Кавказец*, which is in effect an extended biography of Maksim Maksimych. Lermontov defines his subject thus:

Кавказец есть существо полурусское, полуазиатское; наклонность к обычаям восточным берёт над ним перевес, но он стыдится её при посторонних, то есть при заезжих из России. Ему большею частью от тридцати до сорока лет; лицо у него загорелое и немного рябоватое; если он не штабс-капитан, то уж верно майор. Настоящих кавказцев вы находите на Линии; за горами, в Грузии, они имеют другой оттенок; статские кавказцы редки: они большею частью неловкое подражание, и если вы между ними встретите настоящего, то разве только между полковых медиков.

Настоящий кавказец человек удивительный, достойный всякого уважения и участия...

7   *А поболтать было бы о чём* And there would be something to talk about.

7   *фрунт* = фронт.

7   *да уж и досталось нам* And we certainly got it.

7   *Оно и точно...пропадший человек* That's how it is, another time you would spend a whole year without seeing anyone. Then as soon as vodka appears you are lost.

8   *пошла рубка* The fighting started.

8   *Я раз насилу ноги унёс* Once I only just managed to get away.

8   *мирной* A mountain tribesman who accepted Russian authority. However, since Russian authority was generally imposed by force and the tribesman's oath of allegiance not always sincere there was in practice little difference between мирные and немирные.

8   *Терек* A North Caucasian river rising on the slopes of Mount Kazbek and flowing into the Caspian Sea. For some time it marked the limit of the Russian advance in that area. Descriptions of the river appear in several of Lermontov's poems, including *Дары Терека, Демон* and *Черкесы*.

8   *Славный был малый* He was a wonderful chap.

8   *все иззябнут, устанут, — а ему ничего* Everyone would be frozen and tired, but not he.

8   *один на один* Hand to hand.

8   *так животики надорвёшь со смеха* You would split your sides laughing.

8   *не тем будь помянут* But let's not talk about that.

9   *у которых на роду написано* Who are fated.

9   *проворный на что хочешь* Ready for anything.

9   *не сносить тебе головы* You won't get away with it.

9   *яман будет твоя башка* You will lose your head. (яман is Turkic for bad).

9   *У меня было своё на уме* I had something in mind.

9   *всех встречных и поперечных* Everyone.

9   *джигитовка* Trick riding on horseback, practised by the young tribesmen of the Caucasus, especially the Circassians.

10   *только не расти, не цвести ему в нашем саду* But he won't grow and prosper in our land.

10   *не то чтоб* Not exactly.

10   *что запросит, давай, — хоть зарежь, не уступит* You have to give him what he demands — even if you started to kill him he wouldn't lower his price.

10   *Кубань* A North Caucasian river rising on Mount Elbruz and flowing into the Sea of Azov.

10   *абрек* The word originally meant an outlaw, a man renounced by his family and tribe after committing a murder. The Russians applied the name to their Caucasian opponents.

10   *Кабарда* A district in the North Caucasus, now the Kabardinian A.S.S.R.

11   *якши тхе, чек якши!* (Turkic) A good horse, very good!

11   *гяур* Mohammedan name for member of another faith; infidel.

12   *Сердце моё облилось кровью* My heart was bleeding.

12   *Карагёз* (Turkic) Black-eyes.

12   *Йок* (Turkic) No.

12   *гурда* A costly Eastern weapon of high quality steel, named after the maker, Gurda.

12   *приложи лезвием к руке, сама в тело вопьётся* Put the blade against your arm and it cuts in of its own accord.

13   *падишах* Padishah, the title of the Shah of Persia or the Sultan of Turkey.

13   *вполголоса* Я прошу прощение у читателей в том, что переложил в стихи песню Казбича, переданную мне, разумеется, прозой; но привычка — вторая натура. (Lermontov's note).

13   *Много красавиц в аулах у нас...* These lines are a variation of the *Черкесская песня* in Lermontov's *Измаил-Бей* (1832).

14   *Где тебе ездить на моём коне?* How can you hope to ride my horse?

14   *Живущи, разбойники* If they're alive, they're bandits.

15   *что хоть в воду* Unmercifully.

15   *скажи = сказал.*

16   *Урус яман, яман* (Turkic) The Russian is bad, bad.

17   *Да в том-то и штука* That's the point.

17   *ведь смекнул ... попался* He realised he wouldn't get away with it if caught.

17   *туда и дорога!* That's the way they go!

18   *Пожалуйте вашу шпагу* When an officer was arrested, his sword would be taken away; without it he had no right to leave his lodgings.

20   *Кизляр* A frontier fortress and town in the линия. In 1831 it was destroyed by the mountain tribes who had risen in support of Turkey, but was later rebuilt.

20   *это совсем не то, что* They are nothing like.

20   *да и только* But that's as far as it went.

21   *и был таков* And off he went.

23   *Крестовая* (гора) The *Krestovyi pereval*, linking the valleys of the Aragva and the Terek, is one of the highest points on the Georgian military highway (over 7,000 feet). As Lermontov explains, it received its name from a stone cross erected there.

24   *коренная* The middle horse of a *troika*.

24   *уносные* The leading pair of a four horse team.

24   *Le Mont St. Christophe* This name was given to the Krestovaya Mountain by the French traveller, J. F. Gamba (1763—1833), who did not realise that the Russian name was derived from крест. Lermontov calls him учёный ironically.

25   *Соловей-Разбойник* In Russian *byliny* a monster which stunned its victims by whistling.

25   *Пётр* I Peter the Great. The cross in question is that which gave the Krestovaya Mountain its name (see above). Lermontov here dismisses the legend that Peter erected this cross by pointing out that the cross he saw was put there by Ermolov in 1824. Pushkin, however, in his *Путешествие в Арзрум* notes that there was an earlier monument which Ermolov replaced.

25   *Дагестан* A mountainous district in the North East Caucasus.

25   *Коби* Kobi is situated at the foot of the Krestovaya Mountain, where the Georgian military highway meets the Terek.

25   *того и гляди* Before you know what's happening.

25   *Байдара* A tributary of the Terek.

25   *Уж мне эта Азия!* This damned Asia!

26   *Уж эти бестии! рады придраться, чтобы сорвать на водку* These damned swindlers. They'll go on and on at you if there's a chance of a tip.

26   *а запастись женой...не к лицу* Earlier I didn't think about getting married and now, well, it wouldn't suit me.

26   *Благородное собрание* A place where the local gentry gathered for meetings, receptions, etc.

26   *только куда им! совсем не то* But what about them? They're not the same at all.

27   *так его в лес и подмывает за кабанами или козами* He couldn't keep away from hunting wild boar and goats in the forest.

27   *загнув руки назад* With his hands behind his back.

27   *между ними чёрная кошка проскочила* Meaning: something has gone wrong between them.

150

37   *Владикавказ* The modern Ordzhonikidze, founded in 1784 as a fortress at the northern end of the Georgian military highway.

37   *оказия* a) opportunity (obs.) b) Что за оказия! What a state of affairs! (coll.) Later in the paragraph the author explains another meaning of оказия in this instance.

37   *Екатериноград* Another North Caucasian fort and town. In Lermontov's time the Georgian military highway started there.

38   *Казбек* Mount Kazbek is one of the highest peaks in the Caucasus (16,500 feet). Descriptions of it appear in several of Lermontov's poems, most notably in *Демон* and *Спор*.

38   *Фигаро* Figaro, the hero of Beaumarchais' *Le Barbier de Seville* and *Le Mariage de Figaro*, a lively and clever servant.

39   *они не свой брат, растрясут хоть английскую* **They are not the friendly sort. They'll shake even an English (carriage) to pieces.**

39   *Я у них недавно* I have not been with him long. (The plural was used by servants to refer to their master or mistress).

39   *Я тебе дам восьмигривенный на водку* I will give you threepence as a tip.

40   *что-то не хочется* I don't feel like it.

41   *мне было не до них* I didn't want them.

42   *Бальзакова зо-летняя кокетка* The heroine of Balzac's novel *La Femme de Trente Ans*.

43   *что было мочи* As fast as he could.

43   *куда это так спешите?* Why do you want to rush off like this ?

44   *да и незачем!* Why bother ?

44   *Что ему во мне?* Why should he be interested in me ?

45   *хоть в газетах печатайте* Print them, if you like.

46   *Где нам...за вами гоняться?* How can we, uneducated old men, keep up with you ?

151

46   *нашему брату* To the likes of us.

46   *Да я, знаете, так, к слову говорю* I am speaking as I think.

46   *розовый флёр* Transparent pink material (here in the transferred sense of the English "rose-coloured spectacles").

47   *Добро бы я был ещё его другом* It would be all right if I were his friend.

47   *Исповедь Руссо Les Confessions* of Rousseau.

49   *Тамань* A small town and port on the sea of Azov, originally founded by the Greeks in the sixth century B. C.

49   *по казённой надобности* On official business.

49   *К которой избе не подъедем — занята* Every hut we rode up to was full.

49   *Хоть к чёрту, только к месту* To the devil if you like, but somewhere.

49   *там нечисто!* Нечисто means both unclean and haunted.

49   *Геленджик* Now a spa on the Black Sea shore, was founded in 1831 as a fortified point.

50   *Не-ма* (coll.) No. This is one of a number of Ukrainian words which Lermontov introduces in Taman'. Others are совсим (= совсем); побигла (= побежала); ни (= нет), утикла (= убежала); бис (= бес); куды (= куда); ходив (= ходил); никуды (= никуда); яким (= каким).

50   *Керчь* A town and port on the Crimean shore of the Black Sea, originally founded by the Greeks in the sixth century B. C.

51   *В тот день немые возопиют и слепые прозрят* A misquotation from Isaiah XXIX, 18: "...в тот день глухие услышат слова книги, и прозрят из тьмы и мрака глаза слепых."

53   *Фанагория* A fortress, founded in 1778, on the Black Sea coast not far from Taman'.

53   *без вас* While you were out.

53   *Вот выдумывают, да ещё на убогого! за что вы его?* There you go making things up, and against a poor boy. What have you against him ?

54   *Как по вольной волюшке...* The girl's song is written in imitation of old Russian folk verse: As if of their own free will / across the green sea / boats are always sailing / with white sails. / Among these boats / is my little boat / a boat without sails, / two-oared. / If a storm arises / the old boats / raise their wings / and race across the sea. / I bow to the sea / low / 0 wicked sea, don't you dare to touch / my little boat: my little boat carries / valuable things, / she is steered in the dark night / by a daredevil.

55   *юная Франция* The name adopted by some of the young French romantic writters of the 1830's.

55   *Гётева Миньона* Mignon, the mysterious heroine of Goethe's novel, *Wilhelm Meisters Lehrjahre.*

56   *Где поётся, там и счастливится* Where there is singing, there too is good fortune.

56   *А как неравно напоёшь себе горе?* But suppose you bring sorrow on yourself by singing ?

56   *Держите под замочком* (coll.) Don't tell anyone.

57   *слушаю* Very good (in answer to a command).

57   *Я хвать за пояс* I clutched at my belt.

59   *зажилась, надо знать и честь* She has lived too long, mustn't outstay her welcome.

59   *На что мне тебя?* What concern of mine are you ?

59   *И зачем было судьбе* Why should fate.

59   *Да и какое дело мне до* And what business of mine is.

59   *подорожная* (obs.) A document authorising the bearer to use post horses.

60   *Пятигорск* A major health resort of the North Caucasus, situated on the River Podkumok and the lower slopes of Mount Mashuk. Lermontov visited the town many times and spent the last months of his life there, from May to July 1841.

60   *Машук*; *Бешту* Two of the mountains overlooking Pyatigorsk. Descriptions of these two peaks appear in Lermontov's *Аул Бастунджи*.

60   *последняя туча рассеянной бури* The first line of Pushkin's poem *Туча*:

> Последняя туча рассеянной бури!
> Одна ты несёшься по ясной лазури,
> Одна ты наводишь унылую тень,
> Одна ты печалишь ликующий день...

60   *Эльборус* Elbruz, the highest peak of the North Caucasus (18,500 feet). The mountain figures, with Mount Kazbek, in Lermontov's *Спор*.

60   *чего бы, кажется, больше?* What more could one want ?

60   *Елизаветинский источник* One of the mineral springs near Pyatigorsk.

61   *нумерованная пуговица* In Lermontov's day soldiers wore a number, indicating their unit, on their caps, buttons and epaulettes. Lermontov is here hinting that in the Caucasus one could meet officers who had been transferred from the guards to an army regiment (like Lermontov himself) or even reduced to the ranks (like many officers suspected of complicity in the Decembrist plot).

61   *белая фуражка* White caps were worn by soldiers on active service in the Caucasus.

61   *чающими движения воды* An expression taken from St. John's Gospel, V, 3, but here used ironically.

61   *Эолова Арфа* Aeolian harp — a stringed instrument which produces musical notes when exposed to the wind. An aeolian harp was set up on the roof of one of the pavilions on the outskirts of Pyatigorsk. This pavilion is still standing today.

62   *георгиевский солдатский крестик* A military award founded by Catherine II in 1769.

63   *одному из нас несдобровать* One of us will get hurt.

64   *gris de perles* (French) Pearl-grey.

64   *couleur puce* (French) Puce-coloured.

64   *Робинзон Крузо* Robinson Crusoe, the hero of Defoe's novel.

64   *A la moujik* (French) In peasant style.

64   *И есть за что* And with reason.

64   *Mon cher...dégoutante* (French) My dear fellow, I hate people so as not to despise them; otherwise life would become too loathsome a farce.

65   *Mon cher...trop ridicule* (French) My dear fellow, I despise women so as not to fall in love with them; otherwise life would become too ludicrous a melodrama.

66   *крещенский холод* An extremely cold spell, so called because the weather at the time of the festival of Epiphany (крещение) was often bitter.

67   *Эндимион* Endymion, in Greek mythology the son of Zeus, a personification of youth and beauty.

68   *Мефистофель* Mephistopheles, the evil spirit, Faust's companion in Goethe's *Faust*.

69   *римские авгуры* Roman augurs, priests in ancient Rome who claimed to foretell the future by studying the actions of birds, etc. According to Cicero the augurs would look significantly at each other during their divinations, mocking the gullability of the people.

70   *княгиня...а не княжна?* Княгиня is the wife, Княжна the daughter of a prince (князь).

70   *ваша история там наделала много шума* Your affair created a stir there.

71   *пустились в учёность* Have turned intellectual.

74   *Архимед* Archimedes once stated that if a fulcrum could be found the earth itself could be raised by a lever.

75   *у неё на дурном замечании* In her bad books.

78   *их ли это дело!* Is that their job?

78   *fievre lente* (French) An exhausting fever.

79   *Немецкая колония* A place on the road from Pyatigorsk to Zheleznovodsk. Lermontov himself picnicked

there on the last day of his life, before the duel with
Martynov.

of Evgenii in the first chapter of *Евгений Онегин*. Kaverin was an officer in the regiment in which Lermontov served.

97   *чего тебе ещё? от тебя и так уж несёт розовой помадой* What more do you want? You are already stinking of rose water.

98   *Библиотека для чтения* A St. Petersburg conservative literary journal edited from 1834 to 1865 by Senkovsky, under the pseudonym of Baron Brambeus.

98   *Александр Великий* Alexander the Great of Macedon.

98   *титулярный советник* The ninth of the fourteen Civil Service ranks in Tsarist Russia.

99   *мсьё* = Monsieur (French) Mr.

99   *vis-à-vis* (French) Opposite.

101   *битый час* A whole hour.

101   *Ермоловская ванна* One of the baths in Pyatigorsk.

103   *Нарзан* Originally a mineral water found near Kislovodsk, but the same name is also applied to other Caucasian mineral waters. The word is said to derive from the Kabardinian *nart-san*, the drink of a legendary tribe of ancient warriors.

103   *Подкумок* A tributary of the Kuma, flowing through Kislovodsk, Essentuki and Pyatigorsk.

103   *Но смешивать...числа* An inaccurate quotation from Griboedov's *Горе от ума* (Act III, scene 3):

> Когда в делах, я от веселий прячусь;
> Когда дурачится, дурачусь;
> А смешивать два эти ремесла
> Есть тьма искусников; я не из их числа.

104   *Нерон* Nero, the Roman emperor.

105   *Ума холодных...замет* The concluding lines of the dedication to *Евгений Онегин*.

105   *Тасс в своём Освобождённом Иерусалиме* Lermontov has in mind an episode from *Gerusalemme Liberata* by the Italian poet Tasso (1544—94), in which the knight Tancred enters the enchanted forest.

106   *Мне дурно!* I feel ill.

107   *Вампир* The story of Vampire was translated from
English into Russian in 1828. In his manuscript of
the *Predislovie* to *Geroi nashego vremeni* Lermontov
originally included the words: Если вы верили сушест-
вованию Мельмонта, Вампира и других, — отчего
же вы не верите в действительность Печорина?

107   *добрый малый* A good chap.

108   *в этом-то и штука* That's the point.

110   *Son coeur et sa fortune* (French) His heart and his
fortune.

110   *гадала про меня моей матери* Told my fortune to my
mother.

111   *хоть глаз выколи* Enough to hurt your eyes.

117   *умереть, так умереть!* If we must die, then let's die.

118   *Вальтер Скотт* Sir Walter Scott, (1771—1832) whose
historical novels enjoyed great popularity in Russia
in the early nineteenth century.

118   *Шотландские Пуритане* This is Sir Walter Scott's
novel *Old Mortality*, which was translated into Russian
in 1824, from a French edition entitled *Les Puritains
d'Ecosse*.

120   *его часы уходят* His watch is fast.

121   *драться, так драться* If we are going to fight, then
let's fight.

124   *Вспомните Юлия Цезаря* On the day of his murder
Julius Caesar is said to have stumbled as he entered
the Senate; this was interpreted as a bad omen.

126   *Finita la comedia!* (Italian) The comedy is over.

129   *Ессентуки* In Lermontov's day this was a cossack settlement, as he explains; now it is another health resort
on the Podkцmok between Pyatigorsk and Kislovodsk.

130   *сделало во мне счастливую диверсию* Created a
fortunate diversion.

130   *гаснул сном Наполеона после Ватерлоо* After his
defeat at Waterloo in 1815 Napoleon is said to have
been so exhausted that he slept for over twenty-four hours.

NOTES ON THE VOCABULARY

The vocabulary includes all the words found in the text except for the following:

i) The words listed in *One Thousand Russian Words* by Patrick Waddington (Bradda, 1963).

ii) A few words which are identical or almost identical in Russian and English, such as астрология, инстинкт, калейдоскоп, серб, эгоист, etc.

iii) Abstract nouns in -ность formed from listed adjectives. E. g. нравственный (moral) is included, but not нравственность (morality).

iv) Negative adjectives in не- formed from listed adjectives. Thus, значительный (significant) is included, but not незначительный (insignificant).

Verbs are given in the perfective or imperfective aspect or both, according to which appear in the text, except that the many verbs with perfective in по- are listed only in the imperfective aspect.

The following abbreviations are employed in the vocabulary:

Cauc.	=	Caucasian
coll.	=	colloquial
dim.	=	diminutive
fem.	=	feminine
i.	=	imperfective
obs.	=	obsolete
p.	=	perfective
voc.	=	vocative

VOCABULARY

A

абре́к (*Кавк.*) mountain bandit
аво́сь perhaps
адъюта́нт adjutant
азиа́т Asian
азиа́тский Asiatic
акаде́мический academic; artificial
ака́ция acacia
а́ли or
Алла́х Allah
алле́я avenue
амазо́нка a riding habit
аму́р Cupid
анато́мик (*obs.*) anatomist
ангажи́ровать (*obs.*) to invite
апоплекси́ческий apoplectic
арба́ bullock cart
аркан lasso
арме́ец soldier of the line
арме́йский of the line
армяни́н Armenian
армя́нка Armenian woman
арома́т scent, odour
архалу́к (*obs.*) a jacket
аул (*Кавк.*) village
афи́шка poster
а́хать (*i.*) to exclaim, gasp
а́хнуть (*p.*) to exclaim, gasp

Б

бага́ж luggage
багрове́ть (*i.*) to grow red
балова́ть (*i.*) to spoil
бара́н ram
бара́ний sheep's
ба́рин (*obs.*) gentleman, sir
барс snow leopard
ба́рхатный velvet
ба́рыня (*obs.*) lady, madame
ба́рышня (*obs.*) young lady

ба́сня fable
батальо́н battalion
ба́тюшка (*coll.*) dad; sir
бахрома́ fringe
башка́ (*coll.*) head
бег running; race
бе́глый fleeting
беда́ trouble, misfortune
бедня́к poor man
бедня́жка poor girl/woman/thing
бе́дствие calamity, disaster
безвку́сный tasteless, with bad taste
безмо́лвный silent
безно́гий legless
безнра́вственный immoral
безобра́зие ugliness, infamy
безобра́зный ugly
безору́жный unarmed, defenceless
безотчётный unaccountable
безоши́бочный faultless
безрассу́дный foolhardy
безру́кий armless
безу́мец madman
безу́мие madness
безу́мный mad
безу́мствовать (*i.*) to behave madly
безымённый anonymous
бе́ленький white
белизна́ whiteness
белова́тый whitish
белоку́рый fair-haired
бельё linen, underwear
бельмо́ wall-eye
бере́чь (*i.*) to take care, spare, save, keep
бере́чься (*i.*) to take care
бес demon
беси́ть to enrage
бесконе́чный infinite
беспе́чный carefree, heedless
беспоко́ить (*i.*) to worry, trouble
беспоко́йный uneasy, troubled

161

беспокойство trouble, anxiety, un-
  easiness
бесполезный useless
беспощадный merciless
беспрерывный uninterrupted
бессильный impotent, helpless
бессоница insomnia
бестия (coll.) cheat
бесцветный colourless
бесчисленный innumerable
бешенство rage, fury
бешеный furious
бешмет (Cauc.) coat
биение beating, throbbing
битва battle
бить (i.) to beat, strike
биться (i.) to fight, exert oneself
благо blessing, welfare
благовонный fragrant
благоговение awe, reverence
благодарить (i.) to thank
благодарный grateful
благодарствовать (obs.) to thank
благодеяние blessing, boon, benefit
благополучие well-being
благородие (obs.) excellency
благородный noble
благосклонный favourable, benevo-
  lent
благотворительный (obs.) chari-
  table
благотворный beneficial
блаженство bliss
бледнеть (i.) to grow pale
бледноватый pallid
блеск brightness, brilliance
блеснуть (p.) to flash, glitter,
  sparkle
блестящий brilliant
блеять (i.) to bleat
ближний near; neighbour
близ near
близкий near
близость nearness, intimacy
блистать (i.) to sparkle, shine
блондинка blonde
блуждать (i.) to roam, wander
блюдечко saucer
блюдо dish
Бог God
богатство riches
богатырский heroic
богиня goddess
бодрый cheerful, brisk
боевой combatant
Боже (voc.) God
божественный divine

бойкий smart, sharp
бок side
боковой side
боком sideways
болезненный sickly, painful, morbid
болезнь illness
болтать (i.) to chatter
болтливый talkative
боль pain
больно (coll.) very
бородавка wart
борт side
борьба struggle
босой barefoot
бостон a card game
ботинок shoe, boot
боязнь fear
бранить (i.) to scold; abuse
брань scolding; abuse
бревно log, beam
бред delirium
бредить (i.) to be delerious
бренчать (i.) to jingle, strum
бриг brig
бровь brow
брод ford
бродить (i.) to wander, rove
бронзовый bronze
брыжи (obs.) cravat, ruffle
брызги spray
бубен tambourine
будить (i.) to wake, rouse
будущность future; career
буза an intoxicating drink
бузина elder (bush)
буйный violent, impetuous
буква letter
буквальный literal
булыжник cobblestone
бульвар boulevard
бумажник wallet
бурка Caucasian cloak
бурый brown
буря storm
бушевать (i.) to rage, bluster
бык bull
быстрота speed
быстрина rapids

В

вал rampart
валить (i.) to overturn, fell
валлах! by Allah!
валун boulder
вальс waltz
вальсировать (i.) to waltz

162

ванная bathroom
вброд by fording
ввериться (p.) to trust
вглядываться (i.) to peer, look intently
вдалеке far off
вдали (вдаль) far off
вдвоём (two) together
вдобавок besides
вдоволь enough
вдохнуть (p.) to inhale
вдребезги to fragments
вдыхать (i.) to inhale
ведь you see
веер fan
вежливый polite
везде everywhere
велеть (i.) to order
великодушие generosity, magnanimity
великолепный superb
величайший greatest
величать (i.) to extoll
величие grandeur
величина largeness, size
венгерка (obs.) jacket with lace on chest
венец crown
вера faith, trust
верблюд camel
верный correct, loyal, trustworthy
веровать (i.) to believe
верста (obs.) verst
вертеться (i.) to spin; turn round
верх top
верхом on horseback
вершина top, summit
весло oar
весть news
ветвь branch
ветка branch, twig
ветренный windy; flighty
ветхий ramshackle
вечерний evening
вещица little thing; trifle
веять to waft
взад и вперёд back and forth
взаимный mutual
взапуски racing
взбелениться (p.) (coll.) to become furious
взбивать (i.) to fluff up
взбирать (i.) to climb
взвалить (p.) to load
взвешивать (i.) to weigh
взвизгнуть (p.) to squeak, scream

взвиться (p.) to fly up
взволновать (i.) to excite, agitate
взгляд glance, look
взглянуть (p.) to glance, look
вздёрнутый turned up
вздор nonsense
вздохнуть (p.) to sigh
вздрогнуть (p.) to start; to shudder
вздумать (p.) to take into one's head
вздыхать (i.) to sigh
взмахнуть (p.) to flourish, wave
взнуздать (p.) to bridle, curb
взобраться (p.) to climb
взор gaze, look
взяться (p.) to take hold of; to begin
видать (i.) to see
видывать (i.) to see
вина fault
виноградный vine
виноватый guilty; apologetic
винтовка rifle
висеть (i.) to hang
вист whist
виться (i.) to wind, whirl
вихрь whirlwind
вишь (coll.) look
вкус taste
владеть (i.) to possess
влажный damp
властный dictatorial, overbearing
власть power, authority
влияние influence
влюбиться (p.) to fall in love
вмешаться (i.) to interfere, intervene
вмиг in a flash
внешний outward, exterior
внимательный attentive
внимать (i.) to listen, hear
вновь again
внутренний inward, interior
внятный audible, distinct
вовсе quite; at all
во-вторых secondly
водопад waterfall
военный military
вожжа rein
возбудить (p.) to excite, arouse, provoke
возбуждать (i.) to excite, arouse, provoke
возвращение return
возвысить (p.) to raise, exalt
возвышать (i.) to raise, exalt
возвышенный lofty, elevated

163

во́зглас exclamation
воздержи́ваться to forbear, refrain, hold back
возду́шный air, airy
во́зле beside
возмути́ть (*p.*) to anger
возмуща́ть (*i.*) to anger
вознагради́ть (*p.*) to reward
вознагржда́ть (*i.*) to reward
возни́кнуть (*p.*) to arise
возобновля́ть (*i.*) to renew
возобнови́ть (*p.*) to renew
возража́ть (*i.*) to object, retort
возрази́ть (*p.*) to object, retort
во́ин warrior
во́инственный warlike
вокру́г around
волна́ wave
волне́ние agitation
волнова́ть (*i.*) to agitate, disturb
волокни́стый fibrous
волочи́ться (*i.*) to court
волчо́к spinning top
волше́бный magic
во́льный free
во́люшка will
во́ля will; freedom
вообража́ть (*i.*) to imagine
вообрази́ть (*p.*) to imagine
вооружи́ться (*p.*) to arm
во-пе́рвых firstly
вопреки́ despite
вор thief

ворва́ться (*p.*) to burst in
воровско́й of thieves
во́рон raven
вороно́й black
воро́та gates
воротни́к collar
воро́чаться (*i.*) to toss

ворча́ть (*i.*) to growl, grumble
воскли́кнуть (*p.*) to exclaim
восклица́ние exclamation
восково́й waxen
воспита́ть (*p.*) to educate
воспи́тывать (*i.*) to educate

воспо́льзоваться (*p.*) to take advantage of
воспомина́ние recollection, reminiscence
восстана́вливать (*i.*) to restore, reestablish
восстанови́ть (*p.*) to restore, reestablish
восто́рг rapture, delight
восто́рженный enthusiastic

восхити́ться (*p.*) to admire, to be enraptured
восхища́ться (*i.*) to admire, to be enraptured
впада́ть to fall, to flow into; to sink
впасть to fall, to flow into; to sink
вперёд forward
впечатле́ние impression
вполго́лоса in an undertone
вполне́ fully
вполови́ну half
впосле́дствии later
впро́чем however
вприпры́жку skipping
вражде́бный hostile
вре́заться (*p.*) to be engraved
вро́де like
врождённый innate
врыва́ться (*i.*) to burst into
вряд ли hardly
вса́дник horseman
всео́бщий common, general
вскипе́ть (*p.*) to boil; to fly into a rage
вско́ре soon
вскочи́ть (*p.*) to jumb up
вскри́кнуть (*p.*) to cry out
вслед after
вслу́шиваться (*i.*) to listen attentively
всма́триваться (*i.*) to scrutinize
всплесну́ть (*p.*) to throw up
всполоши́ться (*p.*) to take alarm
вспомина́ть (*i.*) to recollect
вспо́мнить (*p.*) to recall
вспы́хнуть (*p.*) to flare up
встарину́ in olden times

встрево́жить (*p.*) to worry, trouble
встре́чный и попере́чный the first comer, anyone
вступи́ться (*p.*) to champion
втащи́ть (*p.*) to drag into
втори́чный second, secondary
второпя́х in haste
в-тре́тьих thirdly
вцепи́ться (*p.*) to seize
вцепля́ться (*i.*) to seize
выбива́ться из сил (*i.*) to become exhausted
вы́биться из сил (*p.*) to become exhausted
вы́веска signboard
вы́глядеть (*i.*) to look, appear
выгля́дывать (*i.*) to peep out
вы́годный profitable, favourable

выдава́ть (*i.*) to give away; to betray
вы́дать (*p.*) to give away; to betray
вы́дернуть (*p.*) to pull out
вы́думка invention, lie
выжима́ть (*i.*) to wring, squeeze
вы́жить (*p.*) to survive
вы́звать (*p.*) to challenge, evoke
вы́здороветь (*p.*) to recover
вы́зов challenge
вызыва́ть (*i.*) to challenge, evoke
вы́катиться (*p.*) to roll out
вылеза́ть (*i.*) to climb out
вы́лечить (*p.*) to cure
вы́ложенный laced
вы́ложить (*p.*) to unpack
вы́молвить (*p.*) to utter
вы́мысел invention, falsehood
вы́нести (*p.*) to bear
вы́прямиться (*p.*) to straighten oneself
вы́путаться (*p.*) to extricate, disentangle oneself
вы́пучить глаза́ (*p.*) to goggle
выража́ть (*i.*) to express
вырази́тельный expressive
вы́разить (*p.*) to express
вы́сказать (*p.*) to express
выска́кивать (*i.*) to jump out
вы́скочить (*p.*) to jump out
высо́бывать (*i.*)
высокоблагоро́дие (*obs.*) excellency
вы́сохнуть (*p.*) to dry; to fade
вы́спаться (*p.*) to sleep enough
вы́ставить (*p.*) to expose; to exhibit
выставля́ть (*i.*) to expose; to exhibit
вы́стрел shot
вы́стрелить (*p.*) to shoot
вы́сунуть (*p.*) to thrust out
высыпа́ть (*i.*) to pour out
выта́лкивать (*i.*) to push out
выта́скивать (*i.*) to pull out
вы́тащить (*p.*) to pull out
вы́тереть (*p.*) to dry; to wipe
вытесня́ть (*i.*) to force out
вытря́хивать (*i.*) to shake out
выть (*i.*) to howl, roar
вы́тянуть (*p.*) to stretch; extend; to pull out
вы́хватить (*p.*) to pull out; to snatch out
вы́хлебнуть (*p.*) to drink up
вы́хлёбывать (*i.*) to drink up
вы́ходка trick; sally; act

вы́чурный ornate, pretentious
вышеименно́ванный above-mentioned
вышива́ть (*i.*) to embroider
вы́шить (*p.*) to embroider
вы́шка watch-tower
вя́лый flabby, limp; languid

Г

гада́ть (*i.*) to guess; to tell fortune
га́дкий foul, disgusting
галиматья́ balderdash
галу́н lace; epaulette
гаризо́н garrison
га́снуть (*i.*) to go out
гастроно́м gastronome
гвалт hubbub
гварде́ец guardsman
гвоздь nail, peg
ге́ний genius
геро́йский heroic
ги́бкий flexible, lithe, supple
ги́бнуть (*i.*) to perish
гла́вный main
гла́дкий smooth
глазёнок eye
глота́ть (*i.*) to swallow
глубина́ depth
глупе́ц fool
глу́пый stupid
глухо́й deaf; hollow
гляде́ть (*i.*) to look, gaze
гна́ться to pursue; to strive
гнев anger, rage
гневи́ть (*i.*) to enrage
гнездо́ nest
го́вор sound of voices
головоре́з cut-throat, ruffian
го́лод hunger
гололе́дица ice-crusted ground
голосо́к voice
голубова́тый bluish
го́лубь dove, pigeon
го́лый naked bare
голы́ш pebble
гоня́ться to pursue, hunt
гора́здо much, far
горба́тый hunchbacked
го́рдый proud
го́ре grief, misfortune
го́рестный grievous, sorrowful
го́ресть grief, sorrow
го́рец mountaineer
горизо́нт horizon
горни́ло forge
городи́шко god-forsaken little town

городо́к little town
го́рький bitter
горя́чка fever
Го́споди (voc.) Lord
гото́вность readiness
град hail
гребёнка comb
гре́бень comb; crest
гре́зить (i.) to dream
гренаде́р grenadier
греть (i.) to warm
грех sin
гри́ва mane
грима́са grimace
гроб coffin
гроза́ thunderstorm
грози́ть (i.) to threaten
гро́зный threatening, terrible
грозово́й stromy, thundery
грома́да huge thing
громозди́ться (i.) to tower up
грот grotto
грош penny; brass farthing
гру́бый rude, coarse
гру́да heap, pile
грудь chest, breast
груз load
грузи́н Georgian
грузи́нка Georgian woman
Гру́зия Georgia
гру́ппа group
грусти́ть (i.) to be sad
гру́стный sad, melancholy
грусть sadness, melancholy
гря́нуться (p.) to crash down
губе́рнский (obs.) of the province
гуде́ть (i.) to hoot, whistle
гуля́нье walk
густе́ть (i.) to thicken
густоли́ственный thick-foliaged

Д

далеста́нский of Daghestan
даль distance
да́льний distant
дар gift
дари́ть (i.) to present, give
да́ром for nothing
две́рца (dim.) door
дви́гаться (i.) to move
двойно́й double
двор yard; court
двугла́вый two-headed
дева́ться to go; to be put
де́вка girl, wench
де́вственный virgin

девчо́нка girl
де́йствие action; operation
действи́тельность reality
де́йствовать (i.) to act, to have an effect
де́йствующий active
де́нди dandy
денщи́к batman
дёргать (i.) to tug
дереву́шка hamlet
деревя́нный wooden
де́рзкий cheeky, insolent
де́рзость cheek, insolence
дёрн turf
дёрнуть (p.) to tug
де́скать (obs.) quoth he
деся́тник (obs.) junior rank in Cossack forces
де́тство childhood
джиги́т skilful horseman
джигито́вка trick-riding
диале́ктика arguments, reasoning
ди́во marvel, wonder
дика́рка (fem.) savage
ди́кий wild
дико́винка wonder, rarity
диссерта́ция dissertation
дичи́ться (i.) to shun
дичь game
дишка́нт (obs.) treble
длина́ length
дно bottom
добива́ться (i.) to obtain, achieve
доби́ться (p.) to obtain, achieve
добро́ good; property
доброду́шный good-natured
добря́к good man
добы́ча booty; profit
дове́ренный trusted
до́верху to the top
дове́рчивый trusting; credulons
дово́льствоваться (i.) to be content with
догада́ться (p.) to guess
дога́дываться (i.) to guess
догна́ть (p.) to catch up
догоня́ть (i.) to catch up
догоре́ть (p.) to burn low/out
дожда́ться (p.) to wait
дожида́ться (i.) to wait, expect
доказа́тельство proof, argument
доказа́ть (p.) to prove
дока́зывать (i.) to prove
доки́нуть (p.) to finish dealing
докла́д report, announcement
до́лжность post, function
доли́на valley

доля share
домик house
донашивать (i.) to wear out
донести (p.) to report; to denounce
доносить (i.) to report; to denounce
допивать (i.) to drink up
допить (p.) to drink up
дополнять (i.) to add, supplement
дорожить (i.) to value; to care for
дорожный travelling
досада annoyance, disappointment
досадный annoying
достать (p.) to obtain; to touch
достаться (p.) to fall into one's hands
достигнуть (p.) to reach; to achieve
достойнство merit, dignity
достойный deserving, worthy
досыта to one's heart's content
дочка daughter
драгоценный valuable
драгунский of the dragoons
дразнить (i.) to teach
драть (i.) to tear; to flog
драться (i.) to fight
древний ancient
дрова firewood
дрожать (i.) to tremble, shiver
дрожь trembling, shiver
дружба friendship
дружеский friendly
дуга arc
дуло muzzle
дума (obs.) thought
дура (fem.) fool
дурачить (i.) to make a fool of
дурачиться (i.) to play the fool
дурной ill; bad evil
дуть (i.) to blow
дуться (i.) to be cross with
духан (Сauc.) village inn
духанщица (Сauc.) village innkeeper's wife
душа soul
душевный spiritual
душенька darling
душный stuffy
дым smoke
дымиться (i.) to smoke, steam
дыхание breath
дышать (i.) to breath
дьявол devil

Е

едва hardly

едва не almost
единый single, only
единственный single only
едкий bitter, caustic
ежели if
ежеминутно every minute
ей-Богу by God
есаул (obs.) officer in Cossack forces

Ж

жадный greedy, avid
жажда thirst, craving
жалеть (i.) to pity
жалкий pitiful, wretched
жалоба complaint
жаловаться (i.) to complain
жар heat; fever
жара heat
желать (i.) to desire
железо iron
желтеть (i.) to turn yellow
жёлчная горячка bilious fever
жёлчь gall, bile
женитьба marriage
жениться (i.) and (p.) to marry
жених bridegroom, fiance
женский female
жертва victim, casrifice
жертвовать (i.) to sacrifice, give
жестокий cruel
живой living, lively
живописный picturesque
живот stomach
животворящий vivifying
жид (coll.) Jew
жизненный life
жила vein
жилет waistcoat
жилистый sinewy
жилище home
житель inhabitant
житьё-бытьё (coll.) life
жребий lot
жужжание humming, buzzing
журнальный journalistic
журнал (obs.) diary

З

забавить (p.) to amuse
забавлять (i.) to amuse
забавный amusing
заблуждение error, delusion
забор fence
забота care, worry

заботиться (*i.*) to take, care, to look after
заваленный blocked
завернуть (*p.*) to wrap up; to turn
завещать (*i.*) to bequeath
завидный enviable
завидовать (*i.*) to envy
завизжать (*p.*) to scream
зависеть (*i.*) to depend
завистливый envious
зависть envy
завлечься (*p.*) to be lured
завязка knotting of plot; tie
загадка riddle
загадочный enigmatic
загар sunburn, tan
загашенный extinguished
заглавие title
заглядывать (*i.*) to glance
заглушать (*i.*) to drown, stifle
загнуть (*p.*) to bend
заговор conspiracy
загорелый sunburned, tanned
загородить (*p.*) to enclose, block, obstruct
заграничный foreign
загреметь (*p.*) to sound loud
загудеть (*p.*) to hoot, buzz
задворье back-yard
задержать (*p.*) to delay, hamper
задерживать (*i.*) to delay, hamper
задёрнуть (*p.*) to tug
задний rear
задремать (*p.*) to doze, slumber
задумать (*p.*) to plan, conceive
задуматься (*p.*) to fall thinking, to be thoughtful
задумчивый pensive, thoughtful
задыхаться (*i.*) to choke, pant
зажарить (*p.*) to fry, roast
зажать (*p.*) to press
зажечь (*p.*) to strike (match); to light
зажурить (*p.*) to screw up (eyes)
зазвенеть (*p.*) to clank, ring
зазнаваться (*i.*) to put on airs
зазывать (*i.*) to call, invoke
заиграть (*p.*) to begin play
закавказский Transcaucasian
закадычный intimate
закат sunset
закатиться (*p.*) to set
закачаться (*p.*) to rock
закидывать (*i.*) to throw; to assail
закинуть (*p.*) to throw back
закипеть (*p.*) to boil
заклад wager

закладывать (*i.*) to harness
заключение conclusion
заклятье promise, invocation
заколдованный bewitching
закончить (*p.*) to finish
закопчёный sooty
закорючка hook; the rub
закрасться (*p.*) to steal/creep in
закружиться (*p.*) to whirl; to feel giddy
закурить (*p.*) to smoke
закутать (*p.*) to wrap up
заложить (*p.*) to harness; to put
замашка habit; way
заменить (*p.*) to substitute
заменять (*i.*) to substitute
замёт (*obs.*) observation
заметный noticeable
замечательный remarkable
замешательство confusion, embarrassment
заминать (*i.*) to stutter; to hesitate
замок lock
замочек lock
замолкнуть (*p.*) to be/fall silent
замолчать (*i.*) to be/fall silent
замужем married
замучить (*p.*) to torment
замыкать (*i.*) to lock, close
замысел project, plan
замышлять (*i.*) to plan
замяться (*p.*) to stutter; to hesitate
занимательный interesting
заохать (*p.*) to groan
запастись (*p.*) to supply oneself
запах smell
запачкать (*p.*) to sail
запевать (*i.*) to begin to sing
запереть (*p.*) to lock
запеть (*p.*) to begin to sing
записка note
заплатка patch
запомнить (*p.*) to memorise
запрещать (*i.*) to forbid
запросить (*p.*) to demand
запрягать (*i.*) to harness
запрячь (*p.*) to harness
запутать (*p.*) entangle, confuse
запылять (*p.*) to blaze
запыхаться (*i.*) to be out of breath
заражать (*i.*) to infect
заранее in good time
завереть (*p.*) to roar
зарево glow, redness
зарезать (*p.*) to kill
зарасти (*p.*) to overgrow
зарыдать (*p.*) to sob

заря́ glow, daybreak, twilight
заря́д shot, charge
заряди́ть (*p.*) to charge, load
заса́ленный greasy
засверка́ть (*p.*) to sparkle
засвети́ть (*p.*) to light
засе́сть (*p.*) to fall into
засиде́ться (*i.*) to sit up late
заслу́живать (*i.*) to deserve
засну́ть (*p.*) to fall asleep
засори́ть (*p.*) to litter
заста́вить (*p.*) to compel
заставля́ть (*i.*) to compel
заста́ть (*p.*) to find
застегну́ть (*p.*) to button up
застига́ть (*i.*) to catch, surprise
застре́льщик rifleman, fusilier
засыпа́ть (*i.*) to fall asleep
затвори́ть (*p.*) to shut
затева́ть (*i.*) to devise, undertake
заткну́ть (*p.*) to obstruct; to thrust
зато́ in return; on the other hand
затопи́ть (*p.*) to light
затрудни́тельный difficult, embarrassing
заты́лок back of the head
затяну́ть пе́сню (*p.*) to begin a song
зауны́вный mournful, dismal
захо́д sunset
захолу́стье remote place
захохота́ть (*p.*) to chortle
захрапе́ть (*p.*) to snore
зацепи́ться (*p.*) to clutch
зацепля́ться (*i.*) to clutch
зача́хнуть (*p.*) to pine away
зашата́ться (*p.*) to reel, stagger
зашевели́ться (*p.*) to stir, move
зашипе́ть (*p.*) to hiss
защи́та defence
защити́ть (*p.*) to defend
защища́ть (*i.*) to defend
за́яц hare
звать call
звёздочка star
звене́ть (*i.*) to ring
звено́ link
зверь wild animal
звон ringing
зву́чный sonorous
зде́шний local, this
здра́вый смысл common sense
зева́ть (*i.*) to yawn
зевну́ть (*p.*) to yawn
земляно́й earthen
зерно́ grain, seed, corn
зия́ть (*i.*) to gape, yawn
зло evil

зло́ба malice, spite
злове́щий ominous
злоде́й villain
злой evil, wicked
злопа́мятный resentful, spiteful
злосло́вие malignant, gossip, scandal
злость fury, malice
змеи́ный snake-like
змея́ snake
знако́мец acquaintance
знако́мство acquaintance
знамени́тый famous
зна́тный noble
знать nobility
значи́тельный significant
зной heat, sultriness
зола́ ash
золоти́стый golden
золоти́ть (*i.*) to gild
зо́лото gold
золото́й golden
золоту́ха scrofula
зрачо́к pupil of the eye
зре́лый ripe, mature
зубе́ц tooth; crag
зубча́тый jagged

И

игра́ game
игро́к player; gambler
игру́шка toy
изба́ hut
изба́вить (*p.*) to save; to get rid of
избалова́ть (*p.*) to spoil
избега́ть (*i.*) to avoid
избе́гнуть (*p.*) to avoid
изве́стие news
известча́тый lime
извести́ть (*p.*) to inform, announce
извеща́ть (*i.*) to inform, announce
извива́ться (*i.*) to twist, wriggle
изви́листый winding
извини́тельный excusable, apologetic
извини́ть (*p.*) to forgive
извиня́ть (*i.*) to forgive
изво́зчик cabman, driver
изво́лить (*p.*) to desire, to grant
изгна́нник exile
изгна́нница exile
и́здали from a distance
издо́хнуть (*p.*) to die
издыха́ть (*i.*) to die
иззя́бнуть (*p.*) to freeze
изли́ть (*p.*) to pour out

169

изложиться (p.) to give account
измена treachery
измучить (p.) to torment; to exhaust
изнеможение exhaustion
изнурить (p.) to exhaust
изнутри from within
изобличать (i.) to unmask
изобличить (p.) to unmask
изображать (i.) to portray
изобразить (p.) to portray
изобрести (p.) to invent
изобретать (i.) to invent
изорванный tattered
изредка now and then
изрубать (i.) to hack
изрубить (p.) to hack
изрытый pitted
изысканный refined, exquisite
именно namely
иначе otherwise
инвалид veteran
индейка turkey
иней hoar-frost
иной other
исключать (i.) to exclude
исключить (p.) to exclude
исключительный exceptional
исколотый stabbed all over
искоса askance, out of the corner of the eye
искра spark
искренний sincere
искусный dextrous, skilful
искусство art, skill
испариться (p.) to evaporate; to exhale
испаряться (i.) to evaporate; to exhale
исповедовать (i.) to listen to confession
исповедь confession
исподлобья frowning
исподтишка stealthily, on the sly
исполнить (p.) to fulfil; to fill
исполнять (i.) to fulfil; to fill
испортить (p.) to spoil
исправитель reformer
исправить (p.) to reform
исправлять (i.) to reform
испробовать (p.) to test
испугать (p.) to scare
испытать (p.) to try; to experience
иссушать (i.) to dry; to wither
иссушить (p.) to dry; to wither
истина truth
источник source

истощать (i.) to exhaust
истощить (p.) to exhaust
исход outcome, result
исхудать (p.) to become emaciated
исчезать (i.) to disappear
исчезнуть (p.) to disappear
исчёрчанный lined

К

кабан wild boar
кабардинец inhabitant of Kabarda
кабардинский Kabardinian
кабинет study
каблук heel
кабы (coll.) if
кавалер partner
кавалькада cavalcade
Кавказ Caucasus
кавказец Caucasian
кадриль quadrille
казак Cossack
казаться (i.) to seem
казачий Cossack
казачка Cossack woman
казённый government, official
казнь execution
как будто as if
как бы as if
как только as soon as
каламбур pun
калека cripple
калитка wicket gate
калоша galosh
калым bride-price
каменистый stony
каменный stony
камыш reed
каприз whim, caprice
карабкаться (i.) to scramble
карагач a species of tree
караул sentry; help!
караулить (i.) to keep watch
карета carriage
карий brown
касаться (i.) to touch
катиться (i.) to roll
кафтан caftan (a coat)
кахетинский Cahetian
качать (i.) to rock
каяться (i.) to repent
кверху upwards
кивнуть (p.) to nod
кинжал dagger
кинуть (p.) to throw
кипеть (i.) to bail
кипяток boiling water

170

кисе́йный muslin
кислосе́рный sulphate
кла́няться (i.) to bow
клевета́ slander
кле́тка cage
клони́ться (i.) to lean
клоп bed-bug
клочо́к scrap, shred, rag
клуб club; puff
клуби́ться (i.) to curl, wreathe
ключ key; spring
кля́сться (i.) to swear
кля́тва oath
кля́ча old horse
кнут whip
княги́ня princess
кня́жеский princely
княжна́ princess
князь prince
кобы́ла mare
кова́рный cunning
ко́готь claw
ко́жа skin
козёл goat
коке́тка coquette
коке́тничать to flirt
коке́тство coquetry
колеба́ть (i.) to shake
колеба́ться (i.) to hesitate
колесо́ wheel
коле́я rut
ко́лкий prickly, biting
коло́дец well
колоко́льчик little bell
коло́нна column
колоти́ть (i.) to thrash
кольну́ть (p.) to stab; pierce
кольцо́ ring
кольчу́га chain mail
колю́чка thorn, prickle
коля́ска carriage
комар gnat, mosquito
компа́ния company
компромети́ровать (i.) to compromise
контрабанди́ст smuggler
кончи́на decease, death
конь steed
коню́шня stable
копы́то hoof
кора́бль ship
кора́н Koran
корм food, fodder
корма́ stern
корми́ть (i.) to feed
ко́рпус corps
ко́ршун vulture

коса́ scythe
ко́свенный indirect, oblique
косма́тый shaggy
косну́ться (p.) to touch
косого́р slope
ко́сточка little bone; pip
косты́ль crutch
косы́нка scarf
кото́мка wallet
кочево́й nomadic
кошелёк purse
край edge
краса́вица beauty
красне́ть (i.) to blush
краснова́тый reddish
краснор́ечие eloquence
красова́ться to show off
красота́ beauty
крат time
креди́т credit; reputation
кре́мень flint
кремни́стый flinty
крепостно́й of a fortress
кре́пость fortress
крест cross
кре́стик small cross
крести́ть (i.) to cross; to christen
криво́й crooked
крик shout
кри́кнуть (p.) to shout
крова́вый bloody
кро́вля roof
кровь blood
кроши́ть (i.) to chop up
круг circle
кру́жево lace
кружи́ться (i.) to turn, whirl
кружо́к little circle
крутизна́ steep hill; steepness
крути́ться (i.) to turn, whirl
круто́й steep
крыло́ wing
крыльцо́ porch
Крым Crimea
кры́мский Crimean
кста́ти by the way
ку́дри curls
кудря́вый curly
ку́колка doll
кула́к fist
куна́к (Cauc.) friend
куна́цкая (Cauc.) guest room
ку́па cluster
купа́льня bath house
купе́ческий merchant
куро́к hammer; catch
курье́р courrier

171

курьéрский of a courrier
кусáть (*i.*) to bite
кусóк piece
куст bush
кустáрник shrubbery
кýчка small heap; knot (of people)
кýшанье food, dish

Л

лáвка bench
лад way, harmony
ладóнь palm
лáзить (*i.*) to climb
лай barking
лáйковый kid
лакéй lackey
лакéйская servants' room
лáкомство dainties
лампáда lamp
лáскать (*i.*) to caress
лáскаться (*i.*) to caress
лáсковый affectionate, tender
лáсточка swallow
лачýга hovel, hut
лачýжка hovel, hut
лгать (*i.*) to lie
легкомúсленный frivolous
ледянóй icy
лежáнка stove-bench
лезвиé blade
лезгúнец Lesgian
лезгúнка Lesgian woman; a Caucasian dance
лекáрство medicine
лéкарь doctor
лелéять (*i.*) to cherish
ленúвый lazy
лéнта ribbon
лепестóк petal
лéстный flattering
лесть flattery
лечúться (*i.*) to undergo treatment
лúбо or
лилóвый lilac
линéйный of the line
лúпа lime
лúпкий sticky
лúповый lime
листóк leaf; sheet
лúться (*i.*) to pour
лихóй spirited; evil
лихорáдка fever
лихорáдочный feverish
лúчико little face
личúна mask
лúчность personality, individuality
лúшний superfluous

лóвкий adroit
лóгика logic
лóдочник boatman
лóжный false
лóкон curl
лóкоть elbow
ломáться (*i.*) to break, to pose
лорнéт lorgnette
лохмóтья rags
лошадёнка poor little horse
лощúна hollow
лукáвство slyness
лукáвый sly
луч ray
льдúстый icy
льстúть (*i.*) to flatter
любéзничать to court
любéзность compliment, favour
    kindness
любéзный amiable, kind
любúмый favourite
любúтельница amateur, fancier
любовáться (*i.*) to admire
любóй any
любопúтный curious

М

мазýрка mazurka
маловáжный unimportant
мало-по-мáлу gradually
малороссúйский (*obs.*) Ukrainian
мальчúшка boy
мáменька mummy
манúть (*i.*) to entice
мáнтия cloak, gown
матéрия material
махáть (*i.*) to wave
махнýть (*p.*) to wave
маяк beacon
мгла mist, haze
мгновéние moment
мгновéнный momentary
мéбель furniture
мёд honey
мéдик medico
мéдлить (*i.*) to linger
мéжду тем meanwhile
мезонúн attic
мéлочь trifle
мелькáть (*i.*) to flash, to appear
    momentarily
мелькнýть (*p.*) to flash, to appear
    momentarily
меньшóй youngest
мерзáвец villain
мéрный regular, rhythmic

172

мёртвый dead
местный local
месть revenge
метать (*i.*) to throw
метафизика metaphysics
метель snowstorm
метить (*p.*) to throw
меткий accurate
мех for
мечта dream
мечтатель dreamer
мечтать (*i.*) to dream
мешать (*i.*) to stir; to disturb
мешок bag
мещанин member of middle class; Philistine
мигнуть (*p.*) to wink; to flash
милостивый государь my dear sir
милостыня alms
мимоходом in passing
мина look
миновать (*i. & p.*) to pass; to escape
минувший past
мирный peaceful
миролюбивый peaceloving
мирт myrtle
мистификация hoax; plot
младший younger
мнение opinion
многотрудный on which much effort was spent
многочисленный numerous
множество great number
могилка grave
могущественный powerful
мода fashion
молитва prayer
молиться (*i.*) to pray
молодёжь youth
молоденький young
молодец fine fellow
молодецкий valiant
моложавый youthful
молоток hammer
молча silently
молчаливый silent
мольба entreaty
монета coin
морочить (*i.*) to deceive
морской sea, naval
морщина wrinkle, furrow
мохнатый shaggy
мошенник swindler
мрак darkness
мрамор marble
мрачный dark, gloomy

мстительный vindictive
мудрёный abstruse
мудрый wise
мулла mullah
мундир uniform
мусульманский moslem
мутный dull
муха fly
мучительный agonising
мучить (*i.*) to torture
мчать (*i.*) to hurry
мшистый mossy
мщение revenge
мыслить (*i.*) to think
мышка arm pit

Н

набегать (*i.*) to rush
набить (*p.*) to stuff full
наблюдать (*i.*) to observe
набок on one side
навеки for ever
наверное probably, certainly
навёрнутый wound
навес shed, awning
навеселе tipsy
навести (*p.*) to aim; to direct
наводить (*i.*) to aim; to direct
навстречу towards
нагайка whip
наглый insolent
нагнуться (*p.*) to bend
наговориться (*p.*) to have a long talk
наградить (*p.*) to reward
награждать (*i.*) to reward
нагреть (*p.*) to heat
нагружать (*i.*) to load
нагрузить (*p.*) to load
надежда hope
наделать (*p.*) to make
надеть (*p.*) to put on
надменный haughty
надобный necessary
надоедать (*i.*) to bore
надоесть (*p.*) to bore
надпись inscription
надувать (*i.*) to inflate; to, cheat
надуться (*p.*) to sulk
наедине in private
наездник horseman
название name
наземь onto the ground
назначение purpose; assignation
назначить (*p.*) to appoint; nominate; to fix

173

наизу́сть by heart
наиско́сь obliquely
наказа́ть (p.) to punish
накану́не on the eve
наки́нуть (p.) to throw on
накладённый loaded
наклони́ться (p.) to bend
накло́нный inclined
накопи́ть (p.) to pile up
накупи́ть (p.) to buy
налй́ть (p.) to pour
наме́дни (coll.) the other day
намёк hint
намека́ть (i.) to hint
наме́рение intention
нанести́ (p.) to inflict
наноси́ть (i.) to inflict
наня́ть (p.) to hire
нападе́ние attack
напа́дка attack
напе́в tune
напева́ть (i.) to sing
наперерьı́в vying with each other
наперечёт from memory; by heart
напе́ть (p.) to sing
напеча́тать (p.) to print
напи́ться (p.) to quench thirst; to
    get drunk
наподо́бие like
напои́ть (p.) to water
напо́лнить (p.) to fill
наполня́ть (i.) to fill
напома́женный pomaded
напомина́ние reminder
напо́мнить (p.) to remind
напо́р pressure
направле́ние direction
напра́шиваться (i.) to intrude; to
    fish for (compliments)
напро́тив on the contrary
напряжённый strained, tense
нараспе́в drawling
наре́чие dialect; adverb
нарза́н Narzan (a mineral water)
нарисова́ть (p.) to draw
наро́чно on purpose
наро́чный courrier
нару́жность exterior, appearance
нару́жу outside
наруша́ть (i.) to infringe
наря́д costume
наряжа́ть (i.) to dress up
насви́стывать (i.) to whistle
насели́ть (p.) to populate
наси́лу hardly; with difficulty
наси́льственный violent
наско́ро hastily

наску́чить (p.) to bore
наслажда́ться (i.) to enjoy
насле́дник heir
на́смерть to death; mortally
насмеха́ться (i.) to jeer
насме́шка mockery, sneer
насме́шливый mocking
на́сморк cold
наставле́ние precept, exhortation
наста́ивать (i.) to insist
наста́ть (p.) to come; to begin
насторо́же on the alert
настрое́ние mood
наступи́ть (p.) to come; to advance
насчёт concerning
насы́пать (p.) to sprinkle
насы́титься (p.) to sate oneself
насы́щенный saturated
наткну́ться (p.) to bump into
натопи́ть (p.) to heat
натя́нутый tense, strained
науда́чу haphazard
нахльı́нуть (p.) to rush; to flood
нахму́риться (p.) to frown
нача́льство authorities
неблагода́рный ungrateful
небоскло́н horizon
небреже́ние (obs.) indifference; re-
    missness
небре́жный negligent, careless, ca-
    sual
небыли́ца fiction
неве́жда ignoramus
неве́жество ignorance
неви́димый invisible
неви́нный innocent
невозвра́тный irrevocable
нево́льный involuntary
нево́ля captivity; necessity
невреди́мый unharmed
невыноси́мый unbearable
негодова́ние indignation
неда́ром not for nothing
недоброжела́тельство ill-will
недове́рчивый distrustful
недостава́ть (i.) to be missing
недурно́й not bad
не́жный tender
неизбе́жный inevitable
неизлади́мый indelible
неизме́нный unchangeable
неизъясни́мый inexplicable
неиме́ние lack
неимове́рный incredible
ней́ство fury
ней́стовий furious
неко́ваный unshod

не́когда once
некста́ти inopportunely
неле́пый foolish
нело́вкий clumsy
немилость disfavour
неминуемый inevitable
немо́й dumb
немудрено́ not surprising
ненави́деть (i.) to hate
ненави́стный hateful
нена́стный rainy
ненасы́тный insatiable
необходи́мый necessary
необъя́тный boundless
неожи́данный unexpected
неотрази́мый irresistible
неохо́тно unwillingly
непло́тный incompact
непобеди́мый invisible
неподви́жный immobile
непредви́димый unforeseen
непреме́нно without fail
непреодоли́мый insuperable
неприкоснове́нный inviolable
неприли́чный indecent
непристу́пный inaccessible
неприя́тель enemy
непродолжи́тельный short
непроница́емый impenetrable
непью́щий non-drinker
(неравно́) как неравно supposing
нерви́ческий nervous
не́рвный nervous
нереши́мость indecision
несвя́зный incoherent
несдоброва́ть (p.) to be unlucky;
    to get hurt
неслы́ханный unheard of
неснащёный without sails
несно́сный unbearable
несомне́нный undoubted
нестро́йный discordant
несча́стный poor, unhappy
неуда́чный unsuccessful
неуже́ли really
неумоли́мый inexorable
неуме́стный inappropriate
неутоми́мый indefatigable
неучти́вец rude person
неча́янный accidental
нечи́стый unclean; haunted
ни́жний lower
нима́ло not at all
нипочём (coll.) child's play
ниско́лько not at all
нить threat
ничко́м face downwards

ничто́жный trifling
нагови́цы (Cauc.) gaiters
но́жка foot, ankle
ноздря́ nostril
носово́й плато́к handkerchief
ночева́ть (i.) to spend the night
ночле́г lodging for night
ночно́й nocturnal
нрав disposition, temper
нравоуче́ние moral
нра́вственный moral
нумеро́ванный numbered
ны́нешний present day
ны́нче now
нырну́ть (p.) to dive
ня́нька nurse

О

обва́л landslide
обведённый surrounded
обве́шанный covered
обвини́ть (p.) to accuse
обвиня́ть (i.) to accuse
обви́ть (p.) to entwine
обворожи́тельный charming
оберну́ться (p.) to turn round
обде́лать (p.) to cut, fashion
обезобра́зить (p.) to disfigure, mu-
    tilate
обесси́леть (p.) to weaken
обеща́ние promise
оби́да offence, insult
оби́деть (p.) to insult
оби́льный abundant
оби́ть (p.) to upholster
облада́ние possession
облаче́ние vestment
обледене́ть (p.) to become ice-co-
    vered
облокоти́ться (p.) to lean elbows
    on
обло́мок fragment
облучо́к coachman's seat
обману́ть (p.) to deceive
обма́нывать (i.) to deceive
о́бморок faint
обнажа́ть (i.) to lay bare, uncover
обнима́ть (i.) to embrace
обновля́ть (i.) to renew
обня́ть (p.) to embrace
обогати́ть (p.) to enrich
обогна́ть (p.) to overtake
обогну́ть (p.) to bend round; to
    turn corner
ободря́ть (i.) to encourage
обожа́тель admirer

175

обо́з baggage train
обозна́чить (p.) to denote
обокра́сть (p.) to rob
оболо́чка cover, wrapping
обольсти́ть (p.) to flatter
обора́чиваться (i.) to turn round
обо́рванный ragged
оборва́ться (p.) to fall
обо́рвыш ragamuffin
обра́довать (p.) to gladden
образова́ние education; formation
образо́ванный educated; formed
обрати́ться (p.) to turn; to apply
обра́тный reverse
обраща́ться (i.) to turn; to apply
обраще́ние treatment
обречённый doomed
обрисова́ть (p.) to outline
обры́в precipice
обстоя́тельство circumstance
обступи́ть (p.) to surround
обтя́гивать (i.) to stretch, cover
обхвати́ть (p.) to clasp, embrace
о́бщество society
объяви́ть to declare
объясне́ние explanation
объя́тие embrace
обы́чай custom
оба́зан obliged
овладева́ть (i.) to seize
овладе́ть (p.) to seize
овра́г ravine
овца́ sheep
ога́рок candle end
огляну́ться (p.) to look round
о́гненный fiery
огонёк light
огорча́ть (i.) to pain, grieve
огорчи́ть (p.) to pain, to grieve
огра́да fence
огро́мный huge
огуре́чный cucumber
одаря́ть (i.) to give present
одержи́мый frantic, obsessed
одина́ковый identical
одино́кий lonely
одновре́менный simultaneous
однообра́зный monotonous
одобре́ние approval
одолже́ние favour
оживи́ться (p.) to become animated
ожида́ть (i.) to expect
озари́ть (p.) to illumine
озаря́ть (i.) to illumine
озлобля́ть (i.) to anger
озна́чить (p.) to mean
окамене́ть (p.) to petrify, be petrified

ока́нчивать (i.) to end
ока́янный accursed
оки́нуть (p.) to cast round
о́клик call, hail
околева́ть (i.) to die
оконча́ние end
око́нчить to finish
око́шко window
окрести́ть (p.) to baptize
окре́стный neighbouring
окрова́вленный blood-stained
окружа́ть (i.) to surround
окружи́ть (p.) to surround
оку́тать (p.) to muffle
опа́сный dangerous
опе́ка tutelage
опереди́ть (p.) to overtake
опережа́ть (i.) to overtake
опере́ться (p.) to lean, to brace
опира́ться (i.) to lean, to brace
описа́ние description
описа́ть (p.) to describe
опи́сывать (i.) to describe
оплетённый wickerwork
ополче́ние levy, 'riot act'
опо́мниться (p.) to collect oneself
опосты́леть (p.) to grow disgusting
опоя́сать (p.) to belt
опоя́сывать (i.) to belt
опра́ва setting
оправда́ние justification
оправда́ть (p.) to justify
опра́вдывать (i.) to justify
определённый definite, certain
опроки́нкть (p.) to upset
о́прометью headlong
опроти́веть (p.) to become repugnant
опря́тный neat, tidy
о́птик optician
опуска́ть (i.) to lower
опусти́ть (p.) to lower
опу́шка edge
о́пытный experienced
орёл eagle
оригина́л original; eccentric
ору́дие gun, weapon
ору́жие weapon
освети́ть (p.) to illumine
освеща́ть (i.) to illumine
освободи́ть (p.) to liberate
оседла́ть (p.) to saddle
осека́ться (i.) to misfire
осеня́ть (i.) to overshadow
осети́н Osset
осе́чка misfire
осе́чься (p.) to misfire

176

оскорби́ть (*p.*) to offend, insult
оскорбля́ть (*i.*) to offend, insult
ослепи́тельный blinding
ослеплённый blinded
осма́тривать (*i.*) to examine, survey
осмотре́ть (*p.*) to examine, survey
осно́ванный based, founded
остолбене́ть (*i.*) to be stupefied
осторо́жный careful
остри́чь (*p.*) to cut, shear
острота́ sharpness; wit
остроу́мный witty
остря́к wit
осужда́ть (*i.*) to condemn, criticise
осуши́ть (*p.*) to dry
отби́ть (*p.*) to beat off
о́тблеск reflection, gleam
отва́живаться (*i.*) to dare; risk
отва́жный bold
отверга́ть (*i.*) to reject, repudiate
отве́ргнуть (*p.*) to reject, repudiate
отверже́ние rejection
отве́рстие opening
отве́с perpendicular
отве́сный verticle, sheer
отве́тственный responsible
отвлека́ть (*i.*) to distract, divert
отвлечённый abstract
отвле́чь (*p.*) to distract, divert
отвори́ть (*p.*) to open
отврати́тельный repulsive
отвраще́ние disgust
отвяза́ть (*p.*) to untie
отгада́ть (*p.*) to guess
отга́дывать (*i.*) to guess
отдели́ться (*p.*) to separate
отде́лка trimming, finish
отдёргивать (*i.*) to tug away
отере́ть (*p.*) to rub
оте́чество fatherland
отказа́ться (*p.*) to refuse
отка́зываться (*i.*) to refuse
откли́кнуться (*p.*) to respond
открове́нный frank
отли́в low tide
отличи́ть (*p.*) to distinguish
отло́гость slope
отма́хиваться (*i.*) to brush aside
отме́рить (*p.*) to measure
отне́киваться (*i.*) to deny, refuse
относи́ться (*i.*) to regard, treat
отноше́ние attitude, treatment,
relation
отомсти́ть (*p.*) to avenge
оторва́ть (*p.*) to tear off
отосла́ть (*p.*) to send away
отпада́ть (*p.*) to fall

отпере́ть (*p.*) to unlock
отпеча́ток imprint
отплати́ть (*p.*) to repay
отпряга́ть (*i.*) to unharness
отпря́чь (*p.*) to unharness
отра́да comfort, consolation
отра́дный gratifying, comforting
отража́ть (*i.*) to reflect; to repulse
о́трасль branch
отры́вок fragment, extract
отря́д detachment
отста́вка retirement
отста́ть (*p.*) to drop behind
отступи́ть (*p.*) to step aside; to
digress
отсу́тствие absence
отсу́тствовать (*i.*) to be absent
отта́лкивать (*i.*) to push away; to
alienate
отте́нок shade, tinge
оттолкну́ть (*p.*) to push away; to
alienate
отхлебну́ть (*p.*) to sip
отцо́вский paternal
отча́яние despair
отча́янный desperate
отчёт account
отшу́чиваться (*i.*) to joke one's way
out
отъя́вленный arch, arrant
отыска́ть (*p.*) to find
оты́скивать (*i.*) to look for
отягоща́ть (*i.*) to load
офице́рский officers'
охо́та hunting; wish
охо́титься (*i.*) to hunt
охо́тник huntsman
оцара́пать (*p.*) to scratch
оцени́ть (*p.*) to value
очеви́дный obvious
о́чередь turn; queue
о́черк outline, sketch
очерстве́ть (*p.*) to become stale
очерта́ние outline
очути́ться (*p.*) to find oneself
ошиба́ться (*i.*) to err
ошиби́ться (*p.*) to err
о́щупью groping
ощуще́ние sensation, feeling

П

па́дкий susceptible
пала́ч executioner
палиса́дник small front garden
па́лочка stick
па́луба deck

памятный memorable
память memory
пара pair
пари bet
парус sail
патрон cartridge
паук spider
паутина spider's web
пахнуть (*i.*) to smell
пахнуть (*p.*) to blow
пациент patient
паясничать (*i.*) to play the fool
певунья songstress
пелена shroud
пена foam
пение singing
пень stump
пенять (*i.*) to reproach
первейший first, first rate
перебивать (*i.*) to break; to interrupt
перебирать (*i.*) to sort
перебить (*p.*) to break; to interrupt
перевернуть (*p.*) to turn over
перевязка bandage
переговоры negotiations
передать (*p.*) to hand over
передний fore
передняя ante-room
переезд passage, transit
перезаряжать (*i.*) to reload
перекладные post horses
перекликаться (*i.*) to call to one another
перекреститься (*p.*) to cross oneself
перекупить (*p.*) to outbid
переменить (*p.*) to change
перемигиваться (*i.*) to wink at each other
перенести (*p.*) to carry; to endure
переправляться (*i.*) to cross
перепугаться (*p.*) to get frightened
пересекать (*i.*) to cross
пересесть (*p.*) to change one's seat
пересказать (*p.*) to retell
перескочить (*p.*) to jump across
перестрелка firing; skirmish
пересыпать (*p.*) to pour
перетаскивать (*i.*) to drag
перетянуть (*p.*) to outweigh; to let down (coll.)
переулок lane
переход crossing
перечёт surplus
перечитывать (*i.*) to reread
пери fairy, beauty

период period
персидский Persian
Персия Persia
песок sand
пестреть (*i.*) to show coloured
пестрота motley
пёстрый motley
пехота infantry
пехотный infantry
печалить (*i.*) to sadden
печаль sadness
печалный sad
печатать (*i.*) to print
печать seal; press
пикет picket
пир banquet, feast
пировать (*i.*) to feast
пирушка revel
пискливый squeaky
пистолет pistol
питать (*i.*) to nourish; to experience
пища food
пищать (*i.*) to squeak
пламенный flaming, ardent
пламя flame
платёж payment
плач lamentation
плевать (*i.*) to spit
племя tribe
пленница captive
плескать(ся) (*i.*) to splash
плетень wattle fence
плеть lash
плечико shoulder
плита stone; flagstone
пловец swimmer; boatman
площадка ground
плут cheat
плыть (*i.*) to swim
плюнуть (*p.*) to spit
плющ ivy
плясать (*i.*) to dance
победитель victor
победить (*p.*) to win
поблизости in the neighbourhood
побрякивание rattling
повадиться (*p.*) to fall into habit of
поваренный culinary
поведение behaviour
повелевать (*i.*) to order
поверенный attorney, agent; trusted friend
повернуть (*p.*) to turn
поверье belief, superstition
повеса rake
повесить (*p.*) to hang

по́весть story
по-ви́димому apparently
повинова́ться (*i.* & *p.*) to obey
пово́дья reins
пово́зка cart
поворо́т turning
поглоща́ть (*i.*) to engulf
погля́дывать (*i.*) to glance
погово́рка saying
погоди́ть (*p.*) to wait a little
погружа́ться (*i.*) to plunge
погрузи́ться (*p.*) to plunge
подава́ть (*i.*) to serve, give
подави́ть to suppress, crush
пода́ть (*p.*) to serve, give
подбира́ть (*i.*) to pick up; to select
подверга́ть (*i.*) to submit, subject
по́двиг exploit
подвига́ть (*i.*) to move, advance
подви́нуться (*p.*) to move, make progress
подга́лстушник neckerchief lining
подгуля́ться (*p.*) to get drunk
подда́ться (*p.*) to yield
подде́латься (*p.*) to imitate
поддержа́ть (*p.*) to support
подде́рживать (*i.*) to support
поде́йствовать (*p.*) to have an effect
подело́м тебе́ it serves you right
подкоси́ться (*p.*) to give way
подкра́сться (*p.*) to steal up
по́дле beside
подлива́ть (*i.*) to add
по́длинный genuine
подли́ть (*p.*) to add
подло́г forgery
подложи́ть (*p.*) to put under
подме́тить (*p.*) to notice
подмыва́ть (*i.*) to wash
подо́бный similar
подозрева́ть (*i.*) to suspect
подозре́ние suspicion
подозри́тельный suspicious
подоспе́ть (*p.*) to arrive in time
подо́шва sole, foot
подпи́ска subsciption
подража́ние imitation
подро́бность detail
подру́га friend
подскочи́ть (*p.*) to jump up
подслу́шать (*p.*) to overhear
подста́вить (*p.*) to put
подстере́чь (*p.*) to lie in wait
подстрека́ть (*i.*) to incite
подстрели́ть (*p.*) to wound
подтвержда́ть (*i.*) to confirm

подтверди́ть (*p.*) to confirm
подура́чить (*p.*) to make a fool of
поду́шка pillow, cushion
подхва́тывать (*i.*) to take up
подчиня́ть (*i.*) to subordinate
подшу́чивать (*i.*) to joke, jeer
подъе́зд porch, entrance
поеди́нок duel
пожа́луй perhaps, if you like
пожа́р fire
пожа́тие squeeze, handshake
пожа́ть (*p.*) to shake; to press; to shrug
пожило́й elderly
пожима́ть (*i.*) to shake; to press; to shrug
пожира́ть (*i.*) to devour
по́за pose
позади́ behind
поздравля́ть (*i.*) to congratulate
по́иски search
пока́мест meanwhile; until now
покачну́ться (*p.*) to shake; sway
покида́ть (*i.*) to abandon
поки́нуть (*p.*) to abandon
покла́жа load, luggage
покло́н bow
поклони́ться (*p.*) to bow
покло́нник admirer
покля́сться (*p.*) to row
поко́иться (*i.*) to rest
поко́й rest
поколе́ние generation
покори́ться (*p.*) to submit
поко́рный submissive
покоря́ться (*i.*) to submit
покро́й cut
покрыва́ло veil, covering
поку́пка purchase
поку́ривать (*i.*) to smoke
покуше́ние attempt
полага́ть (*i.*) to suppose
полага́ться (*i.*) to rely
полвершо́к half an inch
полдю́жина half-dozen
полёт flight
по́лзать (*i.*) to crawl
ползти́ (*p.*) to crawl
полк regiment
по́лка shelf
полко́вник colonel
полково́й regimental
по́лно enough
полнота́ fulness
положе́ние position
положи́тельный positive
полоса́ strip, stripe

179

полоса́тый striped
полотно́ linen, sheet
полро́та platoon
полстля́нка half a flask
полти́на a coin (50 copecks)
полубо́г demigod
полузаро́сший half-overgrown
полуопу́щенный half-lowered
по́льза benefit, use, good
по́льзоваться (*i.*) to use
по́льский Polish
полюбо́вный amicable
поля́на glade
пома́да pomade
поменя́ться (*i.*) to exchange
помера́нец a sort of orange
помести́ться (*p.*) to find a place
поме́щик landlord
поми́ловать (*i.*) to pardon
поми́луй(те) forgive me
помину́тно each minute
по́мощь help
понево́ле willy-nilly
понемно́гу a little
понести́сь (*p.*) to rush along
понтёр gambler
поочерёдно in turns
попа́сть (*p.*) to hit
попа́сться (*p.*) to be caught
попере́к across
попереме́нно in turn
попола́м in two
пополу́ночи after midnight
попра́вить (*p.*) to correct
поправля́ть (*i.*) to correct
попу́тчик fellow traveller
поравня́ться (*p.*) to draw level with
поражённый surprised, struck
порази́ть (*p.*) to surprise, strike
порица́ние blame, disapproval
поро́г threshold
поро́да breed
порожда́ть (*i.*) to give birth; to breed
поро́к vice
по́рох powder
по́ртить (*i.*) to spoil
поруче́ние commission, message
пору́чик lieutenant
поры́в gust; fit
поря́док order
поря́дочный decent
поса́дка riding style
посвяти́ть (*p.*) to dedicate; to initiate
посвяща́ть (*i.*) to dedicate; to initiate

посели́ться (*p.*) to settle
посереди́не in the middle
поскоре́е quicker
после́дствие consequence, result
послеза́втра the day after tomorrow
послу́шание obedience
послу́шный obedient
посма́тривать (*i.*) to glance
посме́шище laughing stock
поспе́ть (*p.*) to be in time
поспе́шный hasty
поставщи́к contractor, purveyor
постепе́нный gradual
пости́гнуть (*p.*) to understand
посто́й billeting
постоя́нный constant
постоя́нство constancy
постоя́тельство (*obs.*) constancy
постраща́ть (*i.*) to scare
посту́кивать (*i.*) to knock
посту́пок act, deed
по́ступь gait, step
пот sweat
поте́ть (*i.*) to sweat
поте́ха fun, amusement
пото́к stream
пото́мок descendant
потре́бность want, need, necessity
потупи́ть (*p.*) to lower
по́тчевать (*i.*) to treat, entertain
поутру́ in the morning
похвала́ praise
похити́тель thief, kidnapper
похи́тить (*p.*) to kidnap
похме́лье hangover; drunkenness
похо́дка step, gait
похо́дный march; travelling
похожде́ние adventure
по́хороны funeral
похуде́ть (*p.*) to grow thin
поцелу́й kiss
по́честь honour
почёсываться (*i.*) to scratch
почётный honourable, honorary
почте́ние respect, esteem
почти́тельный respectful
почто́вый post
почто́вые post horses
пошатну́ться (*p.*) to stagger
по́шлый vulgar, banal
поща́да mercy
поэ́зия poetry
появи́ться (*p.*) to appear
появля́ться (*i.*) to appear
по́яс belt
пра́вило rule
прави́тельство government

180

пра́ва right, law
правосу́дие justice
пра́здник holiday
пра́здновать (i.) to celebrate
пра́порщик (obs.) ensign
прах dust, ashes, earth
пребыва́ние stay
преврати́ться (p.) to become
превраща́ться (i.) to become
преда́ние tradition, legend
пре́данный loyal
преда́тель traitor
предвари́ть (p.) to forewarn
предисло́вие foreword
предлага́ть (i.) to suggest
предложи́ть (p.) to suggest
пре́док ancestor
предспределе́ние predestination
предостере́чь (p.) to warn
предосторо́жность precaution
предполага́ть (i.) to presuppose
предположе́ние presupposition
предприя́тие undertaking
предсказа́ние prediction
представле́ние performance, idea
предубежде́ние prejudice
предупреди́ть (p.) to warn; to anti-
cipate; to forestall
предчу́вствие presentiment
предчу́вствовать (i.) to have a presentiment
предше́ствовать (i.) to precede
преждевре́менный premature
презира́ть (i.) to despise
презре́ние contempt
презри́тельный contemptuous
преиму́щество advantage
прекрати́ть (p.) to stop
прекраща́ть (i.) to stop
пре́лесть charm
пренебре́чь (p.) to neglect, disdain
пре́ние debate
препя́тствие obstacle
прерва́ть (p.) to interrupt
преры́вистый interrupted
пресле́довать (i.) to follow; to per-
secute
престу́пник criminal
приба́вить (p.) to add
приблизи́тельный approximate
прибре́жный coastal
прибы́ть (p.) to arrive
приве́тливый affable
приве́тный welcoming
привиде́ние apparition
привлека́тельный attractive
привлека́ть (i.) to attract

привле́чь (p.) to attract
привста́ть (p.) to stand up
привыка́ть (i.) to get used
привы́кнуть (p.) to get used
привы́чка custom
привы́чный customary
привя́занный attached
привяза́ть (p.) to attach
привя́зывать (i.) to attach
пригна́ть (p.) to drive
пригово́р verdict, sentence
приго́рок hillock
приготовля́ть (i.) to prepare
придава́ть (i.) to add
прида́ть (p.) to add
придра́ться (p.) to find fault
приде́рживаться (p.) to hold, keep
приду́мывать (i.) to devise, invent
прижа́ть (p.) to clasp
призаду́маться (p.) to become
thoughtful
при́знак sign
призна́ться (p.) to confess
призыва́ть (i.) to summon
прика́з order
приказа́ние order
прикла́д butt
прикле́ить (p.) to stick
приключе́ние adventure
прикова́ть (p.) to chain, rivet
прикоснове́ние touch
прикри́кнуть (p.) to raise one's
voice
прикры́тие cover
прикры́ть (p.) to cover, conceal
прилепи́ть (p.) to stick
приле́чь (p.) to lie down
прилива́ть (i.) to flow
прили́чие decency
приложи́ть (p.) to add; to enclose;
to press
приложи́ться (p.) to take aim
прима́нка bait
примени́ться (p.) to adapt oneself
применя́ться (i.) to adapt oneself
при́месь admixture touch
приме́р example
приме́та sign
приме́тный perceptible
примеча́ть (i.) to note, notice
прими́гивать (i.) to wink
примо́рский seaside
примыка́ть (i.) to adjoin
принадлежа́ть (i.) to belong
принадле́жность appurtenance
прину́дить (p.) to force
приня́ться (p.) to start

181

приобрести (*p*.) to acquire
приобретать (*i*.) to acquire
приосаниться (*p*.) to assume a dignified air
приостановиться (*p*.) to stop
припадок fit, attack
припарка poultice
приподнимать (*i*.) to raise
приподнять (*p*.) to raise
приминать (*i*.) to recall
припомнить (*p*.) to recall
природа nature
природный natural
присвоить (*p*.) to appropriate
присесть (*p*.) to sit down; to curtsy
прислать (*p*.) to send
прислониться (*p*.) to lean
прислушаться (*p*.) to listen to
прислушиваться (*i*.) to listen to
присоединиться (*p*.) to join
пристальный fixed, steady
пристань jetty
пристать (*p*.) to join
пристегнуть (*p*.) to fasten, button
приступить (*p*.) to approach; to begin
пристыдить (*p*.) to put to shame
присутствие presence
присутствовать (*i*.) to be present
присыпать (*p*.) to sprinkle
притаиться (*p*.) to lurk
притащить (*p*.) to drag
притворный pretended, feigned
притворяться (*i*.) to pretend
притом besides; at the same time
притча parable
притязание pretension
приучить (*p*.) to accustom; train
прихоть whim
прицелиться (*p*.) to take aim
причалить (*p*.) to moor
причёска hair-style; head-dress
причина cause, reason
причитывать (*i*.) to lament
причуда whim, caprice
причудливый fanciful, fantastic
пришить (*p*.) to sew on
прищёлкивать (*i*.) to snap, crack, click
приют shelter
приютиться (*p*.) to take shelter
приятель acquaintance
пробираться (*i*.) to make one's way
пробовать (*i*.) to try
пробормотать (*p*.) to mutter
пробраться (*p*.) to make one's way
пробудиться (*p*.) to wake up

провал gap, failure
провалиться (*p*.) to fall, collapse
проведать (*p*.) to find out
провести (*p*.) (coll.) to trick
провиант provisions
провизжать (*p*.) to squeal, yelp; to whine
провинциал provincial
проводник guide
провожать (*i*.) to accompany
проворный quick
проворчать (*p*.) to grumble
проговориться (*p*.) to blurt out
прогуляться (*p*.) to take a walk
продажа sale
продолжительный prolonged
продрогнуть (*p*.) to shiver with cold; to be chilled
прожить (*p*.) to live
прозаический prosaic
прозаичный prosaic
прозвание nickname
прозвать (*p*.) to name
прозвище nickname
прозвучать (*p*.) to sound
прозрачный transparent
произвести (*p*.) to produce
производить (*i*.) to produce
произнести (*p*.) to pronounce
произносить (*i*.) to pronounce
произойти (*p*.) to happen
проискать (*p*.) to look for
происходить (*i*.) to happen
происшествие event, incident
прок use, benefit
проказник rogue
проклинать (*i*.) to curse
проклятие curse
проклятый damned
прокрасться (*p*.) to steal past
пролежать (*p*.) to lie
пролив strait
промах miss, slip
промахнуться (*p*.) to miss
промежуток interval
промелькнуть (*p*.) to flash, appear momentarily
променять (*i*.) to exchange
промоина hollow
проникать (*i*.) to penetrate
проникнуть (*p*.) to penetrate
проницательный penetrating
пропадать (*i*.) to disappear
пропасть (*p*.) to disappear
пропасть precipice
пропеть (*p*.) to sing
проповедовать (*p*.) to preach

пропустить (*p.*) to miss, let go by
пророк prophet
просидеть (*p.*) to sit
просиживать (*i.*) to sit
просиять (*p.*) to brighten up
проскакать (*p.*) to gallop
проснуться (*p.*) to wake up
проспать (*p.*) to sleep
простить (*p.*) to pardon
проститься (*p.*) to bid farewell
простодушие open-heartedness
простосердечие frankness
простота simplicity
пространство space, expanse
прострелить (*p.*) to shoot through
проступок misdemeanour
протекать (*i.*) to flow
протечь (*p.*) to flow
противник opponent
противный disgusting, opposite
противоположный opposite, contrary
противоречие contradiction
противоречить (*p.*) to contradict
протяжный drawn out
протянуть (*p.*) to proffer; to stretch out
проучить (*p.*) to teach
прохаживаться (*i.*) to stroll
прохлада coolness
прохладный cool
прочий other
прочь away, off
прошедшее past
прошептать (*p.*) to whisper
прощай(те) goodbye
прощальный parting
прощание parting
прощение forgiveness
проявиться (*p.*) to be shown
проясниться (*p.*) to brighten up
пружина spring
прыганье jumping
прыжок jump
пряник gingerbread
птичка bird
пугать (*i.*) to frighten
пугливый timid
пуговица button
пуля bullet
пунцовый crimson
пускать (*i.*) to let, allow
пуститься (*p.*) to start, set off
пустынный desert
путеводительный guiding
путевой travelling
путешественник traveller

путешествие journey
путешествовать (*i.*) to travel
пухлый chubby
пуховый downy
пучина gulf, chasm; sea (*poet.*)
пушка cannon
пыж wadding
пыл ardour
пылать (*i.*) to glow
пылкий flaming, ardent
пыль dust
пыльный dusty
пытаться (*i.*) to try
пытка torture
пышный sumptuous
пьяница drunkard
пьянство drunkenness
пьяный drunk
пятиглавый five-headed
пятно spot, stain, blemish

Р

раб slave
раба slave
равнодушие indifference
равнодушный indifferent
радоваться (*i.*) to be glad
радостный joyful
радость gladness
радужный iridescent, cheerful
радушный cordial
разбирать (*i.*) to sort out
разбежаться (*p.*) to scatter
разбойник bandit
разбойничий of bandits
разбросанный scattered
разбудить (*p.*) to wake up
развевать (*i.*) to stream
развеселиться (*p.*) to cheer up
развеять (*p.*) to stream
развитие development
развлечение entertainment, relaxation
разводной folding
разврат debauchery
развязка denouement, outcome
развязывать (*i.*) to untie
разглядеть (*p.*) to discern
разгорячиться (*p.*) to get into a temper
раздаваться (*i.*) to be heard
раздаться (*p.*) to be heard
разделять (*i.*) to share, divide
раздеться (*p.*) to undress
раздольный free, wide
раздражать (*i.*) to irritate
раздразнить (*p.*) to tease

183

раздувать (*i.*) to blow, fan; to inflate
раздумать (*p.*) to change one's mind
разжаловать (*p.*) to demote
разительный striking
разлететься (*p.*) to fly to pieces
разливаться (*i.*) to overflow
разлить (*p.*) to pan out; to spill; to pour
различить (*p.*) to distinguish
разломать (*p.*) to break, pull down
разлучаться (*i.*) to separate
разлучиться (*p.*) to separate
разлюбить (*p.*) to stop loving
размах swing, sweep; might
размахивать (*i.*) to swing, brandish
разметаться (*p.*) to toss about
размышлять (*i.*) to reflect, meditate
разнокалиберный of different calibres
разноязычный polyglot
разобрать (*p.*) to make out
разогнать (*p.*) to disperse
разогреть (*p.*) to warm up
разодранный tattered
разорвать (*p.*) to tear, break
разостлать (*p.*) to spread
разочарование disappointment, disillusion
разрастись (*p.*) to grow thick
разрубить (*p.*) to cut
разрушать (*i.*) to destroy, wreck
разрывать (*p.*) to tear, break
разряд category
разуверить (*p.*) to dissuade
разуверять (*i.*) to dissuade
разумеется of course
разыграться (*i.*) to break out
рана wound
ранить (*i.*) to wound
ранний early
раскалённый red-hot
раскатываться (*i.*) to roll
раскаяние repentance
раскаяться (*p.*) to repent
раскладывать (*i.*) to spread out
раскланиваться (*i.*) to bow; to exchange greetings
раскланяться (*p.*) to bow; to exchange greetings
раскрывать (*i.*) to disclose
раскрыть (*p.*) to disclose
распевать (*i.*) to warble
распечатать (*p.*) to unseal
расплачиваться (*i.*) to settle accounts

располагать (*i.*) to dispose
расположение favour; disposition
распроститься (*p.*) to say goodbye
распространиться (*p.*) to spread
распустить (*p.*) to spread
распуститься (*p.*) to blossom
расселина cleft, crevasse
рассердить (*p.*) to anger
рассеянный absent-minded
рассеяться (*p.*) to disperse
рассказчик narrator
расслабление weakening
расслышать (*p.*) to hear distinctly
рассматривать (*i.*) to scrutinize
рассмотреть (*p.*) to make out
рассол pickle
расспросить (*p.*) to question
расставание parting
расставаться (*i.*) to part
расстаться (*p.*) to part
(расстановка) говорить с р. to speak deliberately
расстегнуть (*p.*) to unfasten, unbutton
расстилаться (*i.*) to spread
расстояние distance
расстроить to upset, derange
рассудок mind, reason
рассыпаться (*p.*) to crumble away; to make off (*coll.*)
растолстеть (*p.*) to grow fat
растрёпанный tousled
растрясти (*p.*) to scatter; to jolt
расхваливать (*i.*) to praise
расцвести (*p.*) to blossom
реветь (*i.*) to roar
ревматизм rheumatism
ревнивый jealous
ревновать (*i.*) to be jealous
ревность jealousy
резвый playful
резня slaughter
рейтузы riding breeches
ременный пояс leather belt
ремесло craft, trade
ресница eyelash
реставрация (*obs.*) restaurant
речка rivulet
речь river
решётка (решотка) grating, lattice; tails
решето sieve
решимость determination
решительный decisive
ржать (*i.*) to neigh
рисковать (*i.*) to risk
рисовать (*i.*) to draw

184

рисоваться (*i.*) to show off
ровный even, straight, regular
рог horn
родимый native; dear
родинка birthmark
родной own, native, dear
родственник relation
родственница relation
рожа (*coll.*) face
розовый pink
роиться (*i.*) to swarm
роковой fateful
роль role
ром rum
роман novel
ропот murmur; complaint
роса dew
росинка dewdrop
росистый dewy
роскошный luxurious
рота ccmpany
роща grove
рояль piano
рубка hewing, felling; fighthing
ругать (*i.*) to swear
ружейный of a rifle
ружьё rifle
рукав sleeve
румянец blush, colour
русак (*obs.*) Russian
русалка mermaid, nymph
русый blond
Русь (*obs.*) Russia
ручей stream
ручка handle
рыдание sobbing
рысью at a trot
рытвина rut
рыться (*i.*) to rummage
рычаг lever

C

садик little garden
сажать (*i.*) to offer seat
сажень fathcm
сакля (*Cauc.*) hut
самовар samovar
самовластный despotic
самодовольный ccmplacent
самодовольство ccmplacency
самолюбие pride
самопознание self-knowledge
сапог toot
сберечь (*p.*) to preserve, save
сбыть (*p.*) to bring down
сблизиться (*p.*) to teccme close
сбрасывать (*i.*) to throw off, down

сбросить (*p.*) to throw off, down
сбыться (*p.*) to come true
свадьба wedding
свалить (*p.*) to bring down
сварить (*i.*) to boil, cook
сварливый cantankerous
сватáться (*i.*) to woo
сведение information, knowledge
сверкать (*i.*) to sparkle
свернуть (*p.*) to turn
сверх over
сверхъестественный supernatural
свеситься (*p.*) to overhang
светило star, luminary
светский worldly, fashionable
свеча candle
свидетель witness
свист whistle
свистеть (*i.*) to whistle
свод vault
своевольный wilful
свойственный natural, peculiar
свойство attribute
своротить to turn; to dislodge
связать (*p.*) to tie
связь connection
священник priest
сдаться (*p.*) to surrender
сдёрнуть (*p.*) to tug away
сдобровать to get away with it
седеть (*i.*) to turn grey
седло saddle
седой grey
секундант second
семейный family
семейство family
сени passage
сень shadow, shelter
сердечный cordial; of the heart
сердить (*i.*) to anger
серебро silver
серебряный silver
серна chamois
серный sulphurous
сжалиться (*p.*) to take pity on
сжать (*p.*) to squeeze
сзади from behind
сила strength
синеть(ся) to turn blue
сирота orphan
система system
сиять (*i.*) to shine
сказка fairy tale
скакать (*i.*) to gallop
скакун steed
скала rock, cliff
скамейка bench

185

скамья bench
скат slope
скачок leap
скверный lousy
сквозь through
скептик sceptic
скитаться (*i.*) to rove
склон slope
склониться (*p.*) to incline
скользить (*i.*) to slip, glide
скольский slippery
скользнуть (*p.*) to slip, glide
скончаться (*p.*) to die
скоропостижный sudden (of death)
скот cattle
скрестить (*p.*) to cross
скривить (*p.*) to bend, twist
скрип creak
скрипеть (*i.*) to creak
скрипнуть (*p.*) to creak
скромный modest
скрывать (*i.*) to conceal
скрытный reserved, furtive
скрыть (*p.*) to conceal
скудный meagre, scanty
скука boredom
скупиться (*i.*) to stint
скучать (*i.*) to be bored
слабеть (*i.*) to weaken
слава glory, fame
славиться (*i.*) to be famous, enjoy reputation
славный famous
сладить (*p.*) to arrange, settle
сладострастный sensual, voluptuous
сласти sweets
слегка somewhat
след trace, track
следить (*i.*) to follow, watch; to look after
следовательно consequently
следовать (*i.*) to follow
следствие consequence
слеза tear
слезть (*p.*) to climb down
слепец blind man
слепой blind
слёток upstart
слиться (*p.*) to merge
слияние confluence, merging
слободка settlement
словно as if, like
слог syllable; style
сложение build
сложить to put together, to fold
слой layer

сломать (*p.*) to break
слуга servant
служба service
слух hearing
слухи rumours
случайный chance, accidental
слушатель listener
слыть (*i.*) to be reputed
слышный audible
смазать (*p.*) to grease
смекнуть (*p.*) to comprehend
смелый bold
сменяться (*i.*) to take turns
смеркаться (*i.*) to grow dark
смеркнуться (*p.*) to grow dark
смертельный fatal
смертный mortal
смерть death
смесь mixture
сметь (*i.*) to dare
смех laughter
смешить (*i.*) to make laugh
смиренный humble
смирный quiet, tame
смоль (смола) resin, pitch
смуглый swarthy
смутить (*p.*) to embarrass
смущение embarrassment
смыкать (*i.*) to close
смысл sense
снасти rigging
снеговой snowy
сниться (*i.*) to dream
сношение relations, dealings
собеседник interlocutor
соблазнительный seductive, alluring
собрать (*p.*) to collect
собственник owner, man of property
собственность property
собственный own
совестный ashamed
совесть conscience
советовать (*i.*) to advise
совладать (*p.*) to accomplish, master
согласие agreement
согласиться (*p.*) to agree
согласоваться (*i.*) to conform; to be in keeping
согнуть (*p.*) to bend
согрешить (*p.*) to sin
содержание contents
содрогнуть (*p.*) to shudder
соединить (*p.*) to join, connect
создать (*p.*) to create

186

сознаться (*p.*) to confess
сокровéнный concealed, innermost
сокрóвище treasure
солгáть (*p.*) to lie
солóма straw
солóменный straw
сомкнýть (*p.*) to close
сомневáться (*i.*) to doubt
сомнéние doupt
сомнительный doubtful
соображéние understanding, consideration
сообщить (*p.*) to inform
соотвéтствовать (*i.*) to correspond
сопéрница rival
сопровождáть (*i.*) to accompany
соразмéрный proportionate
сорвáть (*p.*) to snatch, pick
сорвáть на вóдку (*coll.*) to pump for a tip
сосéдка neighbour
сосéдний neighbouring
соскочить (*p.*) to jump off
состáвить (*p.*) to constitute
составлять (*i.*) to constitute
состояние condition, state, fortune
состоять (*i.*) to consist
страдáние compassion
сострадáтельный compassionate
сотворить (*p.*) to create, fabricate
сóтовый мёд honey in comb
сотрýдник collaborator, contributor
сóтый hundredth
сóхнуть (*p.*) to dry
сочинéние essay
сочинитель author
спасительный маяк lighthouse
спасти to save
спервá first
спинка back
список list
спичка match
сплетáть (*i.*) to plait, interweave
сплетéние entanglement
сплéтник scandal-monger
сплéтня scandal
сплин spleen
спокойный calm
спокóйствие quietness
сползáть (*i.*) to crawl down
спор argument
спóрить (*i.*) to argue
спóсоб way, means, method
спосóбный capable, clever
споткнýться (*p.*) to stumble
справедливый just

спрáвиться (*p.*) to cope, manage
спросóнья half asleep
спрыгнуть (*p.*) to jumb down
спрятать (*p.*) to hide
спуск slope
спýтник fellow traveller
спýтница companion
сравнéние companion
сражéние battle
срасти (*p.*) to grow together
срéдний average
срéдство means
срок term, date
ссадить (*p.*) to unseat
ссóра quarrel
ссóриться (*i.*) to quarrel
стáвень shutter
стáдо bend
стакáнчик small glass
сталь steel
стан waist; stature
станица Cossack village
старáние effort, diligence
старик old man
старинá antiquity; old man
старинный ancient
старичишка little old man
старичóк little old man
старомóдный oldfashioned
старýха old woman
стеклó glass
стёклышко glass
стеклянный glass
стемнéть (*p.*) to grow dark
стéпень degree, grade
стерéть (*p.*) to dust, wipe
стеснить (*p.*) to cramp; to embarrass
стиснуть (*p.*) to squeeze, clench
стих verse
стихия element
столб pillar
столичный metropolitan
столкнýться (*p.*) to bump
столь so
стон groan
стонáть (*i.*) to groan
стóрож keeper, watchman
сторожевóй patrol
страдáлец sufferer, martyr
страдáть (*i.*) to suffer
стрáж sentinel, guard
стрáнник wanderer
стрáнствовать (*i.*) to wander
стрáстный passionate
стрáсть passion
страх fear

187

страшный frightful
стращать (*i*.) to scare, intimidate
стрела arrow
стрелять (*i*.) to fire
стремглав rashly, headlong
стремя stirrup
стричь (*i*.) to cut, clip, shear
строгий strict, severe
стройный slender
струйка stream, spurt
струна string
струнка string
струсить (*p*.) to be cowardly
студёный frozen
стук knock
стукнуть (*p*.) to knock
ступать (*i*.) to step
ступень step
ступить (*p*.) to step
стыдный shame, ashamed
стычка skirmish
стягивать (*i*.) to tie, pull in
стянуть (*p*.) to tie, pull in
сугроб snowdrift
суд court of law
судить (*i*.) to try, judge
судно vessel
судьба fate
сук bough
сумасшедший mad
сумасшествие madness
суматоха confusion, hurly-burly
сумерки twilight
сундук trunk
сутуловатый round-shouldered
сухощавый lean, lanky
сухоядение (*coll*.) poor food
существо creature
существовать (*i*.) to exist
сущий existing, real
схватить (*p*.) to seize
сходство likeness
сцена scene, stage
счастливец lucky man
счастливиться (*i*.) to be lucky
счёт account, bill
сшибить (*p*.) to knock down
сшить (*p*.) to sew
сынишко son
сырой damp
сюртук frock coat

Т

табун drove of horses
таинственный secret, mysterious
таинство mystery

таить (*i*.) to conceal
тайна secret
тайный secret
талия waist
тамошний local, of that place
танец dance
таракан cockroach
тарелка plate
татарин Tatar
татарка Tatar woman
татарский Tatar
татарчонок young Tatar
тащить (*i*.) to drag
таять (*i*.) to melt
тележка cart
тело body
телодвижение body movement
телосложение build
темнеть (*i*.) to grow dark
темнота darkness
тенистый shady
теплота warmth
теребить (*i*.) to pull, tug; to worry
терпеливый patient
терпеть (*i*.) to be patient
течь (*i*.) to flow
термалама silk
теряться (*i*.) to be lost; to lose control
теснина gorge
тесниться to crowd; to be pressed
тедрадка notebook
тётушка aunt
течение flow, current
тихонько quietly
товар goods, wares
того и гляди before you know what's happening
толки rumours
толковать (*i*.) to discuss
толпиться (*i*.) to crowd, throng
толчок push
томить (*i*.) to tire
томление languor
томный languid
тон tone
топкий swampy
топнуть (*p*.) to stamp
тополь poplar
топор axe
топот stamping
торг bargaining
торговать (*i*.) to bargain
торжественный solemn
торжество triumph, celebration
торжествовать (*i*.) to triumph, celebrate

188

то́рмоз brake
торопи́ться (*i.*) to hurry
торча́ть (*i.*) to protrude
тоска́ melancholy
тоскова́ть (*i.*) to be sad, long for
тотча́с immediately
то́чка dot, spot, point
тракти́р inn
тре́бовать (*i.*) to demand
трево́га alarm
трево́жить (*i.*) to alarm
трепа́ть (*i.*) to pat; to tousle
тре́пет tremble
тре́петный trembling, anxious
треуго́льник triangle
трехстру́нный three-stringed
трещáть (*i.*) to crack, rattle
тре́щина crack, fissure
тро́гать (*i.*) to touch, move
тро́йка team of three horses,
тройно́й triple
тро́нуть (*p.*) to touch, move
тро́нуться (*p.*) to set off, start
тропи́нка path
трость cane
тру́бочка pipe
труд labour, work
труп corpse
трус coward
тру́сить (*i.*) to be cowardly
трущо́ба hole
тря́пичка rag
тря́ский shaky
туз ace
ту́ловище trunk, body
тупи́к dead end
тур turn
туре́цкий Turkish
ту́склый dim, dull
тускне́ть (*i.*) to grow dim
ту́чка cloud
тщесла́вный vain, conceited
тя́гостный irksome, onerous
тя́гость burden, heaviness
тяну́ться (*i.*) to stretch

У

убеди́ть (*p.*) to convince
убежде́ние conviction
уби́йство murder
уби́йца murderer
убо́гий wretched
убра́ться to tidy; to dress; to make off
уваже́ние esteem
увели́чивать (*i.*) to increase

увенча́ть (*p.*) to crown
уве́ренный confident
уве́рить (*p.*) to assure
уверя́ть (*i.*) to assure
увесели́ть (*i.*) to amuse
увлечённый carried away
увы́ alas
угада́ть (*p.*) to guess
уга́дывать (*i.*) to guess
угаса́ть (*i.*) to die out
уга́снуть (*p.*) to die out
углово́й corner
углуби́ться (*p.*) to plunge, go deeper
угова́ривать (*p.*) to persuade
(уго́дно) что вам уго́дно? what do you want?
у́голь coal
угости́ть (*p.*) to treat, entertain
угоща́ть (*i.*) to treat, entertain
угро́за threat
угрю́мый sullen
удале́ц daring fellow
удали́ться (*p.*) to move away
уда́р blow; fit
уда́ча success, luck
уда́чный successful, lucky
удво́енный doubled
удержа́ть (*p.*) to hold, suppress
уде́рживать (*i.*) to hold, suppress
удивле́ние astonishment
удиви́тельный astonishing
удовлетворённый satisfied
уедине́ние solitude, seclusion
у́жас horror
ужи́ться (*p.*) to get on
у́здень (*Сauc.*) nobleman
узда́ bridle
у́зел knot; bundle
узо́р pattern

указа́ть (*p.*) to show, point
ука́зывать (*i.*) to show, point
укорени́ться (*p.*) to take root
укра́дкой stealthily
укра́сить (*p.*) to adorn, decorate
укра́сть (*p.*) to steal
улови́ть (*p.*) to catch
улы́бка smile

ум mind
уменьша́ться (*i.*) to diminish
уми́льный imploring
умолка́ть (*i.*) to be/fall silent
умо́лкнуть (*p.*) to be/fall silent
умоля́ть (*i.*) to implore
у́мысел design, purpose, intention
унди́на a female water spirit

189

уничтожа́ть (*i.*) to anihilate, destroy
уничто́жить (*p.*) to anihilate, destroy
упаса́ть (*i.*) to preserve
упасти́ (*p.*) to preserve
упа́сть (*p.*) to fall
упере́ться (*p.*) to rest, to trace
упои́тельный delightful
упо́рный stubborn
употреби́ть (*p.*) to use
употребля́ть (*i.*) to use
упра́шивать (*i.*) to entreat, beg
упрёк reproach
упрека́ть (*i.*) to reproach
упроси́ть (*p.*) to entreat, beg
упра́миться (*i.*) to be obstinate, to persist
упра́мство obstinacy
уро́д monster
уро́дливый ugly, deformed
урони́ть (*p.*) to drop
уря́дник Cossack sergeant
ус moustache
усади́ть (*p.*) to seat
усе́сться (*p.*) to sit down
усе́янный studded
уси́ливаться (*i.*) to intensify, increase
уси́лие effort
ускака́ть (*i.*) to gallop away
ускользну́ть (*p.*) to slip off; to escape
усло́вие condition
усло́вленный agreed
услу́га service
услу́жливый obliging
усмеха́ться (*i.*) to smile
усну́ть (*p.*) to fall asleep
усо́пший late, deceased
успе́ть (*p.*) to have time; to manage
успоко́ить (*p.*) to calm
уста́вить (*p.*) to fix
уста́лость tiredness
устоя́ть (*p.*) to resist
устреми́ть (*v.*) to fix; to rush
устремля́ть to fix; to rush
устро́ить (*p.*) to arrange, settle
устро́йство arrangement
уступа́ть (*i.*) to concede; to be inferior
усы́пать (*p.*) to bestrew
усыпи́тельный soporific
усыпля́ть (*i.*) to lull
утаи́ть (*p.*) to conceal, suppress
утащи́ть (*p.*) to drag away
утверди́ть (*p.*) to assert; confirm

утвержда́ть (*i.*) to assert, confirm
утёс cliff
уте́шить (*p.*) to comfort, console
утиха́ть (*i.*) to quieten down
ути́хнуть (*p.*) to quieten down
у́тка duck
утоми́тельный fatiguing, tiresome
утоми́ться (*p.*) to get tired
утону́ть (*p.*) to drown
утопи́ть (*p.*) to drown
утра́тить (*p.*) to lose
у́тренний morning
уха́живать (*i.*) to look after
у́харский daring
ухвати́ть (*p.*) to seize
ухитри́ться (*p.*) to contrive
уцепи́ться to catch, clutch
уча́стие sympathy, part
у́часть lot, fate
учёный learned
уще́лье gorge

Ф

фаза́н pheasant
фа́кел torch
фа́лда tail, skirt
фате́ра quarters
фе́льдфе́бель (*obs.*) sergeant-major
фермуа́р clasp
фигу́ра figure
фи́жмы (*obs.*) farthingale
физионо́мия face
флако́н bottle
фланг flank
фо́кусник conjurer, juggler
фона́рь lantern
фо́рма form, uniform
фортепиа́но piano
фра́за phrase
фрак dress coat
франт dandy
франтовство́ dandyism
френо́лог phrenologist
фура́жка service cap
фы́ркать (*i.*) to snort

X

хара́ктер character
ха́та hut
хвали́ть (*i.*) to praise
хва́статься (*i.*) to boast
хвати́ть (*i.*) to be enough
хво́рост brushwood
хвост tail
хитре́ц sly person

хи́трый sly
хи́щник beast of prey
хи́щный predatory, rapacious
хладнокро́вие coolness
хладнокро́вный cool, composed
хлев cattleshed
хло́пать (i.) to clap
хлопота́ть (i.) to make a fuss; to take trouble
хло́поты bustle, fuss, trouble
хлы́нуть (p.) to rush, gush
хлыст whip
хозя́ин master, proprietor, host
хозя́йка mistress, hostess
хо́лить (i.) to cherish
холм hill
холоде́ть to grow cold
холосто́й blank (cartridge); unmarried
хор chorus
хорово́д dancing and singing in a ring
хорони́ть (i.) to bury
хоро́шенький pretty
хороше́нько thoroughly
хороше́ть to grow prettier
хоть бы if only
хохо́л tuft; crest
хохота́ть (i.) to laugh aloud
храбре́ц brave man
хра́брый brave
храни́ть (i.) to keep
храпе́ть (i.) to snore
хребе́т spine; range
хрипе́ть (i) to wheeze
хри́плый wheezy
христиани́н Christian
христиа́нка Christian
хрома́ть (i.) to limp
хромо́й lame
хрусте́ть (i.) to crunch
худе́ть (i.) to grow thin
ху́до harm, evil
худоба́ thinness
худо́й thin
худоща́вый lean

Ц

цара́пать (i.) to scratch
цвести́ (i.) to blossom
цветно́й coloured
цвету́щий blooming
целе́бный medicinal
це́лить (i.) to aim
цель aim, target, goal
цена́ price

це́нный valuable
цепля́ться (i.) to grapple; to cling
цепо́чка small chain
цепь chain, line
церемо́ниться to stand on ceremony

Ч

чадра́ yashmak
чай tea; probably
ча́йка gull
ча́йник teapot
часово́й sentry
ча́ша bowl, goblet
чахо́тка consumption
чахо́точный consumptive
челове́ческий human
че́пчик bonnet
черво́нец a gold coin
черво́нный red; of hearts (cards)
черевики soft leather shoes
че́реп skull
чере́шня cherry tree
черке́с Circassian
черке́ска Circassian woman; a long coat
черке́шенка Circassian woman
черне́ть to show black
черномо́рский Black Sea
чернь rabble
чёрт devil
черта́ feature, line
чертёнок little devil
черти́ть (i.) to draw, sketch
честна́я компа́ния the gathering
че́стный honest
честолюби́вый ambitious
честолю́бие ambition
честь honour
чехо́л cover, case
чече́нец Chechen
чече́нка Chechen woman
чешуя́ scales
чин rank
чи́нный sedate
чино́вник petty official
чино́внический petty official's
чино́вный of high rank
чихи́рь (Cauc.) young wine
член member
чувстви́тельный sensitive
чу́вство feeling
чугу́нный cast iron
чуда́к crank
чу́до miracle, wonder
чудо́вище monster

191

чужо́й foreign, strange
чутьё scent, sense, flair
чуть-чуть slightly

Ш

шаг pace
ша́гом slowly
шажко́м slowly
ша́йка gang
ша́лость prank
шаль shawl
шампа́нское champagne
ша́пка cap
шар ball, globe
шата́ться (*i.*) to totter; to walk (*coll.*).
ша́ткий precarious, tottering
ша́шка sabre
шах check; shah
шевели́ться (*i.*) to move, stir
шевельну́ться (*p.*) to move, stir
шевыря́ть (*i.*) to poke, rummage
шёлковый silken
шепну́ть (*p.*) to whisper
шепта́ть (*i.*) to whisper
шёпот whisper
шере́нга rank, file
шине́ль overcoat
шипу́чий sparkling, fizzy
широкопле́чий broadshouldered
шкату́лка box, casket
шля́пка bonnet
шныря́ть (*i.*) to poke
шо́рох rustle
шпа́га sword
шпо́ра spur
штабс-капита́н captain
шта́тский civilian, civil
штосс a gambling game of cards
штык bayonet
шу́бка fur coat
шуме́ть (*i.*) to make a noise
шути́ть (*i.*) to joke
шу́тка joke
шушу́канье whispering

Щ

щади́ть (*i.*) to spare
щегольско́й dandyish
щель chink
щёлкнуть (*p.*) to click, to crack
щети́на bristle, point
щёчка cheek
щи cabbage soup
щи́колка ankle
щипа́ть (*i.*) to pinch; to pluck
щу́пать (*i.*) to feel

Э

эдак (*coll.*) in this way
эй hello!
экипа́ж carriage
эко́й (*coll.*) what a
электри́чество electricity
эпигра́мма epigram
эпита́фия epitaph
эполе́т epaulette
э́так (*coll.*) in this way
этако́й (*coll.*) the same
эффе́кт effect; sensation

Ю

ю́бка skirt
ю́жный southern
ю́нкер cadet
ю́ноша youth
ю́ношеский youthful

Я

яви́ться (*p.*) to appear
явля́ться (*i.*) to appear
я́вный obvious, evident
я́вственный clear
ядови́тый poisonous
язычо́к tongue
я́ма pit
ямщи́к coachman
яросла́вский of Yaroslavl

BIBLIOGRAPHY

Aizlewood, Robin, 'Geroi nashego vremeni as Emblematic Prose Text', in From Pushkin to 'Palisandriia': Essays on the Russian novel in honour of Richard Freeborn, edited by Arnold McMillin, London, 1990, pp. 39-51.

Andrew, Joe, 'Mikhail Lermontov and a Rake's Progress', in his Women in Russian Literature, 1780-1863, Basingstoke and London, 1988.

Arian, I., 'Some Aspects of Lermontov's A Hero of Our Time', Forum for Modern Language Studies, IV (1968), 22-32.

Bagby, Lewis, 'Narrative Double-voicing in Lermontov's A Hero of Our Time', Slavic and East European Journal, XXII (1978), 265-86.

Barratt, Andrew, and Briggs, A.D.P., A Wicked Irony: The rhetoric of Lermontov's 'A Hero of Our Time', Bristol, 1989.

Brown, William Edward, A History of Russian Literature of the Romantic Period, vol. IV, Ann Arbor, 1986.

Chances, Ellen, Conformity's Children: An approach to the superfluous man in Russian literature, Columbus, Ohio, 1978.

Drozda, M., 'Povestvovatel'naia struktura Geroia nashego vremeni', Wiener Slawisticher Almanach XV, (1985), 5-34.

Durylin, S., 'Geroi nashego vremeni' M. Iu. Lermontova, Moscow, 1940 (reprinted Ann Arbor, 1986).

Eikhenbaum, B., Lermontov. Opyt istoriko-literaturnoi otsenki Leningrad, 1924 (reprinted Munich, 1967).

———— Stat'i o Lermontove, Moscow-Leningrad, 1961.

———— Lermontov. A Study in Literary-Historical Evaluation, translated by Ray Parrott and Harry Weber, Ann Arbor, 1981.

Freeborn, Richard, 'A Hero of Our Time', in his The Rise of the Russian Novel, Cambridge, 1973, pp. 38-73.

Garrard, John, *Mikhail Lermontov*, Boston, 1982.

Gifford, Henry, *The Hero of His Time. A Theme in Russian Literature*, London 1950.

Gilroy, Marie, *The Ironic Vision in Lermontov's 'A Hero of Our Time'*, Birmingham, 1989.

Lavrin, Janko, *Lermontov*, London, 1959.

Lermontovskaia entsiklopediia, edited by V.A. Manuilov, Moscow, 1981.

Lermontovskii sbornik, edited by I.S. Chistova *et al.*, Leningrad, 1985.

Mersereau, John, Jr., *Mikhail Lermontov*, Carbondale, 1962.

Peace, R.A., 'The Role of *Taman*' in Lermontov's *Geroy nashego vremeni*', *Slavonic and East European Review*, XLV (1967), 112-29.

Reid, Robert, 'Eavesdropping in *A Hero of Our Time*', *New Zealand Slavonic Journal*, 1 (1977), 13-22.

Richards, D.J., 'Lermontov: A Hero of Our Time', in *The Voice of a Giant. Essays on Seven Russian Prose Classics*, edited by Roger Cockrell and David Richards, Exeter, 1985, pp. 15-25.

Todd, William Mills, III, *Fiction and Society in the Age of Pushkin: Ideology, Institutions and Narrative*, Cambridge, Mass. and London, 1986.

Turner, C.J.G., *Pechorin: An Essay on Lermontov's 'A Hero of Our Time'*, Birmingham, 1978.

Vinogradov, V.V., 'Stil'' prozy Lermontova', *Literaturnoe nasledstvo*, XLIII-XLIV (1941), 517-628 (reprinted, as *Stil'' prozy Lermontova*, Ann Arbor, 1986).

Vishevsky, Anatolii, 'Demonic Games, or the Hidden Plot of Mixail Lermontov's *Kniażna Meri*', *Wiener Slawistischer Almanach*, XXVII (1991), 55-72.